DISNEP·PIXAR

온워드
단 하루의 기적

독자의 1초를 아껴주는 정성!

세상이 아무리 바쁘게 돌아가더라도
책까지 아무렇게나 빨리 만들 수는 없습니다.
인스턴트 식품 같은 책보다는
오래 익힌 술이나 장맛이 밴 책을 만들고 싶습니다.

길벗이지톡은 독자여러분이
우리를 믿는다고 할 때 가장 행복합니다.
나를 아껴주는 어학도서,
길벗이지톡의 책을 만나보십시오.

독자의 1초를 아껴주는

정성을 만나보십시오.

미리 책을 읽고 따라해본 2만 베타테스터 여러분과
무따기 체험단, 길벗스쿨 엄마 2% 기획단,
시나공 평가단, 토익 배틀, 대학생 기자단까지!
믿을 수 있는 책을 함께 만들어주신 독자 여러분께 감사드립니다.

홈페이지의 '독자마당'에 오시면
책을 함께 만들 수 있습니다.

(주)도서출판 길벗 www.gilbut.co.kr
길벗 이지톡 www.gilbut.co.kr
길벗 스쿨 www.gilbutschool.co.kr

mp3 파일 다운로드 무작정 따라하기

이지톡 홈페이지 (www.gilbut.co.kr) 회원 (무료 가입) 이 되면 오디오 파일 및 관련 자료를 다양하게 이용할 수 있습니다.

1단계 로그인 후 도서명 ▼ [   ] 검색 에 찾고자 하는 책이름을 입력하세요.

2단계 검색한 도서로 이동하여 〈자료실〉 탭을 클릭하세요.

3단계 mp3 및 다양한 서비스를 받으세요.

30장면으로 끝내는

스크린 영어회화

Disney·PIXAR

온워드
단 하루의 기적

스크린 영어회화 – 온워드: 단 하루의 기적
Screen English - Onward

초판 발행 · 2020년 6월 19일

해설 · 라이언 박
발행인 · 이종원
발행처 · (주)도서출판 길벗
브랜드 · 길벗이지톡
출판사 등록일 · 1990년 12월 24일
주소 · 서울시 마포구 월드컵로 10길 56(서교동)
대표 전화 · 02)332-0931 | **팩스** · 02)323-0586
홈페이지 · www.gilbut.co.kr | **이메일** · eztok@gilbut.co.kr

기획 및 책임 편집 · 김지영 (jiy7409@gilbut.co.kr) | **표지 디자인** · 최주연 | **본문 디자인** · 기본기획
제작 · 이준호, 손일순, 이진혁 | **영업마케팅** · 김학흥, 장봉석 | **웹마케팅** · 이수미, 최소영
영업관리 · 심선숙 | **독자지원** · 송혜란, 홍혜진

교정교열 · 기본기획 | **전산편집** · 기본기획 | **오디오 녹음 및 편집** · 와이알 미디어
CTP 출력 및 인쇄 · 예림인쇄 | **제본** · 예림바인딩

▶ 잘못 만든 책은 구입한 서점에서 바꿔 드립니다.
▶ 이 책은 저작권법에 따라 보호받는 저작물이므로 무단전재와 무단복제를 금합니다.
　이 책의 전부 또는 일부를 이용하려면 반드시 사전에 저작권자와 (주)도서출판 길벗의 서면 동의를 받아야 합니다.
▶ 책 내용에 대한 문의는 길벗 홈페이지(www.gilbut.co.kr) 고객센터에 올려 주세요.

ISBN　979-11-6521-049-6 03740 (길벗 도서번호 301058)

▶ 이 도서의 국립중앙도서관 출판예정도서목록(CIP)은 서지정보유통지원시스템 홈페이지(http://seoji.nl.go.kr)와
　국가자료종합목록 구축시스템(http://kolis-net.nl.go.kr)에서 이용하실 수 있습니다. (CIP제어번호: CIP2020002045)

정가 18,000원

독자의 1초까지 아껴주는 정성 길벗출판사
(주)도서출판 길벗 | IT실용, IT/일반 수험서, IT전문서, 경제경영서, 취미실용서, 건강실용서, 자녀교육서
더퀘스트 | 인문교양서, 비즈니스서
길벗이지톡 | 어학단행본, 어학수험서
길벗스쿨 | 국어학습서, 수학학습서, 유아학습서, 어학학습서, 어린이교양서, 교과서

페이스북 · www.facebook.com/gilbuteztok
네이버 포스트 · http://post.naver.com/gilbuteztok
유튜브 · https://www.youtube.com/gilbuteztok

30장면으로 끝내는

스크린 영어회화

단 하루의 기적

해설 **라이언 박**

재미와 효과를 동시에 잡는 최고의 영어 학습법!
30장면만 익히면 영어 왕초보도 영화 주인공처럼 말한다!

재미와 효과를 동시에 잡는 최고의 영어 학습법!

영화로 영어 공부를 하는 것은 이미 많은 영어 고수들에게 검증된 학습법이자, 많은 이들이 입을 모아 추천하는 학습법입니다. 영화가 보장하는 재미는 기본이고, 구어체의 생생한 영어 표현과 자연스러운 발음까지 익힐 수 있기 때문이죠. 잘만 활용한다면, 원어민 과외나 학원 없이도 살아 있는 영어를 익힐 수 있는 최고의 학습법입니다. 영어 공부가 지루하게만 느껴진다면, 비싼 영어 학원에 등록해 놓고 효과를 보지 못했다면 재미와 실력을 동시에 잡을 수 있는 영화로 영어 공부에 도전해 보세요!

영어 학습을 위한 최적의 영화 장르, 애니메이션!

영화로 영어를 공부하기로 했다면 영화 장르를 골라야 합니다. 어떤 영화로 영어 공부를 하는 것이 좋을까요? 슬랭과 욕설이 많이 나오는 영화는 영어 학습에는 별로 도움이 되지 않습니다. 실생활에서 자주 쓰지 않는 용어가 많이 나오는 의학 영화나 법정 영화, SF영화도 마찬가지죠. 영어 고수들이 추천하는 장르는 애니메이션입니다. 애니메이션에는 문장 구조가 복잡하지 않으면서 실용적인 영어 표현이 많이 나옵니다. 또한 성우들의 깨끗한 발음으로 더빙되어 있기 때문에 발음 훈련에도 도움이 되죠. 이 책은 디즈니의 〈온워드〉 대본을 소스로, 현지에서 사용하는 생생한 표현을 배울 수 있습니다.

전체 대본을 공부할 필요 없다! 딱 30장면만 공략한다!

영화 대본도 구해 놓고 영화도 준비해 놓았는데 막상 시작하려니 어떻게 공부해야 할지 막막하다고요? 영화를 통해 영어 공부를 시도하는 사람은 많지만 좋은 결과를 얻었다는 사람을 찾기는 쉽지 않습니다. 어떻게 해야 효과적으로 영어를 공부할 수 있을까요? 무조건 많은 영화를 보면 될까요? 아니면 무조건 대본만 달달달 외우면 될까요? 이 책은 시간 대비 최대 효과를 볼 수 있는 학습법을 제시합니다. 전체 영화에서 가장 실용적인 표현이 많이 나오는 30장면을 뽑았습니다. 실용적인 표현이 많이 나오는 대표 장면 30개만 공부해도, 훨씬 적은 노력으로 전체 대본을 학습하는 것만큼의 효과를 얻을 수 있죠. 또한 이 책의 3단계 훈련은 30장면 속 표현을 효과적으로 익히고 활용하는 데 도움을 줍니다. ❶ 핵심 표현 설명을 읽으며 표현에 대한 전반적인 이해를 하고 ❷ 패턴으로 표현을 확장하는 연습을 하고 ❸ 확인학습으로 익힌 표현들을 되짚으며 영화 속 표현을 확실히 익히는 것이죠. 유용한 표현이 가득한 30장면과 체계적인 3단계 훈련으로 영화 속 표현들을 내 것으로 만들어 보세요!

이 책은 스크립트북과 워크북, 전 2권으로 구성되어 있습니다. 1권은 스크립트북으로 전체 대본과 번역, 주요 단어와
표현 설명이 포함되어 있습니다. 각 Day마다 가장 실용적인 표현이 많이 나오는 장면을 뽑아 '바로 이 장면'으로
표시했습니다. '바로 이 장면'의 표현을 워크북에서 집중 훈련합니다.

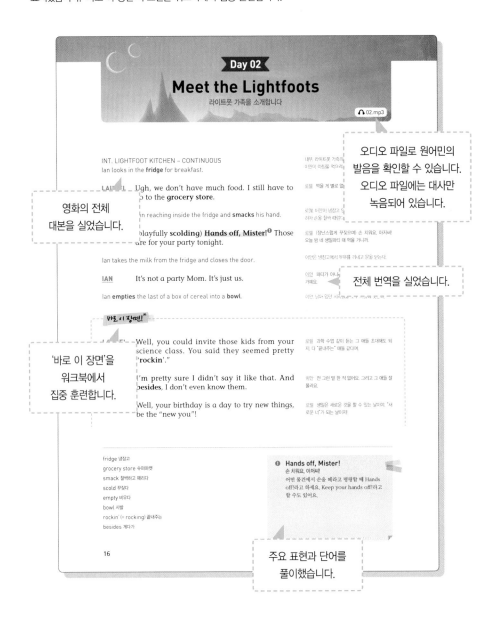

영화의 전체
대본을 실었습니다.

오디오 파일로 원어민의
발음을 확인할 수 있습니다.
오디오 파일에는 대사만
녹음되어 있습니다.

전체 번역을 실었습니다.

'바로 이 장면'을
워크북에서
집중 훈련합니다.

주요 표현과 단어를
풀이했습니다.

이안 Ian

라이트풋(Lightfoot) 가족의 둘째 아들로 깡마른 십대 소년 요정입니다. 매우 소심한 성격으로 친구들에게 함께 놀자고 요청하는 일도 힘들어합니다. 마법을 쓸 수 있다는 것을 알게 되자 돌아가신 아빠를 소환하려고 합니다.

발리 Barley

라이트풋(Lightfoot) 가족의 첫째 아들입니다. 이안과는 정반대로 덩치가 크고 적극적인 성격입니다. 막무가내로 일을 벌여 주변 사람들을 난감하게 할 때도 많지만, 누구보다 이안을 아끼는 듬직한 면도 있습니다.

아빠 Dad

이안이 마법으로 아빠를 소환하려다가 실수로 그만 다리만 있는 모습으로 나타나게 됩니다. 사람들 눈에 띄지 않게 패딩 조끼와 모자, 선글라스로 상체를 만들었습니다. 비록 손을 잡을 수도 대화를 나눌 수도 없는 아빠지만 모험의 여정에서 언제나 현명한 선택을 하게 도와줍니다.

로렐 Laurel

이안과 발리의 엄마로 언제나 기운이 넘치고 아이들을 끔찍이 사랑합니다. 어느 날 아이들이 사라진 것을 발견하고 찾아 나서는데, 모험의 여정에서 멋진 여전사의 모습을 보여줍니다.

맨티코어 Manticore

과거 위대한 모험가로 이름을 떨쳤으나 현재는 돈 벌기 바쁜 선술집 사장입니다. 용맹스럽고 도전적인 모습은 더 이상 찾아보기 힘들지만, 로렐과 함께 아이들을 찾아다니면서 슬슬 본성이 깨어나기 시작합니다.

콜트 Colt

상반신은 사람, 하반신은 말의 모습을 가진 켄타우로스 경찰입니다. 로렐의 남자친구로 이안, 발리와 친하게 지내고 싶어하지만 아직은 어색한 사이입니다.

차례

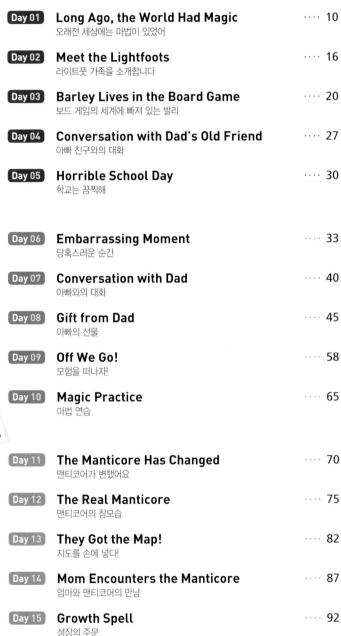

Day 01 **Long Ago, the World Had Magic**
오래전 세상에는 마법이 있었어 · · · · 10

Day 02 **Meet the Lightfoots**
라이트풋 가족을 소개합니다 · · · · 16

Day 03 **Barley Lives in the Board Game**
보드 게임의 세계에 빠져 있는 발리 · · · · 20

Day 04 **Conversation with Dad's Old Friend**
아빠 친구와의 대화 · · · · 27

Day 05 **Horrible School Day**
학교는 끔찍해 · · · · 30

Day 06 **Embarrassing Moment**
당혹스러운 순간 · · · · 33

Day 07 **Conversation with Dad**
아빠와의 대화 · · · · 40

Day 08 **Gift from Dad**
아빠의 선물 · · · · 45

Day 09 **Off We Go!**
모험을 떠나자! · · · · 58

Day 10 **Magic Practice**
마법 연습 · · · · 65

Day 11 **The Manticore Has Changed**
맨티코어가 변했어요 · · · · 70

Day 12 **The Real Manticore**
맨티코어의 참모습 · · · · 75

Day 13 **They Got the Map!**
지도를 손에 넣다! · · · · 82

Day 14 **Mom Encounters the Manticore**
엄마와 맨티코어의 만남 · · · · 87

Day 15 **Growth Spell**
성장의 주문 · · · · 92

Day 16 **Barley's Shrunk!** ···· 101
발리가 줄었어요!

Day 17 **The Curse** ···· 108
저주

Day 18 **The Sprites' Attack** ···· 114
도깨비들의 습격

Day 19 **Way to Go!** ···· 122
잘했어!

Day 20 **Tell the Truth** ···· 125
진실만을 말해

Day 21 **You're Not a Screwup** ···· 133
형은 바보가 아니야

Day 22 **Pawn Shop** ···· 140
전당포

Day 23 **Trust Bridge** ···· 145
믿음의 다리

Day 24 **Raven's Point** ···· 154
레이븐 포인트

Day 25 **Into the Tunnel** ···· 165
터널 안으로

Day 26 **The Gem Awaits Behind the Door** ···· 170
보석이 문 뒤에 있어

Day 27 **Mom Is a Mighty Warrior!** ···· 178
엄마는 강한 전사야!

Day 28 **Say Hi to Dad for Me** ···· 192
아빠에게 안부 전해 줘

Day 29 **Meeting Dad** ···· 197
아빠와의 만남

Day 30 **Back to Normal but "New" Life** ···· 201
새로운 일상으로

Long Ago, the World Had Magic

오래전 세상에는 마법이 있었어

🎧 01.mp3

Over black.

DAD (V.O.)   Long ago, the world was full of **wonder**!

We race over **rolling** green hills. A unicorn **soars** into view, **whinnies**, and banks off into the sky.

DAD (V.O.)   It was **adventurous**...

The land below is alive with FANTASY **CREATURES**. We pass through a field of racing CENTAURS.

DAD (V.O.)   Exciting...

Mermaids leap through shimmering water and FAIRIES fly through the air, **spiraling** up into the sky.

DAD (V.O.)   And best of all... There was MAGIC!

Finally, we stop on the back of an ELF **WIZARD**, dressed in a **robe** and holding a **gnarled** wooden staff. He turns around and **thrusts** his magic staff toward the sky, **casting a spell**.

ELF WIZARD   Boombastia!

Fireworks shoot magically into the air. Fantasy creatures across the land watch in awe.

A small group of creatures **huddle** and **shiver** in the cold.

DAD (V.O.)   And that magic helped all in need.

A SATYR WIZARD approaches.

검은 화면.

아빠 (목소리) 오래전, 세상은 놀라운 일로 가득했단다!

화면, 완만한 푸른 언덕을 빠르게 이동한다. 유니콘 한 마리가 갑자기 나타나 울음소리를 내더니 하늘 위로 날아간다.

아빠 (목소리) 모험을 즐길 수 있었고…

땅에는 상상의 동물들이 뛰어다니는데 활기가 있다. 켄타우로스들이 들판을 뛰어다닌다. 화면, 이들 사이를 빠르게 지나간다.

아빠 (목소리) 흥미로웠고…

인어들이 반짝이는 물에서 뛰어오르고 요정들은 하늘 위로 회전을 하며 날아오른다.

아빠 (목소리) 그리고 무엇보다… 마법이 있었지!

마침내 화면이 요정 마법사 뒤에 멈춘다. 마법사는 가운을 입고서 비틀어진 나무 지팡이를 들고 있다. 뒤를 돌아 마법의 지팡이를 하늘 위로 올리면서 주문을 건다.

요정 마법사 붐바스티아!

불꽃이 마법처럼 하늘 위로 솟아오른다. 땅에 있는 상상의 동물들이 감탄하며 이를 바라본다.

몇몇 동물들이 몸을 웅크리고 추위에 떨고 있다.

아빠 (목소리) 마법은 도움이 필요한 사람들을 모두 도와주었지.

사티로스 마법사가 이들에게 다가간다.

---

wonder 놀라운 일

rolling 경사가 완만한

soar 높이 솟아오르다

whinny (말 등이) 울음소리를 내다

adventurous 모험의

creature 동물

mermaid 인어

leap 뛰어오르다

spiral 원을 그리며 돌다

wizard 마법사

robe 가운

gnarled 울퉁불퉁하게 비틀린

thrust (무기 등으로) 찌르다

cast a spell 주문을 걸다

huddle 몸을 움츠리다

shiver 떨다

SATYR WIZARD   Flame Infernar!

A fire appears in front of them. They happily warm themselves by it.

INT. UNDERGROUND TUNNELS – NIGHT
A warrior, **rogue**, and a wizard stand in a **dungeon** tunnel trying to reach a **glowing chalice**, but a dragon stand right behind the object, breathing fire in their direction. The warrior holds up a shield and they **brace** themselves against the **scorching** flames. The BRAVE WIZARD leaps out and casts a spell.

BRAVE WIZARD   Voltar Thundasir!

He **conjures** a lightning bolt that zaps the ceiling and sends rocks crashing down in front of the dragon, clearing their path. The warrior triumphantly **retrieves** the chalice!

EXT. MUSHROOM VILLAGE – DUSK
Yet another wizard **demonstrates** for a young **apprentice** how to conjure a glowing **orb** of light. She sends the orb through the window of a mushroom house, which it fills with light. The **gnome resident** of the house **emerges**, thrilled.

The apprentice attempts to do the glowing orb spell and struggles, catching on fire in the process. The wizard helps him extinguish the flames and hands his staff back to him, encouraging him to try again, but he's **hesitant**.

DAD (V.O.)   But it wasn't easy to master.

Suddenly, something catches his attention.

DAD (V.O.)   And so the world found a simpler way to get by...

The wizard and her student turn to see a satyr INVENTOR in a barn surrounded by fantasy creatures. She's showing off a new **invention**.

사티로스 마법사 플레임 인페르나!

이들 앞에 불이 생겨난다. 불로 몸을 녹이며 행복해한다.

내부, 지하 터널 – 밤
전사와 악당 그리고 마법사가 지하 터널에 서 있다. 이들이 빛이 나는 성배가 있는 곳으로 접근하는데 성배 바로 뒤에 용 한 마리가 나타나 불을 뿜는다. 전사가 방패로 뜨거운 화염을 막으며 버틴다. 용감한 마법사가 뛰어나와 주문을 건다.

용감한 마법사 볼터 썬더시야!

마법사가 번개를 발사하자 천장이 부서지며 수많은 바위들이 용 앞에 떨어진다. 그들의 길이 열렸다. 전사가 의기양양하게 성배를 집어 든다!

외부, 머쉬룸 마을 – 해가 질 무렵
다른 마법사가 젊은 수련생에게 빛을 어떻게 만드는지 시범을 보여준다. 마법사가 버섯 모양의 집 창문으로 불빛 덩어리를 넣어 주자 집이 환해진다. 그 집에 살고 있는 땅의 요정, 기쁜 표정을 하며 나타난다.

수련생이 빛을 만드는 주문을 시도해 보지만 쉽게 해내지 못하고 오히려 자기 몸에 불이 붙는다. 마법사가 불을 꺼주고 수련생에게 지팡이를 다시 건네준다. 다시 해 보라고 격려하지만 그는 주저한다.

아빠 (목소리) 하지만 마법을 익히기는 쉽지가 않았단다.

갑자기 무언가가 수련생의 관심을 끈다.

아빠 (목소리) 그래서 세상은 더 쉬운 방식을 찾게 되었지…

마법사와 수련생이 고개를 돌려 보니 헛간에서 상상의 동물들이 사티로스 발명가 주변에 몰려 있다. 그녀가 새로운 발명품을 소개한다.

---

rogue 악당, 사기꾼
dungeon 지하 감옥
glowing 빛이 빛나는
chalice 성배
brace 버티다, 견디다
scorching 모든 것을 태워 버릴 듯이 뜨거운
conjure 마술을 하다
retrieve 회수하다, 되찾다

demonstrate 보여주다
apprentice 견습생
orb 동그란 덩어리
gnome 난쟁이, 땅의 요정
resident 주민, 거주민
emerge 나타나다
hesitant 주저하는
invention 발명품

INVENTOR   I call it: the light bulb!

The inventor **flips** a switch and the lightbulb turns on, **illuminating** the room. The crowd is amazed. The student **glances** at the dangerous staff that the wizard is holding out to him. He shakes his head and walks toward the crowd gathered around the inventor. The wizard, **forlorn**, watches him go. The student gives the light bulb a try.

APPRENTICE   'Tis so easy!

The wizard looks on, disappointed.

MASTER WIZARD   Huh.

What follows are quick shots of fantasy creatures using amazing **modern devices** through the years. An **elf** on a sales floor lights up a gas stove with a click, click. Everyone reacts in **amazement**. **Goblins** sit in a cozy living room. One of them turns on a gas fireplace using a remote.

DAD (V.O.)   Over time, magic **faded away**...

A teenage centaur plays "Prance Prance Revolution" in an arcade. A mermaid lounges in an **inflatable** kiddie pool on a front lawn, scrolling on her phone. A **sprite**, suitcase in hand, approaches an awaiting airplane. A factory assembly line rolls by. Traffic crawls along a **congested** highway.

CUT TO:
EXT. CITY
The New Mushroomton city skyline comes into view.

CUT TO:
EXT. **SUBURBAN** STREET – MORNING
A troll on a bicycle rides down the street, tossing papers onto **doorsteps**. The street is lined with mushroom houses that have all the **trappings** of modern suburban homes: satellite dishes,

발명가 이 물건은 '전구'입니다!

발명가가 스위치를 올리자 전구가 켜지고 방이 환해진다. 동물들, 매우 흥미로운 표정이다. 수련생은 마법사가 건네주는 지팡이를 위험한 물건처럼 바라본다. 그리고는 고개를 젓더니 발명가 주변에 있는 동물들에게 다가간다. 씁쓸한 표정의 마법사는 수련생이 떠나는 것을 바라만 본다. 수련생이 전구를 켠다.

수련생 너무 쉬운데!

마법사, 실망한 표정으로 바라본다.

마스터 마법사 음…

시간이 흐르고 상상의 동물들이 멋진 현대 문물을 사용하는 장면들이 빠르게 지나간다. 매장에서 한 요정이 가스 오븐을 '딸깍'하며 켜자 모든 이들이 놀라워한다. 도깨비들이 거실에 편안하게 앉아 있다. 한 도깨비가 리모콘으로 가스 벽난로를 켠다.

아빠 (목소리) 시간이 흐르면서 마법이 사라졌어…

어린 켄타우로스가 오락실에서 "프랜스 프랜스 레볼루션"을 하고 있다. 집 앞 잔디 마당에서 인어가 어린이용 튜브 풀장에 느긋하게 앉아 핸드폰을 하고 있다. 도깨비가 서류가방을 들고 비행기를 타러 간다. 공장에서는 조립 라인이 바쁘게 돌아간다. 차들이 혼잡한 고속도로를 기어가듯 움직이고 있다.

화면 이동
외부. 도시
뉴 머쉬룸톤의 스카이 라인이 화면에 들어온다.

화면 이동
외부. 교외에 있는 마을 거리 – 아침
길에서 트롤이 자전거를 타고 가며 신문을 집 앞 현관으로 던진다. 거리를 따라 버섯 모양의 집들이 늘어서 있는데 모두 화려한 현대적인 모습을 하고 있다.

---

flip (스위치 등을) 탁 켜다

illuminate 밝히다, 비추다

glance 힐끗 보다

forlorn 쓸쓸한, 버림받은

modern 현대적인

device 장치

elf 요정

amazement 놀라움

goblin 도깨비

fade away 사라지다

inflatable 부풀릴 수 있는

sprite 요정, 도깨비

congested 혼잡한

suburban 교외의

doorstep 현관

trappings 과시적인 요소

detached garage, basketball hoops. She rides past a disgusting **feral** unicorn rooting around in a trash can at the curb. Another unicorn approaches and **hisses** territorially. The first unicorn clumsily **chases** it off.

Beyond the **commotion**, we push into the upstairs window of a mushroom house.

INT. LIGHTFOOT HOUSE – IAN'S ROOM – MORNING

DAD (V.O.)   But I hope there's a little magic left...

A phone alarm begins to beep loudly, and within a split second the hand of a teenage boy silence it. He puts his watch on with style. He puts his shoes on with **flair**.

DAD (V.O.)   ...in you.

Then he pulls his sweatshirt on and it **gets stuck**. He pulls and pulls until finally his big nose, wild hair, and giant ears pop out of the sweatshirt, revealing a **lanky** teenage elf, IAN LIGHTFOOT. Ian smiles and **dusts off** the sweatshirt, which says "Willowdale College." He grabs his backpack and pauses to look at his desk calendar. Today is circled and reads: 16TH BDAY.

Ian smiles. He looks into a small mirror and takes a deep breath. He **stands up straight**, dusts off his sweatshirt again and walk out of the room, his head held high.

TITLE: ONWARD

EXT. MUSHROOM NEIGHBORHOOD – DAY
Ian walks down stairs **confident**, relaxed, the **poised** adult he plans to be from now on to the beat of loud, **pulsing** workout music. Ian's mom, an elf woman in her late 40's, LAUREL LIGHTFOOT, doesn't hear him approach because she's focused on the FITNESS INSTRUCTOR in workout **gear** on the TV screen. He **barks** **commands** and encouragement.

위성 TV 접시, 분리형 차고, 농구대가 보인다. 자전거는 지저분해 보이는 유기 유니콘을 지나간다. 유니콘은 길 옆에 있는 쓰레기통을 뒤지고 있다. 다른 유니콘이 다가가서 자기 영역임을 알리듯 위협적인 소리를 낸다. 먼저 있던 유니콘이 소란스럽게 그 유니콘을 쫓아낸다.

유니콘들의 소란을 뒤로 하고 화면은 버섯 집 2층 창문으로 들어간다.

내부. 라이트풋 가족의 집 – 이안의 방 – 아침

아빠 (목소리) 하지만 마법이 조금이라도 남아 있길 바란단다…

핸드폰 알람이 크게 울리자 곧바로 남자아이의 손이 알람을 끈다. 아이가 멋스럽게 시계를 찬다. 신발도 멋지게 신는다.

아빠 (목소리) … 너희들에게 말이야.

그리고 스웻셔츠를 입는데 옷이 얼굴에 걸린다. 아이, 셔츠를 계속 잡아 내리자 큰 코와 헝클어진 머리 그리고 거대한 귀가 셔츠 밖으로 빠져나온다. 몸이 마르고 키도 큰 소년 요정 '이안 라이트풋'의 모습이 보인다. 이안, 미소를 지으며 스웻셔츠의 먼지를 턴다. 셔츠에는 "윌로우데일 대학"이라는 글씨가 적혀 있다. 이안은 백팩을 들고 가다가 책상에 있는 달력을 바라본다. 오늘 날짜에 동그라미가 그려져 있고 '16번째 생일'이라고 적혀 있다.

이안, 웃는다. 작은 거울을 들여다보며 크게 숨을 쉰다. 자세를 바르게 하고 다시 스웻셔츠의 먼지를 턴다. 방을 나서며 고개를 든다.

제목: 온워드, 단 하루의 기적

외부. 머쉬룸 동네 – 낮
이안, 자신감이 넘치고, 여유가 있으면서도 침착한 어른의 모습을 떠올리면서 계단을 내려온다. 강한 리듬의 트레이닝 음악이 크게 울린다. 이안의 엄마 '로렐 라이트풋'은 40대 후반의 요정이다. 운동 기구를 들고 있는 TV 피트니스 강사에 너무 집중한 나머지 이안이 내려오는 소리를 듣지 못한다. 강사가 큰 소리로 독려한다.

---

detached 분리된

feral 유기된, 돌아다니며 사는

hiss 쉬익하는 소리를 내며 위협하다

chase 쫓아내다

commotion 소란, 소동

flair 재주, 재능

get stuck 걸리다

lanky 깡마른

dust off 먼지를 털어내다

stand up straight 바른 자세로 서다

confident 자신감 있는

poised 침착한, 차분한

pulsing 고동치는

gear 장비, 도구

bark 소리지르다

command 명령

<u>LAUREL</u>	(panting)	로렐 (숨을 헐떡인다)

<u>FITNESS INSTRUCTOR (on TV)</u>　We're gonna get Warrior Z90 fit! **Let me hear you say I'm a mighty warrior!**❶

피트니스 강사 (TV에서) 이제 워리어 Z90 운동을 하겠어요. '나는 강한 전사다!'라고 크게 외치세요.

<u>FITNESS MODELS (on TV)</u>　I'm a mighty warrior!

피트니스 모델들 (TV에서) 나는 강한 전사다!

<u>LAUREL</u>　I'm a mighty warrior!

로렐 나는 강한 전사다!

<u>IAN</u>　Morning, Mom!

이안 안녕, 엄마!

She doesn't hear him, someone else does. A **scaly** Labrador-sized dragon, BLAZEY, races into the room and **tackles** Ian to the ground.

로렐이 아닌 다른 누군가가 이안의 인사를 받는다. 래브라도 크기의 비늘이 많은 애완 용 블레이지가 거실로 달려와 이안을 바닥에 쓰러뜨린다.

<u>IAN</u>　Aahh!

이안 아아아!

Ian is **trapped** under the long, **wiry** dragon as it happily licks his face.

이안, 몸이 길고 뻣뻣한 용 아래에 깔린다. 용은 이안의 얼굴을 핥으며 행복해한다.

<u>IAN</u>　Shh! Down girl! Please!

이안 이봐! 그만해! 제발!

<u>LAUREL</u>　(noticing) Oh--! Blazey, down!

로렐 (상황을 파악하고) 어머! 블레이지, 그만해!

Laurel grabs a spray bottle and races toward the commotion, **squirting** at the dragon.

로렐, 분무기를 들고 소란이 있는 곳으로 달려간다. 용에게 물을 뿌린다.

----

*바로 이 장면!**

<u>IAN</u>　Ah! Stop, girl, stop!

이안 애 그만, 그만!

<u>LAUREL</u>　Bad dragon! Back to your **lair**!

로렐 그럼 나쁜 용이지! 네 동굴 집으로 들어가!

Blazey **blows** a small puff of fire at Mom. Ian stands up and just as he's dusting himself off from being attacked by Blazey, Laurel turns and attacks him with Mom Kisses.

블레이지가 엄마에게 작은 불을 뿜는다. 이안, 일어나서 블레이지 때문에 헝클어진 옷 매무새를 만진다. 로렐, 이안에게 '엄마표 키스'를 무자비하게 날린다.

----

mighty 힘이 센, 강한
scaly 비늘로 뒤덮인
tackle 바닥에 쓰러뜨리다
trap 가두다
wiry 뻣뻣한, 강단 있는
squirt (물 등을) 찍하고 뿌리다
lair 굴, 집
blow 내뿜다

❶ **Let me hear you say I'm a mighty warrior!**
'나는 강한 전사다!'라고 크게 외치세요.
Let me hear you say ~는 '~라고 크게 외치세요'라는 뜻으로 주로 공연이나 강연 등의 자리에서 관객들에게 호응을 얻을 때 사용하는 표현이에요.

LAUREL	HAPPY BIRTHDAY MR. ADULT MAN!! (kissing sounds)	로렐	생일 축하해요 아저씨!! (키스 소리)
IAN	(**struggling**/laughing) Ugh, no, Mom! (**breaks free**) Ah! Gross.	이안	(저항하며/웃으며) 하지 마요, 엄마! (엄마에게서 떨어지며) 아! 싱그러.

Ian laughs as he **manages to pull away**.

이안은 엄마에게서 간신히 떨어지며 웃는다.

| LAUREL | Hey, buddy, don't wipe off my kisses! | 로렐 | 이봐, 내 뽀뽀 닦아 내지 마! |

Mom notices something that makes her **pause**.

이때 엄마가 무언가를 발견하고 갑자기 동작을 멈춘다.

LAUREL	(**gasp**)	로렐	(허걱한다)
IAN	What?	이안	왜요?
LAUREL	You're wearing your Dad's sweatshirt.	로렐	아빠의 스웻셔츠를 입고 있구나.

Ian shyly **deflects**.

이안, 수줍게 반응한다.

| IAN | Oh, you know. Finally fits. | 이안 | 그러네요. 이제는 맞아요. |
| LAUREL | (going in for more **cuddling**) Oh, my little **chubby cheeks** is all **grown up**! | 로렐 | (더 껴안으려고 다가오며) 오, 우리 귀염둥이 불퉁이가 이제 다 컸네! |

Ian playfully pulls away again.

이안, 웃으면서 다시 떨어진다.

| IAN | (**playfully** struggling) Okay, okay, Mom! I gotta eat something before school. | 이안 | (즐겁게 저항하며) 알았어요, 엄마! 학교 가기 전에 밥 먹어야겠어요. |

Ian follows Laurel into the kitchen.

이안, 엄마를 따라 주방으로 간다.

---

struggle 애를 쓰다

break free 빠져나오다

manage to 간신히 ~하다

pull away 뒤로 빠지다

pause 중단

gasp 허걱하고 놀라다, 헉하고 숨을 쉬다

deflect (관심 등을) 피하다

cuddle 껴안다

chubby 약간 통통한

cheek 볼, 뺨

grown up 다 자란

playfully 쾌활하게, 농담으로

Meet the Lightfoots
라이트풋 가족을 소개합니다

🎧 02.mp3

INT. LIGHTFOOT KITCHEN – CONTINUOUS
Ian looks in the **fridge** for breakfast.

내부. 라이트풋 가족의 주방 – 계속
이안이 아침을 먹으려고 냉장고 안을 살펴본다.

LAUREL   Ugh, we don't have much food. I still have to go to the **grocery store**.

로렐   먹을 게 별로 없어. 슈퍼에 가야겠어.

Laurel sees Ian reaching inside the fridge and **smacks** his hand.

로렐, 이안이 냉장고 안에 있는 무언가를 집으려고 하자 손을 찰싹 때린다.

LAUREL   (playfully **scolding**) **Hands off, Mister!**❶ Those are for your party tonight.

로렐   (장난스럽게 꾸짖으며) 손 치워요, 아저씨! 오늘 밤 네 생일파티 때 먹을 거니까.

Ian takes the milk from the fridge and closes the door.

이안은 냉장고에서 우유를 꺼내고 문을 닫는다.

IAN   It's not a party Mom. It's just us.

이안   파티가 아니라구요. 그냥 우리끼리만 있는 거예요.

Ian **empties** the last of a box of cereal into a **bowl**.

이안, 남아 있던 시리얼을 모두 사발에 붓는다.

바로 이 장면!*

LAUREL   Well, you could invite those kids from your science class. You said they seemed pretty "**rockin'**."

로렐   과학 수업 같이 듣는 그 애들 초대해도 되지. 다 "끝내주는" 애들 같다며.

IAN   I'm pretty sure I didn't say it like that. And **besides**, I don't even know them.

이안   전 그런 말 한 적 없어요. 그리고 그 애들 잘 몰라요.

LAUREL   Well, your birthday is a day to try new things, be the "new you"!

로렐   생일은 새로운 것을 할 수 있는 날이야. "새로운 너"가 되는 날이지!

---

fridge 냉장고
grocery store 슈퍼마켓
smack 찰싹하고 때리다
scold 꾸짖다
empty 비우다
bowl 사발
rockin' (= rocking) 끝내주는
besides 게다가

❶ **Hands off, Mister!**
손 치워요, 아저씨!
어떤 물건에서 손을 떼라고 명령할 때 Hands off!라고 하세요. Keep your hands off!라고 할 수도 있어요.

Mom pours protein powder into a blender and hits the power button. The blender **whirs** to life and she has to yell to be heard over it.

LAUREL (calling over the blender) SPEAKING OF TRYING NEW THINGS, DID YOU SIGN UP FOR DRIVING PRACTICE?!

The blender stops, but Ian is still shouting.

IAN NO! (clearing throat, a little embarrassed) No.

Laurel pours her shake into a glass.

LAUREL I know you're a little scared to drive **sweetie-pie**, but--

IAN (**nerdy** laugh, **interrupting**) I'm not scared, Mom.

Ian points offscreen.

IAN (laugh) I'm gonna move Barley's game.

LAUREL Okay, but you know how he gets when someone touches that board.

엄마는 단백질 파우더를 믹서기에 붓고 전원 버튼을 누른다. 믹서기가 돌아가는 동안 엄마는 더 큰 소리로 말한다.

로렐 (믹서기보다 더 크게 말하면서) 새로운 것을 한다고 해서 말인데, 운전 연습 신청했니?!

믹서기가 멈추었지만 이안은 여전히 크게 소리친다.

이안 아니요! (목을 가다듬고 약간 멋쩍은 듯) 아직.

로렐은 쉐이크를 유리잔에 붓는다.

로렐 네가 운전을 좀 무서워하는 건 알아, 하지만…

이안 (말을 끊고 부자연스럽게 웃으며) 무섭지 않아요, 엄마.

이안, 화면 밖의 무언가를 가리킨다.

이안 (웃으며) 형의 게임을 좀 치울게요.

로렐 알았어, 한데 누가 자기 게임을 건드리면 걔가 어떻게 되는지 알지?

As Ian approaches the kitchen table he **trips on** a plastic **flail**-- nearly dropping his cereal onto a surface covered in a roleplaying fantasy game with **pewter** figures, dice, and miniatures. He puts his cereal down and starts **shuffling** around the miniatures--

IAN Well, he's gotta learn how to clean up his toys--

--when suddenly a huge, thick arm wraps around his neck.

BARLEY (O.S.) HALT!❶

이안이 주방에 있는 탁자로 가는데 플라스틱 도리깨 무기에 발이 걸려서 시리얼을 탁자 위에 쏟을 뻔했다. 탁자 위에는 납으로 된 피규어, 주사위, 미니어처 등의 롤플레잉 판타지 게임 부속품들이 가득하다. 이안, 시리얼을 내려 두고 미니어처를 정리하려고 한다.

이안 형은 자기 장난감을 정리하는 방법을 배워야 해요…

이때 갑자기 크고 두꺼운 팔이 이안의 목을 감싼다.

발리 (화면 밖) 멈춰라!

---

whir 씽하고 돌아가다
sweetie-pie (= sweetheart) 상대방을 애정 있게 부르는 말
nerdy 머리만 좋은 괴짜 같은
interrupt 말을 끊다
trip on ~에 걸려 넘어지다
flail 도리깨
pewter 납
shuffle 정리하다, 섞다

❶ Halt!
멈춰라!
halt는 '그만해', '멈춰'라는 뜻의 명령어예요. 하지만 고대 사극에서나 나올 법한 요즘 잘 쓰지 않는 표현이에요. 요즘에는 Halt! 대신에 Stop!이라고 합니다.

IAN	(**choking**) AHH!	이안 (숨이 막혀) 아아!

Ian is **pulled back** into the **hulking barrel** chest of twenty year-old BARLEY LIGHTFOOT.

스무 살의 '발리 라이트풋', 이안을 자신의 가슴 쪽으로 잡아당긴다. 그의 가슴은 드럼통처럼 크고 거대하다.

BARLEY	**Doth** my brother **dare disrupt** an active campaign?!

발리 나의 아우가 감히 현재 진행중인 군사 작전을 방해하다니?!

Ian's cereal bowl is **knocked** to the floor in the **scuffle**.

두 사람의 몸싸움으로 이안의 시리얼 사발이 바닥에 떨어진다.

IAN	(choking) Oh, come on!

이안 (숨을 제대로 못 쉬고) 아, 참!

Barley keeps his **grip** on Ian as he struggles to break free.

이안이 빠져나오려고 하지만 발리는 계속 이안을 붙잡고 있다.

BARLEY	You know, Ian, in the days of old, a boy of sixteen would have his strength tested in the **Swamps** of **Despair**.

발리 이안, 옛날에는 소년들이 16살이 되면 '절망의 늪'에서 자신의 힘을 시험해야 했었다구.

IAN	(choking) I'm not testing anything, just let me go!

이안 (숨이 막혀) 난 아무것도 시험하지 않을 거야. 그냥 놔줘!

LAUREL	Let him go.

로렐 놔줘라.

Barley **releases** Ian.

발리, 이안을 풀어준다.

BARLEY	Okay, but I know you're stronger than that. There's a mighty warrior inside you. You just have to **let** him **out**. Riiight, Mom?

발리 알았어 하지만 난 네가 이보다 더 강하다는 걸 알아. 너에게는 강한 전사의 모습이 있어. 넌 그걸 꺼내기만 하면 돼. 맞죠, 엄마?

Mom returns to the room, drinking her **protein** shake.

엄마는 단백질 쉐이크를 마시면서 거실로 들어온다.

Barley puts Laurel in the same **chokehold** as she laughs and fights back.

발리, 엄마에게 똑같은 초크 공격을 한다. 엄마는 웃으며 반격한다.

BARLEY	(laughing) Oh! That's good! Keepin' your head down.

발리 (웃으며) 애 좋아요! 머리를 숙여요.

---

choking 숨막힐 듯한	scuffle 몸싸움
pull back 끌어당기다	grip 악력
hulking 몸집이 큰	swamp 늪, 습지
barrel 통	despair 절망
doth 'do'의 고어	release 풀어주다
dare 감히 ~하다	let ~ out (안에서 밖으로) 꺼내다
disrupt 방해하다	protein 단백질
knock 떨어뜨리다	chokehold 한 팔로 목 조르기

LAUREL   (laughing, struggling) Barley, you **stink! When was the last time you showered?❶**

로렐 (웃으며, 애를 쓰면서) 발리, 너 냄새 나! 샤워 언제 했니?

Laural laughs and struggles with Barley. Blazey **roars** and leaps around excitedly. **In the midst of** the total chaos, Ian picks up his bowl from the floor and goes to eat what's left at the **kitchen counter**.

로렐, 웃으면서 발리와 몸싸움을 한다. 블레이지가 짖으면서 흥분한 듯 뛰어다닌다. 아주 혼란스러운 가운데 이안은 바닥에 있는 사발을 집어 든다. 그리고 주방 조리대에 남아 있는 것을 먹으러 간다.

BARLEY   If you tried a little harder, you actually could probably **wiggle out of** this--

발리 더 힘을 쓰면 여기서 빠져나올 수 있으시…

Suddenly, Mom **flips** Barley onto his back with a big crash! Barley struggles to catch his breath.

갑자기 엄마가 발리를 홱 뒤집어 버린다. 발리, 쿵 소리와 함께 등으로 떨어진다. 발리가 숨을 헐떡이고 있다.

BARLEY   (air knocked out) See? Mom knows how to let out her inner warrior.

발리 (숨을 내쉬며) 봤지? 엄마는 전사의 모습을 어떻게 끌어내는지 안다니까.

Still on his back, Barley reaches up to high-five Laurel.

발리는 바닥에 누워 엄마에게 하이파이브를 하려고 한다.

LAUREL   Thank you. Now **take out** the **trash**.

로렐 고마워. 이제 쓰레기를 밖에다 내놔.

Barley gets up.

발리, 일어선다.

---

stink 냄새가 나다

roar 으르렁거리다

in the midst of ~하고 있는 가운데

kitchen counter 주방 조리대

wiggle out of ~에서 빠져나오다

flip 홱 던지다

take out 밖으로 가지고 나가다

trash 쓰레기

❶ **When was the last time you showered?**
샤워 언제 했니?
When was the last time ~?은 '마지막으로 ~한 게 언제니?'라는 뜻이에요. last time 뒤에는 보통 '주어+동사'의 문장 형태를 써야 합니다.

Barley Lives in the Board Game

보드 게임의 세계에 빠져 있는 발리

🎧 03.mp3

EXT. LIGHTFOOT HOME - CONTINUOUS
Trash **in hand**, Barley opens the back door to the sound of a police radio.

외부. 라이트풋 가족의 집 - 계속
손에 쓰레기를 들고 발리가 뒷문을 열자 경찰의 무전 소리가 들린다.

OFFICER GORE (O.S.) (**fuzzy**, over **radio**) --stay **on the lookout** for a runaway Griffin.

고어 경관 (화면 밖) (무전으로 불명확한 소리) … 탈주범 그리핀을 찾아보도록.

Barley stops.

발리, 멈춰 선다.

BARLEY (groan) Officer Bronco.

발리 (탄식하며) 브론코 경관님.

바로 이 장면!*

A **mustachioed**, cocky cop with mirrored aviator sunglasses, OFFICER COLT BRONCO, steps from the shadows to reveal...

거만해 보이는 '콜트 브론코 경관'은 콧수염을 기르고 비행 조종사들이 잘 쓰는 미러 선글라스를 착용하고 있다. 콜트, 어두운 곳에서 나타난다.

COLT Barley, Barley, Barley. Every time the city tries to tear down an old piece of **rubble**, **I gotta drag my rear end out here and deal with you.**❶

콜트 발리, 발리, 발리. 시에서 옛날 돌무더기를 철거하려 할 때마다 내가 나와서 너를 상대해야 하는구나.

...He's not a **mounted** police officer after all; he's a centaur cop.

콜트는 말을 타고 다니는 경찰이 아니지만 말의 하반신을 한 켄타우로스 경찰이다.

BARLEY I don't know what you're talking about.

발리 무슨 말씀을 하시는지 모르겠어요.

Laurel appears in the doorway behind Barley, **irritated**.

로렐, 문 쪽으로 오더니 발리 뒤에 선다. 짜증이 나는 표정이다.

COLT Oh, really?

콜트 어, 그래?

---

in hand 손에 들고 있는
fuzzy (소리가) 흐릿하게 들리는
radio 무전기
on the lookout ~를 찾고 있는
mustachioed 콧수염이 있는
rubble 돌무더기
mounted 말을 탄
irritated 짜증이 난

❶ **I gotta drag my rear end out here and deal with you.**
내가 나와서 니를 상대해야 하는구나.
rear end는 '몸의 뒤쪽 끝부분' 즉 '엉덩이'를 말하는 거예요. drag one's rear end out here는 '내 엉덩이를 여기까지 끌고 오다' 즉 '수고스럽게 여기까지 오다'라는 표현이에요. 그리 좋은 어감의 표현은 아니에요.

Colt pulls out his phone and clicks on a streaming video. The **footage** shows Barley chained to an ancient fountain as **construction crews** and cops yell at him. The crowd of people that has gathered laughs at him.

콜트, 전화기를 꺼내 스트리밍 영상을 클릭한다. 건설 현장 용역들과 경찰이 소리치는 가운데 발리가 고대 분수대에 자신의 몸을 체인으로 감고 있는 장면이 나온다. 모여 있던 사람들이 그를 보고 웃는다.

FOUNTAIN CROWD   (laughing, curious)

분수대 주변 사람들 (호기심 있게 바라보면서, 웃는다)

BARLEY   (to the crowd) I will not let you **tear down** this **fountain**!

발리 (사람들에게) 이 분수를 철거하게 내버려 둘 순 없어요!

Construction workers start to pull him away.

용역들이 그를 끌고 간다.

BARLEY   **Ancient** warriors on **grand quests** drank from its **flowing** waters!

발리 장대한 모험의 여정을 떠난 고대 전사들이 여기서 물을 마셨다구요!

As Barley is being pulled from the fountain, he falls down with a big **splash**.

발리가 분수대에서 끌려 나오면서 넘어진다. 물이 크게 튄다.

LAUREL   Barley.

로렐 발리.

BARLEY   They're destroying the town's past!

발리 저들은 마을의 과거를 파괴하고 있어요!

COLT   And last night, someone destroyed their bulldozer.

콜트 그리고 어젯밤에는 누군가가 불도저를 파괴했지.

Barley **shrugs** to Mom. Laurel **groans**, then turns to Colt.

발리가 엄마에게 멋쩍은 듯 어깨를 들어올린다. 로렐, 살짝 신음 소리를 내고 콜트를 바라본다.

LAUREL   Ugh, well come on in, rest your **haunches** for a minute.

로렐 들어와서 좀 앉아요.

COLT   Thank you, hon.

콜트 고마워, 자기.

The two of them kiss. The boys are **grossed out**.

두 사람 키스한다. 아이들은 징그럽다는 표정을 짓는다.

INT. LIGHTFOOT HOME – KITCHEN – DAY
Colt approaches Ian in the kitchen.

내부. 라이트풋 가족의 집 – 주방 – 낮
콜트가 주방에 있는 이안에게 다가간다.

---

footage 화면 (장면)
construction crew 건설 현장 용역
tear down 쓰러뜨리다
fountain 분수
ancient 고대의
grand 장엄한
quest 여정
flowing 흐르는

splash 물이 크게 튐
shrug (어깨를) 으쓱하다
groan 신음하다
haunch 엉덩이
grossed out 징그러워하는

COLT   Hey there, Birthday Boy... **So ya workin' hard or hardly workin'?**❶ (horse laugh)

콜트 안녕, 생일 축하해. 열심히 하고 있지, 아니면 열심히 놀고 있나? (말 울음 소리)

Colt punches Ian on the shoulder just a little too hard.

콜트, 이안의 어깨를 치는데 너무 세게 친 듯하다.

IAN   (uncomfortable laughter) I'm just, you know... *making a toast.*

이안 (불편하게 웃으며) 저기 그냥… 토스트를 만들고 있어요.

LAUREL   I'm serious, Barley, you need to start thinking less about the past and more about your future.

로렐 발리야, 농담하는 거 아냐. 우리 마을의 과거는 덜 생각해도 되니까 제발 네 미래나 신경을 써.

COLT   She's right.

콜트 엄마 말이 맞아.

As Colt turns toward Laurel, his tail knocks Ian's toast off the counter. It falls to the floor, jelly-side down, and is **promptly snatched** up by Blazey.

콜트가 로렐 쪽으로 몸을 돌리면서 꼬리가 이안의 토스트를 건드려 조리대에서 떨어진다. 잼을 바른 부분이 바닥에 떨어지는데 블레이지가 얼른 달려와서 낚아챈다.

COLT   You can't spend all day playing your board game.

콜트 하루 종일 보드게임이나 하지 말고.

Colt **awkwardly plops** his lower half in a chair at the table covered by Quests of Yore. Pieces **rattle** and fall over. Barley **hustles** over to set the pieces straight.

콜트, 하반신의 반만 의자에 걸치며 어색하게 앉는다. 테이블에는 '요어의 모험' 보드게임이 깔려 있다. 보드게임 부속품들이 달그락거리며 쓰러진다. 발리가 달려와 그것들을 바로 세운다.

BARLEY   Uh, Quests of Yore isn't just a board game, it's an historically-based role playing scenario. Did you know in the old days centaurs could run seventy miles an hour?

발리 요어의 모험은 그냥 보드게임이 아니에요. 역사에 근거한 역할극 시나리오란 말이에요. 옛날에는 켄타우로스가 시속 70마일로 달렸다는 거 아세요?

COLT   I own a **vehicle**, don't need to run.

콜트 난 차가 있으니까 이제 달릴 필요가 없어.

BARLEY   Well, Ian, you could **definitely** learn a lot from Quests of Yore. You want to play?

발리 이안, 요어의 모험을 하면 확실히 많은 것들을 배울 수 있어. 같이 할래?

IAN   I don't.

이안 아니, 됐어.

Ian folds over the remaining piece of toast and starts to take the first bite--

이안은 남아 있는 토스트를 접어서 먹으려고 한다.

---

promptly 즉시

snatch 낚아채다

awkwardly 서투르게, 어색하게

plop 털썩 주저앉다

rattle 달그락거리다

hustle 달려들다, 떠밀다

vehicle 차

definitely 확실히

> ❶ **So ya workin' hard or hardly workin'?**
> 열심히 하고 있지, 아니면 열심히 놀고 있나?
> working hard의 hard는 '열심히'라는 뜻이에요. 하지만 뒤에 있는 hardly는 '열심히'와는 상관없이 '거의 ~하지 않는'이란 의미죠. 이 대사는 hard라는 단어를 활용해서 콜트가 만든 썰렁한 유머입니다.

BARLEY	You could be a **crafty** rogue, or... ooh, I know! You can be a wizard.	빌리 교활한 악당이나… 아 그래! 마법사를 하면 딱이겠네.
	Barley puts the pewter wizard figure on Ian's shoulder.	빌리, 납으로 된 마법사 피규어를 이안의 어깨 위에 올려 둔다.
BARLEY	(wizard voice) I shall cast a spell on **thee**!! (magic sounds)	빌리 (마법사 목소리로) 너에게 주문을 걸겠다!! (마법 소리를 입으로 낸다)
IAN	Hey, careful of Dad's sweatshirt.	이안 아빠 옷이야. 조심해.
BARLEY	I don't even remember Dad wearing that sweatshirt.	빌리 아빠가 그런 옷을 입었던 기억이 없는데.
IAN	Well, you do only have, like, two memories of him.	이안 형은 아빠의 기억이 두 개밖에 없잖아.
BARLEY	No! I've got three. I remember his beard was **scratchy**, he had a **goofy** laugh, and I used to play--	빌리 아니야! 세 개라구. 아빠의 수염이 까칠했고, 또 바보같이 웃으셨지. 그리고 같이 놀기도 했다구…
BARLEY	--drums on his feet.	빌리 … 발로 드럼 치기를 하면서.
IAN	--drums on his feet. Right.	이안 … 발로 드럼 치기를 하면서. 그래.
	Ian is amused.	이안의 표정이 밝아진다.
BARLEY	I used to go... (hums "Shave and a Haircut," **raspberries** for the last two beats)	빌리 이렇게 말이지… ("쉐이브 앤 헤어컷" 리듬을 하는데 마지막 두 음은 입으로 공기를 터트리며 마무리한다)
	He clumsily knocks Ian's toast off the counter. Ian **lunges for** it, but Barley gets to it first.	빌리는 실수로 이안의 토스트를 조리대에서 떨어뜨린다. 이안이 빨리 잡으려고 하는데 빌리가 먼저 낚아챈다.
IAN	Whoa!	이안 에!
BARLEY	Whoops! **Five second rule.**❶	빌리 이크! 빨리 집어먹으면 괜찮아.
	He grabs the toast and as he goes to put it back on the plate, his wrist cuff **snags** on Ian's sweatshirt, **ripping** it.	빌리 토스트를 잡고 접시에 다시 올리려고 하는데 빌리의 팔찌에 이안의 스웻셔츠가 걸려 살짝 찢어진다.

---

crafty 교활한

thee 'you'의 고어

scratchy 따끔거리는

goofy 바보 같은

raspberries 입으로 소리를 터트리며 노는 장난

lunge for ~를 향해 달려들다

snag 걸리다

rip 찢다, 떼어내다

❶ **Five second rule.**
빨리 집어먹으면 괜찮아.
미국 사람들은 음식이 땅에 떨어져도 5초 안에 먹으면 괜찮다고 생각하나 봐요. Five second rule.은 땅에 떨어진 음식을 집어먹으면서 장난처럼 하는 말이에요.

IAN	(gasp)	이안	(허걱한다)

The **thread** is still caught on Barley's wrist-cuff.

실이 발리의 팔찌에 걸려 있다.

BARLEY	It's okay! (reaching for hoodie) You just gotta pull it!	발리	괜찮아! (후드를 잡으려고 하면서) 그냥 잡아당기면 돼!

Barley **yanks** his arm, to **snap** the thread and instead pulls even more thread out, splitting the **seam** even more.

발리가 실을 뜯으려고 팔을 당기자 실이 더 풀어지고 옷이 더 많이 뜯어진다.

IAN	NO!	이안	안 돼!
LAUREL	Barley!	로렐	발리!

Laurel cuts the thread.

로렐이 실을 끊는다.

IAN	(trying to calm down) You know what, I'm just gonna get some food on the way to school.	이안	(화를 누르면서) 저기, 그냥 학교 가는 길에 뭐 좀 사 먹을게요.
LAUREL	I'll **sew** that later tonight, okay?	로렐	오늘 밤에 내가 꿰매 줄게, 알겠지?

Barley jumps to his feet. He puts on a helmet and picks up a sword.

발리가 일어선다. 헬멧을 쓰고 칼을 집어 든다.

BARLEY	Wait, wait, wait, wait! By the Laws of Yore, I must **dub** thee a man today! Kneel before me.	발리	잠깐, 잠깐만! '요어의 율법'에 따라 오늘부터 자네를 성인이라고 부르겠노라! 무릎을 꿇어라.
IAN	Oh, that's okay... **I gotta get going!**❶	이안	아, 괜찮아… 나 가야겠어!
BARLEY	Alright, well I'll pick you up later and we'll perform the ceremony at school!	발리	알겠어. 이따가 데리러 갈게. 학교에서 이 의식을 하도록 하지!
IAN	NO! No, no, no, no, no. Don't do that. Okay, bye!	이안	아니… 아니라고. 그러지 마. 알았지?

Ian backs out the door and closes it behind him. Once outside, he lets out a **massive sigh**.

이안, 밖으로 나오면서 재빨리 문을 닫는다. 문 밖에서 이안은 큰 숨을 내쉰다.

---

thread 실
yank 확 잡아당기다
snap 끊다
seam 바느질선
sew 꿰매다
dub ~라고 명명하다, 부르다
massive 큰
sigh 한숨

❶ **I gotta get going!**
나 가야겠어!
상대방과 대화를 마무리할 때 사용하는
표현이에요. 짧게 I gotta go.라고 할 수도
있어요.

DISNEP·PIXAR
ONWARD

16th
B'day

Conversation with Dad's Old Friend

아빠 친구와의 대화

🎧 04.mp3

〔DAD'S **LEGACY**〕

EXT. BURGERSHIRE RESTAURANT – DAY

ESTABLISHING SHOT

INT. BURGERSHIRE RESTAURANT – DAY
ON **cash register** running up order. Ian takes his **receipt** from the **employee** and sits. An elf dad in his forties, GAXTON, and his **preteen** son sit on the bench next to Ian.

GAXTON   (to Ian) Hey! Go Griffins!

IAN   What?

Gaxton points to Ian's hoodie.

GAXTON   You go to Willowdale College?❶

Gaxton gives his son the receipt and the boy goes to the counter to wait for their food.

IAN   Oh, no. This was my Dad's.

Ian points to the name LIGHTFOOT on the hoodie.

GAXTON   "Lightfoot?" Wilden Lightfoot?

Ian **lights up**.

IAN   Yeah!

〔아빠의 전설〕

외부. 버거샤이어 식당 – 낮

배경 화면

내부. 버거샤이어 식당 – 낮
계산대에서 직원이 주문을 받고 있다. 이안이 영수증을 받고 자리에 앉는다. 40대 중년 요정 '객스톤'과 어린 아들이 이안 옆자리에 앉아 있다.

객스톤 (이안에게) 그리핀즈, 화이팅!

이안 네?

객스톤. 이안의 후드티를 가리킨다.

객스톤 윌로우데일 대학 다니는 거 아닌가?

객스톤이 아들에게 영수증을 주자 아이가 카운터로 가서 음식을 기다린다.

이안 아니에요. 저희 아빠 꺼예요.

이안이 라이트풋이라고 적혀 있는 부분을 보여 준다.

객스톤 "라이트풋?" 윌든 라이트풋?

이안의 표정이 환해진다.

이안 맞아요!

---

legacy 유산, 업적
cash register 금전 등록기
receipt 영수증
employee 직원
preteen 10세부터 12세까지의
light up 얼굴이 밝아지다

❶ **You go to Willowdale college?**
윌로우데일 대학 다니는 거 아닌가?
go to ~ 뒤에 학교 이름을 붙이면 '~ 학교에 다니다', '재학 중이다'라는 표현이 됩니다. '재학 중'이라고 해서 굳이 어려운 표현을 찾아 쓸 필요는 없어요.

바로이 장면!*

GAXTON	**You're kidding!**[1] I went to college with him!	객스톤 말도 안 돼! 그 사람하고 대학을 같이 다녔어!
IAN	Really?	이안 정말이에요?
GAXTON	Yeah! (beat) Boy, I was so sorry to hear that he **passed away**.	객스톤 그럼! (잠시 말을 멈추고) 아, 돌아가셨다는 소식 들어서 참 안타까웠단다.
Ian **nods** and smiles.		이안, 고개를 끄덕이며 미소를 보인다.
IAN	(**sotto**) Yeah... thanks.	이안 (작은 목소리로) 네… 감사합니다.
GAXTON	You know, your dad was a great guy! So confident. When he came into a room, people **noticed**. (laughing at the memory) The man wore the ugliest purple socks, every single day.	객스톤 너희 아빠는 정말 멋진 사람이었어! 정말 자신감이 넘쳤지. 강의실에 들어오면 사람들이 다 알아봤단다. (추억을 생각하며 웃으면서) 끔찍한 보라색 양말을 신고 다녔어. 매일같이 말이지.
IAN	(laugh) What? Why?	이안 (웃으면서) 네? 왜요?
GAXTON	Hey, that's exactly what we asked. But he was just **bold**. I always wished I had a little bit of that in me.	객스톤 우리도 그게 궁금했어. 근데 그 사람은 그냥 대담했어. 나도 그랬으면 하고 항상 바랐었지.
IAN	Yeah. (**thoughtful**) Wow. (to Gaxton) I've never heard any of this about him before. What else do you remember--	이안 그렇군요. (생각하면서) 와. (객스톤을 향해서) 우리 아빠에 대해서 이런 이야기를 들어 본 적이 없어요. 그 밖에 또 기억나는 거 있으세요…?
GAXTON'S SON calls out from near the counter, holding a bag of food.		객스톤의 아들이 카운터 근처에서 음식 봉투를 들고 크게 소리친다.
GAXTON'S SON	(impatient) Dad!	객스톤의 아들 (더 이상 못 참겠다는 듯) 아빠!

---

pass away 돌아가시다
nod 고개를 끄덕이다
sotto 작은 목소리로
notice 알아보다
bold 대담한, 용감한
thoughtful 생각이 깊은

❶ **You're kidding!**
말도 안 돼!
상대가 하는 말에 놀라거나 믿을 수 없다는 반응을 보일 때 사용하는 표현이에요. You're kidding me. 혹은 Are you kidding?이라고 할 수도 있어요.

GAXTON Oh! Sorry. **Gotta get this guy off to school.**❶   객스톤 미안해. 얘를 학교에 데려다 줘야 해서.

Gaxton **holds out** his hand to **shake** Ian's.   객스톤, 손을 내밀어 이안과 악수한다.

GAXTON Hey, it was nice meeting you!   객스톤 만나서 반가웠어!

IAN Yeah, you too.   이안 저도요.

Ian thinks to himself **for a beat**.   이안, 잠시 생각에 잠긴다.

IAN (sotto) Huh. Bold.   이안 (낮은 목소리로) 흠. 대범하셨다고.

---

hold out (손 등을) 내밀다
shake 악수하다
for a beat 잠시 동안

❶ **Gotta get this guy off to school.**
얘를 학교에 데려다 줘야 해서.
get ~ off to school은 '학교로 ~를
데려가다'라는 뜻이에요. 자녀를 학교로 데려다
줄 때 이 표현을 사용합니다.

Horrible School Day
학교는 끔찍해

🎧 05.mp3

[SCHOOL FAIL]

EXT. NEW MUSHROOMTON HIGH SCHOOL – MORNING
Ian sits outside the school, making himself a list called "NEW ME."

He adds:
SPEAK UP MORE
LEARN TO DRIVE
INVITE PEOPLE TO PARTY

He thinks to himself for a moment and then add a final item: BE LIKE DAD. The bell rings and he heads across the busy **schoolyard** and into the **imposing** building.

INT. CLASSROOM – DAY
Ian walks into his classroom.

<u>**TEACHER**</u> Okay, class, sit down. We're starting **roll**.

He sees a **SLOBBY** TROLL wearing **flip flops** with his feet up on the seat in front of him. This is Ian's seat. The troll is **immersed** in a game on his phone.

As the TEACHER is calling roll Ian walks up to the Troll. Ian watches as Gorgamon puts another **grotesque** foot on his chair.

(우울한 학교 생활)

외부, 뉴 머쉬룸톤 고등학교 – 아침
이안이 학교 건물 밖에 앉아서 "새로운 나"라는 제목으로 목록을 작성하고 있다.

이안, 다음과 같은 목록을 추가한다
더 큰 목소리로 말하기
운전 연습하기
파티에 사람들을 초대하기

잠시 생각하더니 맨 끝에 '아빠처럼 되기'라고 쓴다. 학교 종이 울리자 이안은 북적이는 교정을 지나 인상적인 학교 건물로 들어간다.

내부, 교실 – 낮
이안, 교실로 들어간다.

선생님 여러분 앉으세요. 출석 부를 거예요.

행동이 단정치 못한 덩치 큰 트롤이 조리 슬리퍼를 신고 있는데 이안의 자리에 발을 올리고 있다. 트롤은 핸드폰 게임에 정신이 팔려 있다.

선생님이 출석을 부르는 가운데 이안이 트롤에게 다가간다. 이안, 고가몬이 못생긴 다른 발도 자신의 의자에 올리는 것을 바라본다.

바로이 장면!*

<u>**IAN**</u> Hey, uh, Gorgamon... um, **would you mind not putting your feet on my chair today?**❶

이안 저기 고가몬… 오늘은 내 의자에 발을 올리지 말아 줄래?

---

speak up 크게 말하다
schoolyard 학교 교정
imposing 인상적인, 눈길을 끄는
roll 출석
slobby 게으른, 질퍽거리는
flip flops (발가락 사이에 끼는) 고무[플라스틱] 샌들
immerse 몰두하게 하다
grotesque 괴물 같은, 터무니없는

❶ **Would you mind not putting your feet on my chair today?**
오늘은 내 의자에 발을 올리지 말아 줄래?
Would you mind not ~?은 '~하지 말아 주시겠어요?'하고 상대에게 공손하게 부탁하는 표현이에요. '~해 주시겠어요?'라고 하고 싶으면 Would you mind ~?로 표현해요.

GORGAMON	Sorry dude, gotta keep'em **elevated**. Gets the blood flowing to my brain.	고가몬	미안. 발을 계속 올려 둬야 해. 내 머리로 피가 흐르도록 해 주거든.
IAN	It just makes it a little hard for me to **fit** in there--	이안	내가 자리에 앉는 게 좀 힘들어서…
GORGAMON	Well if I don't have good blood flow, I can't concentrate on my school work. **You don't want me to do bad in school, do you?❶**	고가몬	피가 안 흐르면 공부에 집중을 할 수가 없다구. 설마 넌 내가 공부를 못하기를 바라는 건 아니겠지?
IAN	(awkwardly laughing) Uh... no.	이안	(어색하게 웃으며) 어… 그건 아니지
GORGAMON	Thanks, bro.	고가몬	고마워. 친구.

Ian sits in his seat. He **scoots** up even more to make room for the gross feet. He's now **scrunched** into an impossibly small space. He's uncomfortable and miserable.

이안. 자리에 앉는다. 고가몬의 역겨운 발을 피해 앞으로 바짝 움직인다. 매우 작은 틈 사이에 몸을 구겨 넣은 모습이다. 이안. 아주 불편하고 비참한 기분이다.

EXT. HIGH SCHOOL PARKING LOT – LATER
A GOBLIN TEACHER stands next to a small car with a "student driver" sign on the roof. A group of students stand before her.

외부. 학교 주차장 – 잠시 후
도깨비 선생님이 작은 차 옆에 서 있다. 차 지붕에는 "운전 연습 중"이라고 적은 표시가 있다. 몇몇 학생들이 선생님을 마주보고 서 있다.

DRIVING INSTRUCTOR	First road test, any **volunteers**?	운전 강사	첫 도로 주행 시험이군요. 자원할 사람?

A single hand raises from the back of the crowd. The group parts to reveal a nervous Ian. Close up on the door to the Student Driver car as it closes.

아이들 뒤에서 손 하나가 올라간다. 아이들이 물러나자 불안한 표정의 이안이 보인다. 차문이 닫히면서 '운전 연습 중'이라는 표시가 화면에 클로즈업 된다.

INT. DRIVER'S ED CAR – DAY
Ian drives the Student Driver car. A goblin Driving Instructor sits in the passenger seat. Two other kids are in the backseat.

내부. 운전 연습용 차 안 – 낮
이안이 연습용 차를 운전하고 있다. 도깨비 운전 강사가 조수석에 앉아 있다. 학생 두 명이 뒷좌석에 앉아 있다.

DRIVING INSTRUCTOR	A left here.	운전 강사	여기서 좌회전

Ian **signals** and turns.

이안. 깜박이를 켜고 좌회전한다.

DRIVING INSTRUCTOR	Now take this **on-ramp** to the **freeway**.	운전 강사	이제 고속도로 진입 차선으로 들어가요.

---

elevate 들어올리다
fit ~에 딱 맞다
scoot 자리를 좁혀 앉다
scrunch 아주 작게 뭉치다
volunteer 지원자
signal 신호를 하다
on-ramp 진입로
freeway 고속도로

❶ **You don't want me to do bad school, do you?**
설마 넌 내가 공부를 못 하도록 바라는 건 아니겠지?
You don't want me to ~는 '내가 ~하는 걸 바라는 건 아니지'라는 표현이에요. 이 표현 뒤에는 '그런 건 아니지?'라는 의미로 '~ do you?'를 자주 붙인답니다.

IAN   (**lacking** confidence) Okay, yeah. I'm super ready for that.

이안 (자신 없이) 오케이, 확실히 준비됐다구요.

Ian's smile **fades** as he gets closer to the reality of the freeway traffic. The cars are **zooming** past.

고속도로 차량들과 가까워지면서 이안의 미소가 사라진다. 차들이 빠른 속도로 달려간다.

IAN   (**unconvincing**) It's nice and fast.

이안 (자신감 없이) 아주 빠르네요.

DRIVING INSTRUCTOR   Just **merge** into traffic.

운전 강사 진입하세요.

IAN   Yup, just any minute…

이안 네, 잠시만…

He grows more nervous.

이안, 더 초조해진다.

DRIVING INSTRUCTOR   Merge into traffic!

운전 강사 진입하라고!

IAN   Uh…

이안 어…

DRIVING INSTRUCTOR   MERGE INTO TRAFFIC!

운전 강사 들어가라고!

Panicked, Ian tries to **get over** but doesn't check that it's clear. A car **lays on** its **horn** and he **retreats** back into his lane.

겁을 먹은 이안, 차선을 바꿔 진입하려고 하는데 뒤에 차가 오는지 확인하지 못한다. 차가 경적을 크게 울리자 이안은 자기 차선으로 다시 돌아온다.

IAN   I'm not ready!

이안 전 준비가 안 됐어요!

DRIVING INSTRUCTOR   **Pull over.**

운전 강사 차를 대세요.

Ian pulls the car off the freeway. The bell RINGS.

이안, 고속도로를 빠져나간다. 학교 종이 울린다.

---

lack 부족하다
fade 희미해지다
zoom 질주하다
unconvincing 설득력이 없는
merge 합병하다, 합치다
panicked 겁을 먹은
get over 차선을 이동하다
lay on 세게 치다

horn 경적
retreat 후퇴하다
pull over 길 한쪽으로 빠지다

Embarrassing Moment
당혹스러운 순간

🎧 06.mp3

EXT. HIGH SCHOOL – DAY
Students are **hanging out** in front of the school, including four
friendly TEENS: SADALIA, GURGE, PARTHENOPE, and ALTHEA.

외부, 학교 – 낮
학생들이 학교 건물 앞에서 어울려 있다. 4명의 친구들, 새달리아, 걸지, 파테노프, 알테아가 보인다.

SADALIA (**celebratory**) Alright, so what should we do this weekend?

새달리아 (흥겹게) 이번 주말에 우리 뭐 하지?

GURGE (playful) Move to a cooler town?

걸지 (즐겁게) 쿨한 곳으로 가볼까?

We pull back to see Ian standing **nearby**, on his own. He's **rehearsing** some lines to himself.

이안이 근처에 혼자 서 있는 모습이 보인다. 혼자서 할 말을 연습하고 있다.

IAN (quiet, **nervous**) Oh, hey! What's up, **dudes**? I'm, uh, having a party tonight, and was wondering if you wanted to come over and get down on some cake…

이안 (조용히, 긴장한 듯) 야, 안녕 친구들? 나 오늘 밤 파티 해. 너희들 와서 케이크 먹을래…

Ian's smile drops. Ian checks his hand. The line above is written on his hand.

미소가 사라진다. 이안, 자신의 손을 바라본다. 방금 한 말이 손에 적혀 있다.

IAN (**sotto**) That's not something anyone says.

이안 (작은 목소리로) 요즘 누가 이렇게 말을 해?

He **crosses out** "dudes" and change it to "**gang**."

이안, "친구들"이란 말을 지우고 "패거리"라고 쓴다.

IAN (**making notes**) Okay, don't say dudes. (thinking) …Gang? "What's up, gang?"

이안 (글씨를 쓰면서) '친구들'이라고 하지 말고. (생각하며) … 패거리? "안녕, 패거리들?"

Ian **pulls himself** together and tries again.

이안, 마음을 가다듬고 다시 말을 해 본다.

IAN (charismatic) What's up, gang?! (nervous **exhale**)

이안 (카리스마 있게) 안녕, 패거리들?! (떨리는 듯 숨을 크게 내쉰다)

---

hang out 어울리다, 놀다
celebratory 즐거운, 기념하는
nearby 근처
rehearse 연습하다, 시연하다
nervous 긴장되는
dude 녀석
sotto 작은 목소리로
cross out 지우다

gang 패거리
make notes 기록하다
pull oneself 정신을 차리다, 기운을 되찾다
exhale 숨을 내쉬다

Ian **heads** over to where the TEENS are still hanging out. Ian **sidles** up to the teens, trying to look confident.

이안, 아이들이 모여 있는 곳으로 다가간다. 자신 감 넘치는 것처럼 보이려고 하지만 정작 아이들에 게는 쭈뼛쭈뼛 다가간다.

IAN   Hey, what's up, gang?

이안 이봐, 안녕, 패거리들?

The teens turn to Ian.

아이들이 이안 쪽으로 돌아본다.

SADALIA   Oh, hey... Ian, right?

새달리아 아, 안녕… 이안, 맞지?

IAN   (surprised) Oh, I didn't know you knew my...

이안 (놀라며) 어, 내 이름을 아는지 몰랐…

바로 이 장면!*

Ian **winces** and looks at his hand. The writing on it is **smeared** and **sweaty**.

이안, 잠시 움찔하더니 자신의 손을 바라본다. 손 에 있는 글씨가 땀으로 범벅이 되어 있다.

IAN   Uhhh, anyway... if you like parties, then I was gonna do a party.

이안 어, 어쨌든… 너희들이 파티를 좋아하면 내 가 파티를 열려고.

SADALIA   What?

새달리아 뭐라고?

IAN   What I was trying to say, is if you're not doing anything tonight-- but I'm sure you probably are doing something tonight-- and you like cake like I like cake, I've got a cake... at my house.

이안 내가 하려는 말은… 오늘 밤 할 일이 없으 면… 물론 오늘 밤 할 일이 있긴 하겠지만… 나처 럼 너희가 케이크를 좋아하면, 우리 집에 케이크가 있거든.

The teens look at each other.

아이들, 서로를 바라본다.

SADALIA   Are you inviting us to a party?

새달리아 우리를 파티에 초대하는 거니?

IAN   (bingo) **That's the one.❶**

이안 (빙고) 바로 그거야.

Sadalia looks to the group.

새달리아가 다른 아이들을 바라본다.

SADALIA   Oh, yeah! We don't have any plans.

새달리아 그래! 우리 특별한 계획이 없어.

---

head 향하다
sidle 옆걸음질 치다
wince 움찔하고 놀라다
smear 문지르다
sweaty 땀이 나는

❶ That's the one.
바로 그거야.
'그래, 바로 그거야!'라는 뜻으로 상대방이 내 생각과 비슷한 것을 말할 때 쓰는 표현이에요. That's it! 또는 That's what I'm talking about.으로 말할 수도 있어요.

ALTHEA / PARTHENOPE / GURGE	Sure, okay! / Yeah! / **Totally.** [1]		알테아/파테노프/걸지 물론이지! / 맞아! / 진짜로.

Ian looks up, surprised.

알테아/파테노프/걸지 물론이지! / 맞아! / 진짜로.

Ian looks up, surprised.

이안, 놀란 눈을 치켜뜬다.

IAN	Really? I guess we can just take the bus over to my house--

이안 정말? 우리 집까지 버스를 타고…

Ian looks up, surprised and **distracted** by the sounds of fantasy metal music in the near distance, a hard-working engine, a backfire. The teens look over as a disaster of a van pulls up, its side painted with a rearing Pegasus surrounded by **lightning bolts**.

이안, 다시 놀라며 눈이 커진다. 멀리서 판타지 헤비메탈 음악이 큰 엔진 소리와 함께 들리자 이안은 말을 멈춘다. 아이들은 끔찍한 모습의 밴이 다가오는 광경을 보고 있다. 밴 옆쪽에는 페가수스가 그려져 있는데 페가수스 주변은 번개로 장식되어 있다.

IAN	Oh, no, no, no, no, no.

이안 아, 안 돼, 안 돼, 안 돼.

Barley is in the driver's seat. He **spots** Ian and sticks his head out the window.

발리가 운전석에 타고 있다. 이안을 발견하자 머리를 창밖으로 내민다.

BARLEY	Ha-ha! Is that the birthday boy I see?!

발리 하하! 이거 생일을 맞은 친구 아니신가?!

Ian **cringes**. The van **swerves** into the school pickup area, and comes to a stop halfway up onto the curb. Barley steps out, in full fantasy **garb**, and gestures grandly.

이안, 민망한 모습이다. 밴이 학교 지정 승차 구역으로 갑자기 방향을 틀어 멈추지만 도로 경계석의 반쯤 위로 올라와 있다. 발리는 판타지에서나 나올 만한 복장을 입고, 차에서 뛰어내려 과장된 행동을 한다.

BARLEY	Behold! Your **chariot** awaits!

발리 보아라! 마차가 너를 기다린다!

The group looks at Ian. Ian keeps his back turned to the van.

아이들, 이안을 바라본다. 이안은 밴을 계속 등지고 서 있다.

ALTHEA	Do you know that guy?

알테아 저 사람 알아?

IAN	Uh...

이안 어…

BARLEY	Sir Iandore of Lightfoot!

발리 라이트풋 가문의 이안도어 경!

ALTHEA	Seems like he's talking to you.

알테아 너한테 말하는 것 같은데.

---

distract 산만하게 하다

lightning bolt 번개

spot 발견하다

cringe 움츠리다, 민망하다

swerve 방향을 바꾸다

garb 의상

behold 보아라

chariot 마차

❶ **Totally.**
진짜로.
'물론이지.' '정말이야.'라는 의미로 상대방의 말에 동의할 때 쓰는 표현이에요. 젊은이들, 특히 젊은 여성들이 주로 사용해요.

BARLEY   HEY, IAN!

Barley **honks the horn**. Ian turns around **sheepishly**.

IAN   Hey, Barley... Yeah, we're actually gonna take the bus...

BARLEY   The bus?! Nay! I will give you and your **companions transport** upon Guinevere!

PARTHENOPE   Um, who's Guinevere?

BARLEY   My mighty **steed**!

Barley **slaps** the hood of the van. The bumper falls off.

BARLEY   Oops, that's embarrassing! That's okay, girl. We'll **patch** you back up.

Barley picks up the bumper and reattaches it with duct tape. When he bends over, his **butt crack** shows.

Ian puts his hand to his face, embarrassed.

IAN   (sotto) Ugh... (to teens) **He's just joking around.❶**

Ian removes his hand to reveal the ink from his earlier rehearsal is now smeared all over his face. The teens all look at Ian's face, confused.

SADALIA   You've got something on your face.

Confused, Ian wipes the other side of his face smearing Ian on his other cheek.

SADALIA   Oh no, you just, oh! Right.

발리 야, 이앤!

발리가 경적을 울린다. 이안은 멋쩍은 듯 돌아선다.

이안 아, 발리 형… 그래, 우리 버스 타고 가려고…

발리 버스?! 됐다 그래! 너하고 친구들은 귀네비어로 이동시켜 줄 테니까!

파테노프 귀네비어가 누구예요?

발리 나의 힘쎈 말이오!

발리가 밴의 후드를 손으로 치자 범퍼가 떨어진다.

발리 참, 당황스럽네! 괜찮아요, 아가씨, 제가 나중에 붙여 드리지요.

발리가 범퍼를 집어 들고 포장용 테이프로 다시 붙인다. 그가 허리를 굽히자, 엉덩이 골이 보인다.

이안은 당황하여 얼굴을 손으로 가린다.

이안 (낮은 목소리로) 어… (아이들에게) 그냥 농담하는 거야.

이안이 손을 치우자 방금 전 리허설할 때 적은 잉크 글씨가 얼굴에 엉망으로 문질러져 있다. 아이들, 이안의 얼굴을 보고 혼란스러워하는 표정이다.

새달리아 너 얼굴에 뭐 묻었어.

당황하면서 이안은 다른 쪽 얼굴을 닦으려 하는데 이번에는 볼 부분을 잉크로 칠해 버린다.

새달리아 아냐, 너 방금, 오, 그래 맞아.

---

honk the horn 경적을 울리다
sheepishly 겁먹은 듯이, 쭈뼛쭈뼛
companion 동료, 친구
transport 수송, 이동
steed 말
slap 찰싹 때리다
patch 붙이다
butt crack 엉덩이 골

❶ **He's just joking around.**
그냥 농담하는 거야.
joke around는 '농담하다'라는 표현이에요.
around는 특별한 의미 없이 뒤에 붙은
것이라고 생각해 주세요. 이 표현은 He's just
joking.이라고 할 수도 있어요.

Ian **wipes** the other side **spreading** more ink around.

SADALIA   No, it's-- nope.

Ian looks at his hand, then panics.

IAN   (panicking) Oh! Uh... **You know what?**❶ I just remembered that my birthday is, uh... **cancelled**.

ALTHEA   What?

IAN   I mean, the party. It was never actually happening. It was just this huge **misunderstanding**, so I gotta go. Okay, Bye!

The teens look confused. Ian **races off** and to get into Barley's van.

Ian hangs his head, **pries** the door open, and gets in the van.

이안, 다른 쪽을 닦으려다가 잉크를 더 묻혀 버린다.

새달리아 아니, 그쪽… 아니야.

이안, 자신의 손을 보고는 매우 당황한다.

이안 (당황하며) 오! 저기, 내 생일이… 취소된 걸 깜빡하고 있었네.

알테아 뭐라고?

이안 내 말은, 파티 말이야. 사실은 파티가 없었어, 큰 오해였던 거지. 그러니까… 가봐야겠다. 안녕!

아이들은 혼란스러운 표정이다. 이안, 도망가듯 뛰어가 빌리의 밴에 올라탄다.

이안은 고개를 떨군다. 차문을 열고 밴에 올라탄다.

---

wipe 닦다
spread 펴다
panic 겁을 먹다
cancel 취소하다
misunderstanding 오해
race off 달려가다
pry 비틀다, 엿보다

❶ **You know what?**
있잖아?
주로 대화를 시작할 때 사용하는 말로, 화제를 꺼내면서 상대방의 주의를 끌 때 쓰는 표현이에요. '있잖아', '너 그거 아니?' 정도로 해석해 주세요. Guess what?도 같은 표현이에요.

Conversation with Dad
아빠와의 대화

🎧 07.mp3

INT. VAN – CONTINUOUS
There's **a pile of parking tickets** on the passenger seat.

내부. 밴 – 계속
조수석에는 주차 위반 딱지가 수북이 쌓여 있다.

BARLEY   Ooh, whoops! Sorry!

빌리   오, 미안!

He **scoops** them all into a messy pile and **shoves** them in the **glovebox**.

빌리는 딱지를 쓸어다가 앞에 있는 서랍에 쑤셔넣는다.

BARLEY   Let me just file those.

빌리   내가 금방 정리할게.

He notices the smeared letters on Ian's forehead.

빌리, 이안의 이마에 뭉개진 글씨를 바라본다.

BARLEY   Hey! Did those kids write on your face?

빌리   야! 저 애들이 네 얼굴에 낙서한 거야?

Barley licks his thumb and starts to rub Ian's forehead.

빌리가 엄지 손가락에 침을 바르고 이안의 이마를 문지르려 한다.

BARLEY   Here, **I'll get it.**❶

빌리   자, 내가 닦아 줄게.

Ian pushes Barley's hand away.

이안이 빌리의 손을 밀어낸다.

IAN   (react, disgust) Can we please just go home?

이안   (징그럽다는 듯 반응하고) 그냥 집에 가면 안 될까?

BARLEY   Okay, we'll perform your birthday ceremony later.

빌리   알았어. 너의 생일 의식은 나중에 하자고.

Barley babbles on.

빌리, 계속 중얼거린다.

BARLEY   Then you'll be ready for **adulthood** and it's **gauntlet** of challenges! You know in ancient times, you celebrated your day of birth with a **solemn** quest.

빌리   그러면 성인이 될 준비를 마친 거야. 도전의 시련도 있구나! 고대에는 엄숙한 모험의 여정을 떠나면서 생일을 축하했다구.

---

a pile of ~의 무더기
parking ticket 주차 딱지
scoop (손으로) 쓸어 넣다
shove (아무렇게나) 밀어넣다
glovebox (자동차 앞좌석에 있는) 사물함
adulthood 성인, 성년
gauntlet 괴로운 시련, 갑옷용 장갑
solemn 엄숙한

❶ **I'll get it.**
내가 닦아 줄게.
I'll get it.은 '말하는 사람이 직접 어떤 일을 처리해 주겠다'는 의미로 사용하는 표현이에요. 대화 문맥에 따라서 it이 의미하는 것이 달라질 수 있으니 상황에 맞게 해석하도록 하세요.

Ian **slumps** in his seat. He looks out the window at the cartoon dragon on the side of the gym. It's giving him its **exaggerated** thumbs up, which makes Ian all the more depressed.

(TAPE RECORDER)

INT. LIGHTFOOT HOUSE – DAY
Ian enters the house, defeated.

IAN   Mom?

No answer.

IAN   (quieter) ...Mom?

INT. IAN'S ROOM – EVENING
Ian walks in his room and closes the door behind him. He sits down at his desk and looks down at his "NEW ME" list. He clicks his pen open and crosses off... SPEAK UP MORE, LEARN TO DRIVE, INVITE PEOPLE TO PARTY. He pauses, then crosses off the last item: BE LIKE DAD.

Ian **crumples** the list and throws it in his waste basket. He leans back in his chair and looks up at his **bulletin board**. Family photos, most including a thirty-year-old elf man with a beard, WILDEN LIGHTFOOT, Ian's Dad. They're **grainy** and hard to **make out**. He looks like a **heroic** guy.

A photo of Dad with three-year-old Barley and pregnant Laurel. A photo of Laurel, three-year-old Barley, and Baby Ian. No Dad. He opens his drawer and pulls out a tape labeled: DAD. He puts it into a stereo on his desk and presses play. We hear **timeworn** audio of a man and woman in conversation.

LAUREL   Will, you're not gonna get that thing working.

DAD   I think I've got it.❶

이안, 보조석에 털썩 앉는다. 창밖으로 학교 체육관 옆에 있는 용 그림을 바라본다. 용은 엄지를 올리고 있는데 이 모습이 이안을 더 우울하게 만든다.

(카세트 녹음기)

내부, 라이트풋 가족의 집 – 낮
이안이 집으로 들어온다. 낙심한 표정이다.

이안 엄마?

대답이 없다.

이안 (조용히) … 엄마?

내부, 이안의 방 – 저녁
이안, 방으로 들어가 문을 닫는다. 책상에 앉아 '새로운 나' 목록을 바라본다. 펜을 눌러 '더 큰 목소리로 말하기, 운전 연습하기, 파티에 사람들을 초대하기'를 지운다. 이안, 잠시 동작을 멈추더니 마지막 목록 '아빠처럼 되기'를 지운다.

이안, 목록을 구겨 쓰레기통에 던진다. 의자에 등을 기대며 책상 앞 메모판을 바라본다. 가족 사진이 보인다. 수염을 기른 서른 살의 아빠 '윌든 라이트풋'이 사진 안에 있다. 사진이 선명하지 않아 알아보기 힘들지만 아빠는 투지가 넘치는 남자의 모습이다.

3살인 발리와 임신한 로렐, 그리고 아빠가 함께 있는 사진이 보인다. 로렐과 3살인 발리, 그리고 아기인 이안이 함께 있는 사진도 보이는데 그 안에 아빠는 없다. 이안이 서랍을 열고 '아빠'라고 적힌 카세트 테이프를 꺼낸다. 책상 위에 있는 카세트 플레이어에 테이프를 넣고 재생 버튼을 누른다. 시간이 많이 지난 남자와 여자의 대화 소리가 들린다.

로렐 윌, 당신 그거 작동 못 시킨다니까.

아빠 거의 다 된 것 같은데.

---

slump 털썩 앉다
exaggerated 과장된
crumple 구기다
bulletin board 메모판, 게시판
grainy 선명하지 못한
make out 알아보다, 분간하다
heroic 투지 넘치는
timeworn 낡아 빠진

❶ **I think I've got it.**
거의 다 된 것 같은데.
I've got it.은 '말하는 사람이 어떤 일을 해결했다'라는 의미로 사용하는 표현이에요. '(내가) 다 했어'라고 해석할 수 있어요.

LAUREL	I'm gonna watch from over here when it **blows up**.	로렐 혹시 터질지도 모르니까 여기 멀리 떨어져서 지켜볼게.

Laurel moves out of **range** of the **microphone**. We only hear Dad, then pauses for Laurel's **distant**, **indecipherable** word.

엄마가 마이크에서 멀어진다. 아빠의 목소리만 들리다가 먼발치에서 엄마의 목소리가 들리는데 무슨 말인지 정확하게 알 수 없다.

바로 이 장면!*

DAD	(into mic) Hello? Hello?	아빠 (마이크에 대고) 여보세요? 여보세요?
LAUREL	(**unintelligible**, playful) **I'll bet good money you can't get it to work.**❶	로렐 (잘 들리지 않지만 흥겹게) 내가 장담하는데 당신이 그걸 작동시키지는 못할 거야.
DAD	Oh, is that right?	아빠 오, 그래?
LAUREL	(unintelligible, playful) Yup. But you're doing a good job of making it look like you know what you're doing.	로렐 (잘 들리지 않지만 흥겹게) 응. 하지만 당신은 일을 잘하는 것처럼 보이게 하는 데는 선수야.
DAD	Well, I'm trying to. (laugh)	아빠 그러려고 하지. (웃는다)
LAUREL	(unintelligible, playful) Did you check if it had batteries?	로렐 (잘 들리지 않지만 흥겹게) 건전지는 확인했어?
DAD	(laugh)	아빠 (웃는다)
LAUREL	No, I'm serious.	로렐 아니, 나 진심이야.
DAD	I know.	아빠 알아.
LAUREL	(unintelligible, playful) So, is it really working?	로렐 (잘 들리지 않지만 흥겹게) 진짜로 작동이 될까?
DAD	Well, let's find out.	아빠 글쎄, 어디 보자고.

---

blow up 폭발하다
range 범위
microphone 마이크
distant 먼
indecipherable 해독할 수 없는, 이해할 수 없는
unintelligible 알아들을 수 없는

❶ **I'll bet good money you can't get it to work.** 내가 장담하는데 당신이 그걸 작동시키지는 못할 거야.
I'll bet good money ~는 상대방에게 무언가를 확신하며 호언장담할 때 사용하는 표현입니다. '내가 장담하는데 ~'라고 해석해 주세요. I bet ~이라고 짧게 쓸 수도 있어요.

Silence for a moment.   잠시 동안 아무 소리도 들리지 않는다.

DAD   Okay. Bye.   아빠 그래. 안녕.

The tape ends. Ian smiles. He **rewinds** the tape.   테이프가 끝나고 이안이 미소를 짓고 있다. 이안,
                                                             테이프를 되감는다.

LAUREL   Will, **you're not gonna get that thing   로렐 윌, 당신 그거 작동 못 시킨다니까.
             working.**[1]

DAD   I think I've got it.   아빠 거의 다 된 것 같은데.

LAUREL   I'm gonna watch from over here when it blows   로렐 혹시 터질지도 모르니까 여기 멀리 떨어져
             up.   서 지켜볼게.

IAN   Hi, Dad.   이안 안녕, 아빠.

We see close-ups of the pictures on the bulletin board as Ian begins   메모판에 있는 사진들이 클로즈업된다. 이안이 테
to talk over the tape, **forming** a conversation.   이프에 대고 대화를 시작한다.

DAD   Hello? Hello?   아빠 여보세요? 여보세요?

IAN   It's me, Ian.   이안 저예요, 이안.

DAD   Oh, is that right?   아빠 오, 그래?

IAN   Yeah. Did you have a good day?   이안 네, 오늘 하루 잘 보내셨어요?

DAD   Well, I'm trying to.   아빠 그러려고 하지.

IAN   (acting playfully **cool**) Yeah, me too. Although,   이안 (쿨한 척하며) 저도 그래요. 누가 옆에서 도
             I could clearly use some help. (**goofy** laugh) 와주면 좋겠지만 말이죠. (바보스럽게 웃는다)

DAD   (laugh)   아빠 (웃는다)

IAN   I sure do wish I could spend a day with you   이안 아빠하고 하루라도 함께 있고 싶어요.
             sometime.

DAD   I know.   아빠 알아.

---

silence 침묵
rewind 되감다
form 만들다
cool 멋진
goofy 바보 같은
sometime 언젠가

❶ **You're not gonna get that thing
   working.**
   당신 그거 작동 못 시킨다니까.
   get ~ working은 '~을 작동시키다',
   '~을 움직이게 하다'라는 의미로 사용하는
   표현이에요.

IAN	Yeah, there's so many things we could do. **I bet it'd be really fun!**❶	이안	많은 것들을 함께 하고 싶어요. 정말 재미있을 거예요!
DAD	Well, let's find out.	아빠	글쎄, 어디 보자고.
IAN	Yeah, I mean, I'd love to! We could, uh--	이안	정말로요. 진짜 그러고 싶어요! 우리가 함께, 어…
DAD	(**cutting** Ian **off**) Okay. Bye.	아빠	(이안의 말을 끊으며) 그래, 안녕.
IAN	Yeah. Bye.	이안	네, 안녕.

The tape stops. Ian **sits back**.   테이프가 멈추고 이안이 등을 기대고 앉는다.

---

cut ~ off 말을 끊다
sit back 깊숙이 앉다

❶ **I bet it'd be really fun!**
정말 재미있을 거예요!
I bet ~은 확신을 가지고 자신의 생각을 말할 때 사용하는 표현이에요. I'm sure ~라고 해도 같은 의미가 됩니다.

Gift from Dad
아빠의 선물

🎧 08.mp3

[MOTHER AND SON]	(엄마와 아들)

INT. LIVING ROOM – CONTINUOUS
On a **pewter** warrior figure on the ground as Laurel's foot rounds the corner and **steps** straight **on** it.

내부, 거실 – 계속
납으로 된 전사 피규어가 땅에 떨어져 있다. 로렐의 발이 모퉁이를 돌아 나오다가 피규어를 밟는다.

LAUREL　　AH! MY--!

로렐　이얏!

She opens the **basement** door and is **blasted** with the sounds of loud music. She calls down to Barley, who is off screen.

로렐, 지하실 문을 연다. 시끄러운 음악이 크게 요동친다. 로렐, 아래쪽으로 발리를 크게 부른다. 발리는 화면 밖에 있다.

LAUREL　　Barley, **keep your soldiers off my land or our kingdoms will go to war!**❶

로렐　발리, 내 영토에서 네 병사들을 퇴각시키지 않으면 전쟁을 일으키겠어!

She kicks the figure down the **staircase**.

로렐, 피규어를 계단 아래로 차 버린다.

BARLEY (O.S.)　　Sorry, Mom!

발리 (화면 밖)　미안해요, 엄마!

*바로 이 장면!**

LAUREL　　Ugh, this is the world's longest **gap year**.

로렐　정말로 이 갭 이어가 빨리 끝났으면 해야지.

Mom sees Ian sitting on the couch, **sewing** his sweater.

엄마는 이안이 소파에 앉아 스웨터를 꿰매고 있는 것을 본다.

LAUREL　　Honey, I was gonna do that.

로렐　얘, 내가 하려고 했는데.

IAN　　That's okay.

이안　괜찮아요.

Laurel watches him.

로렐, 이안을 바라본다.

---

pewter 납
step on ~를 밟다
basement 지하실
blast 쾅쾅 울리다, 폭발시키다
staircase 계단
gap year 갭 이어(흔히 고교 졸업 후 대학 생활을 시작하기 전에 일을 하거나 여행을 하면서 보내는 1년)
sew 바느질하다

❶ **Keep your soldiers off my land or our kingdoms will go to war!**
내 영토에서 네 병사들을 퇴각시키지 않으면 전쟁을 일으키겠어!
'keep ~ off+장소'는 '(장소)에서 ~를 치우다'라는 표현이에요. 그리고 명령문 뒤에 붙는 or는 '혹은'이란 뜻이 아니라 '그렇지 않으면'이란 뜻이에요.

LAUREL	Wow, you must have been taught by some kind of sewing master.	로렐	와. 틀림없이 바느질 전문가에게 배운 솜씨인데.

LAUREL   Wow, you must have been taught by some kind of sewing master.

로렐   와. 틀림없이 바느질 전문가에게 배운 솜씨인데.

IAN   Yeah, a very **humble** sewing master.

이안   네. 아주 겸손한 바느질 전문가가 가르쳐 주셨죠.

Laurel smiles at her sweet son. Ian finishes sewing. He holds out the **thread** and Laurel cuts it with the **scissors**. They've clearly done this a lot. Then it's quiet and sad. Ian rubs his fingers over the word **stitched** on the breast of the hoodie: "LIGHTFOOT"

로렐, 사랑스러운 아들을 바라보며 미소를 짓는다. 이안이 실을 들어올리자 로렐이 가위로 자른다. 둘이서 이렇게 자주 한 것 같다. 잠시 조용하더니 침울해진다. 이안, 후드의 가슴에 수놓은 "라이트풋"이라는 글자를 손가락으로 문지른다.

IAN   What was Dad like when he was my age? Was he always super confident?

이안   내 나이였을 때 아빠는 어떤 사람이었어요? 항상 자신감이 넘치는 분이었어요?

LAUREL   (are you kidding?) Oh, no. **It took him a while to find out who he was.**❶

로렐   (진심이냐는 말투로) 아니. 아빠가 진정한 모습을 발견하기까지는 시간이 꽤 걸렸어.

Laurel looks at Ian.

로렐, 이안을 바라본다.

IAN   I wish I'd met him.

이안   아빠를 만날 수 있었으면 좋았을 텐데.

LAUREL   Oh, me too. But hey, you know, when your dad got sick, he fought so hard... because he wanted to meet you more than anything.

로렐   그러게. 아빠가 편찮으실 때 열심히 투병 생활을 하셨어. 무엇보다도 널 만나고 싶어하셨거든.

This whole **situation breaks Laurel's heart.**

지금 이 상황에 로렐은 마음이 아프다.

LAUREL   You know what, I have something for you. I was going to wait until after cake but... I think you've waited long enough.

로렐   저기, 너한테 줄 게 있어. 케이크를 자르고 주려고 했지만… 더 기다리게 하면 안 될 것 같아서.

IAN   What is it?

이안   뭐예요?

LAUREL   It's a gift... from your dad.

로렐   선물이야. 아빠가 주는 거란다.

Ian is shocked.

이안, 놀란다.

---

humble 겸손한
thread 실
scissors 가위
stitch 꿰매다
situation 상황
break one's heart 마음이 아프다

❶ **It took him a while to find out who he was.**
아빠가 진정한 모습을 발견하기까지는 시간이 꽤 걸렸어.
'It takes+사람 a while to ~'는 '(사람)이 ~하는데 시간이 오래 걸리다'라는 뜻입니다. It은 의미 없이 형식적으로 붙었기 때문에 '그것'이라고 해석하지 않아요.

[THE GIFT]

(선물)

INT. HALLWAY – MOMENTS LATER
Laurel **pulls down** the **attic** ladder and reaches into the darkness.
Ian comes up the stairs. Barley follows, a little **winded**.

내부. 복도 – 잠시 후
로렐은 다락으로 통하는 사다리를 내리고 어두운
곳으로 올라간다. 이안이 계단을 올라오는데 뒤에
발리가 따라온다. 약간 숨이 찬 듯하다.

BARLEY   What do you mean it's from Dad?

발리   아빠가 준 거라고?

IAN   I don't know! Mom said it was for both of us.

이안   나도 몰래 엄마가 우리 둘에게 주는 거랬
어.

BARLEY   What is it?!

발리   뭐예요?!

Laurel comes down the ladder carrying a long item **wrapped** in
canvas.

로렐, 길이가 긴 물건을 가지고 사다리를 내려온
다. 그 물건은 천으로 싸여 있다.

LAUREL   He just said to give you this when you were
both over sixteen.

로렐   너희 둘 다 열 여섯 살이 되면 아빠가 이걸
주라고 하셨어.

They all walk into Ian's room. Ian stares at the **staff in amazement**
as they carry it over.

그들 모두 이안의 방으로 들어간다. 물건을 들고
가면서 이안은 놀란 눈으로 지팡이를 바라본다.

LAUREL   I have no idea what it is.

로렐   나도 그게 뭔지 잘 모르겠어.

INT. IAN'S ROOM – CONTINUOUS
Ian and Barley set the gift on Ian's bed. Laurel looks on excitedly.
Ian pulls back the cloth to reveal a long, skinny, **gnarled** piece of
wood.

내부. 이안의 방 – 계속
이안과 발리가 선물을 침대에 올려 둔다. 로렐, 신
나는 얼굴로 바라본다. 이안, 천을 젖힌다. 가느다
랗고, 울퉁불퉁하게 비틀린 긴 막대기가 나타난다.

BARLEY   (gasp) **NO WAY!**❶

발리   (허걱하며) 말도 안 돼!

Barley picks it up in amazement.

발리, 감탄하며 그 물건을 집어 든다.

BARLEY   It's a wizard staff! DAD WAS A WIZARD!

발리   마법사의 지팡이야! 아빠는 마법사였어!

IAN   What?

이안   뭐라고?

---

pull down 내리다
attic 다락
winded 숨이 찬
wrap 싸다
canvas 천
staff 지팡이
in amazement 흥분해서, 기뻐서
gnarled 울퉁불퉁 비틀린

❶ **NO WAY!**
말도 안 돼!
No way!는 감탄이나 놀라움을 나타낼 때 '믿을
수 없어'라는 의미로 사용하는 표현이에요.
또한 No way!는 상대방의 말을 단호하게
거절할 때도 사용할 수 있어요. 이때는 '절대
안 돼'라고 해석합니다.

LAUREL	Hold on, your Dad was an **accountant**. I mean, he got interested in a lot of strange things when he got sick but--

로렐 잠깐만. 너희 아빠는 회계사였어. 아프면서 여러 가지 이상한 것에 관심을 가지긴 했지만…

Laurel and Ian are confused. Ian looks back under the cloth and sees a **rolled up** piece of **parchment**.

로렐과 이안은 혼란스러운 표정이다. 이안이 천 아래를 바라보는데 종이가 돌돌 말려 있다.

IAN	There's a letter.

이안 편지가 있어.

Ian opens the **scroll** and begins reading **aloud**.

이안, 종이를 펴고 크게 읽는다.

IAN	"Dear Ian and Barley: Long ago, the world was full of wonder! It was adventurous, exciting, and best of all... there was magic! And that magic helped all in need. But it wasn't easy to master. And so the world found a simpler way to get by. Over time, magic faded away, but I hope there's a little magic left... in you. And so I wrote this **spell** so I could see for myself, who my boys grew up to be."

이안 "이안과 발리에게. 오래 전, 세상은 놀라운 일로 가득했단다! 모험을 즐길 수 있었고, 흥미로웠고 그리고 무엇보다 마법이 있었지! 그 마법은 도움이 필요한 사람들을 도와주었지. 하지만 마법을 익히기는 쉽지가 않았단다. 그래서 세상은 더 쉬운 방식을 찾게 되었지. 시간이 흐르면서 마법이 사라졌어. 하지만 마법이 조금이라도 남아 있길 바란다… 너희들에게 말이야. 그래서 내가 이 마법의 주문을 적어 놓았어. 너희들이 어떻게 성장했는지 직접 보려고 한단다."

Ian looks at the second page of the letter.

이안, 두 번째 페이지를 본다.

IAN	**Visitation** Spell?

이안 소환 주문?

Barley takes the page from Ian and **examines** it. It reads VISITATION SPELL and has a **diagram** of a wizard staff with a **beam** of light **shooting** from it, **forming** a person.

발리, 이안의 손에서 편지를 낚아채 살펴본다. '소환 주문'이라고 쓰여 있는데 마법사의 지팡이로부터 광선이 나와 사람을 만드는 그림이 그려져 있다.

BARLEY	(**whispered**) I don't believe this.

발리 (작은 목소리로) 믿을 수 없어.

His eyes light up.

그의 눈이 빛난다.

BARLEY	This spell **brings** him **back**. For one whole day, Dad will be back!

발리 이 주문으로 아빠를 살릴 수 있어. 하루 동안, 아빠가 돌아오시는 거야!

---

accountant 회계사
rolled up 둘둘 말린
parchment 두꺼운 종이, 문서
scroll 두루마리
aloud 크게
spell 주문
visitation 소환
examine 살펴보다

diagram 그림
beam 빛줄기
shoot 쏘다, 분출하다
form 만들다
whisper 속삭이다
bring back 데려오다

LAUREL	What?	로렐	뭐라고?

Ian is confused, but can't hide his excitement.

이안, 혼란스럽지만 흥분을 감출 수 없다.

IAN	Back?! Like back to life? That's not possible.	이안	돌아오신다고?! 진짜 다시 살아나는 거야? 그건 불가능해.
BARLEY	(holding up staff) It is with this.	빌리	(지팡이를 들고) 이걸로는 가능하지.
IAN	(hopeful) I'm gonna meet Dad?	이안	(기대에 차서) 내가 아빠를 만나는 거야?

Laurel grabs the letter from the boys. She**'s beside herself**.

로렐, 아이들에게서 편지를 뺏는다. 로렐도 지금 제정신이 아니다.

LAUREL	(to herself excited) Oh, Will, you wonderful **nut**, what is this?!	로렐	(흥분해서) 윌, 자기는 정말 괴짜라니까. 이게 도대체 뭐야?!

Barley **digs through** the cloth.

빌리, 천을 뒤진다.

BARLEY	Now, a spell this powerful needs an **assist element**. For this to work Dad would've had to find a... (finding gem) Phoenix **Gem**!	빌리	자, 이렇게 강력한 주문에는 보조 장치가 필요해. 이걸 제대로 하기 위해서 아빠는… (보석을 찾고서) 피닉스의 보석이야!

Barley pulls out an orange gem and exams it.

빌리, 오렌지색의 보석을 꺼내 살펴본다.

BARLEY	Wow. There's only a few of these left.	빌리	와. 이건 전 세계에 몇 개 없는 거야.
LAUREL	Hold on, is this dangerous?	로렐	잠깐. 이거 위험한 거니?
BARLEY	(sotto) **We're about to find out.**❶	빌리	(작은 목소리로) 어디 한번 보조.

Barley put the gem in the staff. He holds out the staff and the spell, then suddenly gets serious. Barley prepares to do the spell. Everyone waits **in suspense**.

빌리가 보석을 지팡이 안에 넣는다. 지팡이와 주문을 들고서는 갑자기 심각해진다. 빌리가 주문을 외울 준비를 한다. 모두들 긴장하며 기다리고 있다.

BARLEY	Ah!	빌리	아!
LAUREL	What?!	로렐	왜?!

---

be beside oneself 제정신이 아니다

nut 괴짜

dig through 뒤지다

assist 보조 장치

element 요소

gem 보석

in suspense 긴장해서

❶ **We're about to find out.**
어디 한번 보조.
be about to는 '이제 막 ~하려 하다'라는
의미의 표현이에요. 헌데 We're about to
find out.은 '우리가 막 알아보려고 하다'라는
뜻이 아니라 Let's find out.처럼 '같이
알아볼까요?'의 의미가 있어요.

BARLEY Splinter.	발리 가시에 찔렸어요.
Barley **grabs** the staff, **strikes a pose** in the center of the room, and begins to read the spell. Ian smiles, his eyes light up.	발리, 지팡이를 잡고 방 한가운데서 자세를 잡는다. 그리고 주문을 읽기 시작한다. 이안, 미소를 짓는다. 눈이 밝게 빛난다.
BARLEY "Only once is all we get, **grant** me this **rebirth**. 'Til tomorrow's sun has set, one day to walk the earth!"	발리 "일생에 한 번, 다시 태어날 지어다. 내일의 태양이 지기 전, 하루 동안 이 세상을 걸을 지어다!"
Barley **braces himself**, ready for magic to begin. But nothing happens. Ian **stares at** Barley, **anxiously**.	발리, 마법이 일어날 준비를 하며 마음의 준비를 하고 있다. 하지만 아무 일도 일어나지 않는다. 이안, 발리를 바라본다. 불안한 표정이다.
BARLEY Hold on, I was just **gripping** it wrong.	발리 잠깐, 지팡이를 잘못 잡고 있는 것 같아.
Barley **adjusts** his hands.	발리, 손을 바로 잡는다.
BARLEY (**refocusing**) Only once is all we get, grant me this rebirth, 'til tomorrow's sun has set, one day to walk THE EARTH!	발리 (다시 집중하며) 일생에 한 번, 다시 태어날 지어다. 내일의 태양이 지기 전, 하루 동안 이 세상을 걸을 지어다!
Barley pauses. It still hasn't **worked**.	발리, 가만히 서 있다. 여전히 아무 일도 벌어지지 않는다.
CUT TO: In montage, and again, with no **success**.	장면 전환: 같은 장면이 반복된다. 진전이 보이지 않는다.
BARLEY Only once is all we get, grant me this rebirth.	발리 일생에 한 번, 다시 태어날 지어다.
CUT TO: He tries again.	장면 전환: 발리, 주문을 다시 시작한다.
BARLEY 'Til tomorrow's sun has set...	발리 내일의 태양이 지기 전…
CUT TO: And again.	장면 전환: 다시 주문을 건다.
BARLEY ...one day to walk THE EARTH!	발리 하루 동안 이 세상을 걸을 지어다!

---

splinter 가시	grip 붙잡다
grab 붙잡다	adjust 조절하다
strike a pose 자세를 취하다	refocus 다시 초점을 맞추다
grant 인정하다, 승인하다	work 작동하다
rebirth 부활	cut to 다른 장면으로 바뀌다
brace oneself 마음을 다잡다	success 성공
stare at ~를 응시하다	
anxiously 걱정스럽게	

CUT TO: And again, **exhausted**.	장면 전환: 빌리가 다시 시도하지만, 지쳐 보인다.
BARLEY One day to walk the earth!	빌리 하루 동안 이 세상을 걸을 지어다!
CUT TO: He's losing his **patience**.	장면 전환: 빌리, 화를 낸다
BARLEY 'Til tomorrow's sun has **set**...	빌리 내일의 태양이 지기 전…
CUT TO: Again, **frustrated**.	장면 전환: 다시 시도한다. 빌리, 짜증 난 표정이다.
BARLEY One day to walk the earth!	빌리 하루 동안 이 세상을 걸을 지어다!
CUT TO: With everything he has **left** in him.	장면 전환: 빌리, 남아 있는 힘을 다해 소리친다.
BARLEY ...One day... to walk... the earth!	빌리 하루 동안… 이 세상을… 걸을 지어다!
He gives one more big **attempt**.	빌리, 다시 한 번 힘을 다해 시도해 본다.
BARLEY 'Til tomorrow's sun has set...	빌리 내일의 태양이 지기 전…
Laurel and Ian have already **given up**.	로렐과 이안은 이미 포기했다.
BARLEY One day to walk the earth!	빌리 하루 동안 이 세상을 걸을 지어다!
LAUREL (**gentle**) Barley.	로렐 (부드럽게) 빌리야.
He looks back to her. Barley puts the staff down, **leaning** it **against** Ian's desk. He sits on the bed. Laurel puts her hand on Barley's shoulder. All three of them are **heart broken**. Laurel picks up the spell and shows it to the boys.	빌리, 엄마를 바라본다. 빌리는 지팡이를 내려 이안의 책상 옆에 세워 둔다. 빌리가 침대에 앉고 로렐은 빌리의 어깨에 손을 올린다. 세 명 모두 상심한 표정이다. 로렐, 주문이 적힌 종이를 들고 아이들에게 보여준다.
LAUREL (**sigh**, to both boys) I'm sorry you guys don't have your Dad here, but this shows just how much he wanted to see you both.	로렐 (크게 한숨을 쉬고, 아이들에게) 너희들이 아빠를 못 보게 되어서 정말 마음이 아프지만 그래도 이걸 보면 아빠가 너희들을 얼마나 보고 싶어했는지 알 수 있잖아.

exhausted 지친
patience 인내심
set (해, 달 등이) 지다
frustrated 당혹스러운
leave 남기다
attempt 시도
give up 포기하다
gentle 부드러운

lean against ~에 세워 두다
heart broken 마음이 아픈
sigh 한숨 쉬다

LAUREL (CONT'D)   So much that he'd try anything. That's still a pretty special gift.

IAN   (sotto) Yeah.

Barley leaves.

LAUREL   (to Ian) Hey, want to come with me to pick up your cake?

IAN   That's okay. Thanks, Mom.

Laurel **plants** a loving kiss on Ian's head as she gets up. When she gets to the door, she turns around and looks at Ian with a sad smile, then leaves. Ian sits on his bed, **crestfallen**. He hears Laurel close up the attic with a **creak**, Barley closing his door, and Laurel's **footsteps** on the stairs. Then, silence.

INT. IAN'S BEDROOM – EVENING
Ian **leans back** in his desk chair with a sigh, looking at all the pictures of Dad on his bulletin board. He examines Dad's spell again, and begins to read it aloud.

IAN   (**sotto**) Only once is all we get, grant me this rebirth...

Suddenly, an orange light **glows** on Ian's face. He turns to the staff, leaning against the desk next to him. The Phoenix **Gem** is glowing. Ian is confused. He looks back at the spell.

IAN   'Til tomorrow's sun has set...

The gem glows brighter and the staff begins to shake **violently**. Slowly the air is **sucked** out of the room, **objects** begin to raise off the ground. The staff starts to fall and Ian catches it. As his hand **grasps** the staff, it lights up on contact. He **tightens** his grip and reads louder.

로렐 (계속) 너희가 정말 보고 싶어서 무슨 일이든 하셨던 거야. 정말 특별한 선물이지 않니?

이안 (작은 목소리로) 네.

발리, 방을 나간다.

로렐 (이안에게) 같이 케이크 찾으러 갈까?

이안 괜찮아요. 고마워요, 엄마.

로렐이 일어나면서 이안의 머리에 사랑스럽게 키스한다. 로렐, 문 쪽으로 걸어간다. 슬픈 웃음을 지으며 이안을 바라본 뒤 방을 나간다. 이안은 의기소침하게 침대에 앉아 있다. 로렐이 다락 문을 삐걱거리며 닫는 소리, 발리가 자기 방의 문을 닫는 소리가 들린다. 그리고 로렐이 계단을 내려가는 소리가 들린다. 그 후 조용하다.

내부. 이안의 방 – 저녁
이안, 한숨을 쉬며 의자에 앉아 있다. 메모판에 있는 아빠의 사진들을 바라본다. 아빠의 주문을 다시 살펴보더니 소리 내어 읽기 시작한다.

이안 (작은 목소리로) 일생에 한 번, 다시 태어날지어다…

갑자기 오렌지 빛이 이안의 얼굴에 비친다. 이안은 책상 옆에 세워져 있던 지팡이를 바라본다. 피닉스의 보석이 빛나고 있다. 이안, 의아해한다. 주문을 다시 바라본다.

이안 내일의 태양이 지기 전…

보석이 더 밝게 빛나더니 지팡이가 격렬하게 흔들린다. 천천히 공기가 빨려 들어가더니 바닥에 있던 물건들이 공중으로 올라간다. 지팡이가 떨어지려고 하자 이안이 재빨리 붙잡는다. 손으로 지팡이를 집어 들자, 보석이 더 밝게 빛난다. 이안, 지팡이를 꽉 쥐고 주문을 더 크게 읽는다.

---

plant 놓다, 두다
crestfallen 풀이 죽은
creak 삐걱거리는 소리
footstep 발자국
lean back 상체를 뒤로 젖히다
sotto 작은 목소리로
glow 빛이 나다
gem 보석

violently 격렬하게
suck 빨아들이다
object 물체
grasp 움켜쥐다
tighten 단단히 쥐다

IAN   One day to walk the earth!

이안   하루 동안 이 세상을 걸을 지어다!

Suddenly, a beam of light shoots out from the top of the staff. Ian holds on with all his **might** as objects in the room begin **swirling** around him. Barley steps into the room.

갑자기 광선이 지팡이 끝에서 나온다. 이안이 온 힘을 다해 지팡이를 붙잡고 있다. 방에 있는 물건들이 그의 주변을 휘둘기 시작한다. 이때 발리가 방으로 들어온다.

BARLEY   Hey man, what are you doing in here? (noticing magic, **startled**) Holy Tooth of Zadar!

발리   야, 뭐하는 거야? (마법을 알아보고 깜짝 놀라서) 어머나, 자다의 이빨이여!

Barley is **in awe**.

발리, 놀란다.

BARLEY   (gasp) How did you?

발리   (허걱하며) 어떻게 한 거야?

IAN   I don't know, it just started!

이안   나도 몰라, 그냥 시작됐어!

Blazey **pokes** her head in the door but quickly runs away, **spooked**. Ian strains to hold the staff. Light from the staff begins to **generate**, from the ground up... a pair of men's dress shoes!

블레이지가 문 뒤에서 고개를 내밀다가 갑자기 놀라서 도망간다. 이안, 지팡이를 꽉 잡으려고 애쓰고 있다. 지팡이에서 빛이 나오더니 바닥에서부터 한 남자의 구두를 만들기 시작한다!

BARLEY   Whoa, feet!

발리   와, 발이야!

Above the shoes, bright purple socks appear. Ian gasps. Above Dad's shoes, his pant cuffs start to **materialize**, then his pant legs, all the way up to his belt. His shirt begins to form, one button at a time... The gem slowly lifts out of the staff and spins. The **ominous** red light surrounding it begins to grow. It's **overpowering** Ian. The picture of Dad flies off the bulletin board. Dad's body slowly **recedes** to the waist. Ian braces with all he has. Barley rushes in.

신발 위로 밝은 보라색 양말이 나타난다. 이안, 헉 하고 놀란다. 아빠의 신발 위로 바지 끝자락이 나타나고 곧 바지 다리가 벨트까지 올라간다. 셔츠가 만들어지고 단추가 하나씩 나타난다. 보석이 지팡이로부터 천천히 올라서 회전한다. 보석을 감싸던 신비한 붉은 빛이 커지기 시작하며 이안을 압도한다. 아빠의 사진이 메모핀에서 떨어져 날아간다. 아빠의 몸이 허리까지 다시 내려온다. 이안, 온 힘을 다해서 버티려고 한다. 발리가 달려든다.

BARLEY   Hang on, I can help!

발리   기다려, 내가 도와줄게!

Barley reaches for the staff. Ian backs away from Barley.

발리가 지팡이를 향해 달려간다. 이안이 발리에게서 물러난다.

IAN   BARLEY, NO!

이안   형, 안 돼!

The red **swell explodes**. The gem **bursts** into pieces. Ian and the staff are sent shooting across the room.

붉은 보석이 부풀어 오르며 폭발한다. 보석이 산산조각 난다. 이안과 지팡이가 방을 가로질러 날아간다.

---

might 힘
swirl 소용돌이치며 돌다
startle 놀라게 하다
in awe 놀라서
poke 쑥 내밀다
spooked 겁먹은
generate 만들다
materialize 나타나다

ominous 불길한
overpower 제압하다
recede 물러나다
swell 부풀어 오름
explode 폭발하다
burst 터지다, 폭발하다

BARLEY/IAN   (impact, thrown backwards) Ah!

EXT. LIGHTFOOT HOUSE – **CONTINUOUS**
The window of Ian's room **blasts** out.

INT. LIGHTFOOT BEDROOM – CONTINUOUS
The gem fades to **dust** that falls to the floor. The smoke clears. No Dad. Barley helps Ian up. Ian looks around, **desperate**. The boys look around the empty, **disheveled** room. There's a **rustling** behind the clothes in Ian's **closet**. The boys **perk up**.

Suddenly, a pair of legs in khaki pants and dress shoes clumsily begin to kick their way out from behind the clothes. The boys can't believe it.

IAN   Dad?

Then the legs stand to reveal – they're just legs, with no upper half.

IAN   AH!

BARLEY   AH! He's just legs!

Ian and Barley **cautiously** approach the living pants as Dad's feet begin to feel their way around the space.

BARLEY   There's no top part. I **definitely** remember Dad having a top part!

Ian watches Dad walk around. Ian and Barley are **freaked out**.

IAN   (freaked out) Oh, what did I do? This is horrible!

The pants start to make their way toward Ian and Barley. Ian calms himself, then **kneels down** so he's eye-level with the top of Dad's pants. Barley stops and watches. Ian reaches out, waving his hand through Dad's **missing torso**.

발리/이안 (뒤로 날아가며) 애!

외부. 라이트풋 가족의 집 – 계속
이안의 침실 창문이 폭발한다.

내부. 이안의 방 – 계속
보석이 먼저가 되어 바닥에 떨어진다. 연기가 사라진다. 아빠의 모습은 보이지 않는다. 발리가 이안을 일으켜 세운다. 이안이 간절한 마음으로 주변을 살펴본다. 아이들은 텅 빈, 흐트러진 방을 살펴본다. 이안의 벽장 안에 있는 옷 뒤에서 바스락거리는 소리가 난다. 아이들, 재빨리 정신을 차린다.

갑자기, 카키색 바지를 입고 구두를 신은 다리 한 쌍이 옷을 헤치고 나오려고 한다. 아이들은 이 광경을 믿을 수 없다.

이안 아빠?

바로 이때 다리가 바닥에 서 있다. 헌데 다리만 있고 상체는 없다.

이안 으액

발리 액 다리밖에 없잖아!

이안과 발리, 조심스레 살아 있는 바지로 접근한다. 아빠의 다리가 주변을 탐색하기 시작한다.

발리 몸통이 없잖아. 내 기억으로는 아빠가 몸통도 가지고 있었다고!

이안, 아빠가 걸어 다니는 것을 본다. 이안과 발리, 화들짝 놀란다.

이안 (겁에 질려) 아, 내가 뭘 한 거지? 끔찍해!

바지가 이안과 발리에게 다가온다. 이안, 진정하려고 한다. 그리고 무릎을 꿇어 아빠의 바지 윗부분과 눈높이를 맞춘다. 발리는 가만히 이 광경을 지켜본다. 이안이 손을 뻗는데 손은 아빠의 상체를 그냥 통과한다.

---

continuous 계속되는

blast 폭발하다

dust 먼지

desperate 자포자기한, 필사적인

disheveled 헝클어진, 흐트러진

rustling 바스락거리는 소리

closet 옷장

perk up 기운을 차리다

cautiously 조심스럽게

definitely 확실히

freaked out 겁을 먹은

kneel down 무릎을 꿇다

missing 사라진

torso 상체

IAN Hello?	이안 안녕하세요?
Dad begins to feel around with his foot. Ian and Barley watch Dad as his legs begin to walk **blindly** around.	아빠는 발로 주변을 더듬거린다. 이안과 발리, 아빠의 다리가 주변을 더듬거리면서 걷는 장면을 바라본다.
BARLEY (touched) It's real him.	발리 (감동하면서) 진짜 아빠야.
Ian watches Dad, amazed and **moved**. Barley watches too, also moved.	이안, 아빠의 모습을 본다. 기쁘고 감동한 표정이다. 발리 역시 감동하며 이 광경을 지켜본다.
BARLEY DAD! You are in your house!	발리 아빠! 우리는 지금 아빠 집에 있어요!
Dad **bumps into** a dresser and **a bunch of** books fall on top of him. The boys **race over** to help him up.	아빠가 서랍에 부딪히자 책 몇 권이 아빠 위에 떨어진다. 아이들이 달려가 아빠를 일으켜 세운다.
IAN Whoa, whoa!	이안 조심, 조심.
BARLEY Oh boy!	발리 이런!
Dad's legs **pop** back **upright**.	아빠의 다리가 곧바로 다시 일어선다.
IAN Ah, he can't hear us.	이안 아빠는 우리 소리를 들을 수 없어.
Barley thinks, then walks over to Dad's legs and slowly begins to **tap** on Dad's foot. Ian watches Barley **curiously**.	발리, 잠시 생각하더니 아빠의 다리에게 다가가 천천히 아빠의 발을 톡톡 두드린다. 이안은 발리의 행동을 신기한 듯 바라본다.
IAN What are you doing?	이안 뭐하는 거야?
Dad pauses. Barley stops. Dad's legs suddenly leap back with **emotion** – as much emotion as legs can have. He taps the final two **notes** of the song. He touches Barley's feet with his foot, **patting** them gently.	아빠가 멈칫한다. 발리가 동작을 멈춘다. 갑자기 아빠의 다리가 감격하여 뒤로 물러선다. 다리로 표현할 수 있는 가장 큰 감동을 보인다. 아빠는 노래의 마지막 두 음을 발로 두드린다. 아빠가 발리의 발을 자신의 발로 건드리더니 부드럽게 톡톡 두드린다.
BARLEY (moved) That's right Dad. It's me, Barley.	발리 (감동하여) 맞아요, 아빠. 저예요, 발리.
Dad feels around, finds Ian's foot, and does the same.	아빠가 주변을 더듬거리며 이안의 발을 찾는다. 그리고 똑같은 행동을 한다.
BARLEY Yeah, that's Ian.	발리 네, 이안이에요.

---

blindly 장님처럼, 손으로 더듬어

moved 감동을 받은

bump into ~에 부딪히다

a bunch of 몇 개의

race over 황급히 달려가다

pop 일어서다

upright 곧장

tap 두드리다

curiously 신기한 듯이

emotion 감정, 감동

note (음악) 음표

pat 쓰다듬다, 토닥거리다

IAN	(moved) Hi... Dad.

This lands on Ian, and he puts his hand **delicately** on Dad's foot. It's the closest they can get to a **hug**. Ian looks at the pair of pants.

IAN	Oh... **I messed this whole thing up and now he's gonna be legs forever!**❶

Barley looks at the spell.

BARLEY	(breaking bad news) Well, not... forever. The spell only lasts one day. At **sunset** tomorrow, he'll disappear and we'll never be able to bring him back again.

Barley **points to** two **illustrations** on the spell. The first is of a man by the sun, the next is of the sun setting and the man **vanishing**.

IAN	(sigh) Okay, okay, okay.

IAN (CONT'D) Twenty-Four hours... that doesn't give us much time, but--

Ian looks at his phone, only to see that it's now broken after all the chaos. He **chucks** it on his bed and programs his watch. Twenty-four hours and counting **backward**: 23:59:59, 23:59:58...

IAN	Well, we'll just have to do the spell again.
BARLEY	You mean you have to.

Barley grabs Ian and pulls him into playful headlock.

BARLEY	A person can only do magic if they have the gift. And my little brother has the magic gift!

Ian pushes Barley away.

이안 (감동해서) 안녕… 아빠.

이안, 자신의 손을 아빠의 발에 살포시 올린다. 포옹과 가장 비슷한 행동이다. 이안, 아빠의 바지를 바라본다.

이안 나 때문에 아빠가 평생 다리로만 살게 되었네!

발리, 주문을 바라본다.

발리 (나쁜 소식을 전하면서) 글쎄, 평생은 아니지… 주문은 딱 하루만 지속되거든. 내일 해가 지면 아빠가 사라질 거야. 그리고 다시는 아빠를 소환할 수 없어.

발리가 주문에 있는 두 개의 그림을 가리킨다. 첫 번째 그림에는 태양 옆에 한 남자가 서 있고, 두 번째 그림에는 태양이 지면서 남자가 사라진다.

이안 (한숨 쉬며) 알았어. 알았다구.

이안 (계속) 24시간이라… 시간이 별로 없네. 하지만…

이안, 핸드폰을 보는데 방금 있었던 소동 때문에 부서져 있다. 핸드폰을 침대에 던지고 전자시계를 설정한다. 24시간을 시작으로 뒤로 카운트다운된다. 23:59:59, 23:59:58…

이안 우리 주문을 다시 걸어 보자고.

발리 네가 해야지.

발리가 이안을 붙잡고 장난스럽게 헤드록을 건다.

발리 재능이 있는 자만이 마법을 할 수 있다고. 내 동생이 마법의 재능이 있다니!

이안, 발리를 밀어낸다.

---

delicately 섬세하게

hug 포옹

sunset 해질녘

point to ~를 가리키다

illustration 삽화 그림

vanish 사라지다

chuck 던지다

backward 뒤로

❶ **I messed this whole thing up and now he's gonna be legs forever!**
나 때문에 아빠가 평생 다리로만 살게 되었네!
mess up은 '(일을) 망치다'라는 뜻이에요. screw up이라고 해도 '일을 그르치다', '망치다'라는 의미가 됩니다.

IAN   But I couldn't even finish the **spell**.

이안 하지만 내가 주문을 끝내지도 못했잖아.

BARLEY   Well, **you're gonna have plenty of time to practice.**❶ Because we have to find another Phoenix Gem.

발리 연습할 시간이 충분히 있을 거야. 또 다른 피닉스의 보석을 찾아야 하거든.

Barley gets an idea. Barley **pulls out** his Quests of Yore cards and **flips** through them. Ian **keeps an eye on** Dad as he **wobbles** around.

발리 무언가가 생각났다. '요어의 모험' 카드 뭉치를 꺼낸다. 카드를 휙휙 넘기면서 무언가를 찾는 듯하다. 아빠가 뒤뚱거리자 이안은 아빠를 계속 바라본다.

---

spell 주문
pull out 빼다, 뽑다
flip 젖히다, 뒤집다
keep an eye on ~에서 눈을 떼지 않다
wobble 뒤뚱거리며 가다, 흔들리다

❶ **You're gonna have plenty of time to practice.**
연습할 시간이 충분히 있을 거야.
have plenty of time to ~는 '~할 시간이 충분히 있다'라는 의미의 표현이에요. to 뒤에는 동사의 기본형을 써야 합니다.

Off We Go!

모험을 떠나자!

🎧 09.mp3

INT. IAN'S BEDROOM – MOMENTS LATER
Barley pulls out a card and holds it up to Ian.

내부. 이안의 방 – 잠시 후
발리가 카드 하나를 꺼내 이안에게 보여준다.

BARLEY (searching) Ah-ha! We'll start at the place where all **quests** begin…

발리 (무언가를 찾고서) 아햐! 우리가 출발할 곳이야. 이곳에서 모든 여정이 시작되지.

바로 이 장면!*

Barley shows Ian a card of an old **pub**: THE MANTICORE'S **TAVERN**. He **hands** him another card: THE MANTICORE. It **features** a **fearsome winged beast**.

발리가 이안에게 오래된 선술집 카드를 보여준다. 카드에는 '맨티코어의 선술집'이라고 적혀 있다. 발리, 이안에게 다른 카드 하나를 건넨다. '맨티코어'라는 카드인데 날개 달린 무서운 야수가 그려져 있다.

BARLEY The Manticore's Tavern! It's run by a **fearless** adventurer. She knows where to find any kind of gem, **talisman**, **totem**…

발리 맨티코어의 선술집! 용맹한 모험가가 운영하는 곳이지. 그녀는 보석이나 부적, 장승 같은 것들이 어디에 있는지 알고 있어…

IAN Barley, this is for a game.

이안 형, 이건 게임을 위한 거잖아.

BARLEY Based on real life!

발리 실생활에 근거한 거야!

IAN But, how do we know this tavern is still there?

이안 하지만 이 선술집이 아직 거기에 있을지 어떻게 알아?

BARLEY It's there. Look, my years of training have prepared me for this very moment. And I'm telling you… this is the only way to find a Phoenix Gem.

발리 거기에 있어. 이봐, 몇 년 동안에 걸친 훈련으로 난 이 순간을 준비해 왔어. 그리고 확실히 말해 두겠는데… 이게 피닉스의 보물을 찾을 수 있는 유일한 방법이라고.

Barley holds up a card featuring THE PHOENIX GEM and hands it to Ian.

발리가 피닉스의 보물 그림 카드를 꺼내서 이안에게 건네준다.

---

search 찾다
quest 여정
pub 술집
tavern 선술집
hand 건네다
feature ~의 특징을 이루다, 등장하다
fearsome 무시무시한
winged 날개가 있는

beast 괴물
fearless 겁 없는
talisman 부적
totem 장승

Ian thinks, uncertain.

이안은 잠시 생각한다. 확신하지 못하는 표정이다.

BARLEY   Trust me.

발리   날 믿어 봐.

Ian looks **longingly** at Dad.

이안은 아빠를 갈망하듯이 바라본다.

IAN   (sotto) Whatever it takes, I am gonna meet my dad.

이안   (낮은 목소리로) 무슨 일이 있어도 난 아빠를 만나고야 말 거야.

BARLEY   You hear that, Dad? We're going on a quest!

발리   들으셨죠 아빠? 우리는 모험의 여정을 떠나는 거예요!

EXT. BARLEY'S VAN – OUTSIDE LIGHTFOOT HOME – SUNSET
Close, Quick cut: Ian **slams** the door.
Close, Quick cut: Barley closes his door.

외부. 발리의 밴 – 라이트풋 가족의 집 밖 – 해가 질 무렵
클로즈업, 빠른 화면: 이안이 문을 쾅 닫는다.
클로즈업, 빠른 화면: 발리가 문을 닫는다.

INT. BARLEY'S VAN – CONTINUOUS
Close: Barley **buckles up**, puts the keys in the **ignition**, and gives it a hard turn. The gears **grind** as the van struggles to start.

내부. 발리의 밴 – 계속
클로즈업 화면: 발리가 안전 벨트를 매고, 시동을 걸기 위해 열쇠를 구멍에 꽂는다. 그리고 힘껏 열쇠를 돌린다. 기어가 삐걱거리는데 밴에 시동이 잘 걸리지 않는다.

BARLEY   (**straining**) Come on, Guinevere...

발리   (애를 쓰면서) 자, 귀네비어…

IAN   Uh... maybe we should just take the bus.

이안   음… 버스를 타는 게 좋을 것 같아.

BARLEY   She's fine.

발리   귀네비어는 아직 괜찮아.

Barley holds up a cassette tape **labeled** "QUEST MIX" and pops it in the stereo. **Sweeping** fantasy music plays.

발리가 "모험의 여정 믹스"라고 적힌 카세트 테이프를 집어넣는다. 경쾌한 판타지 음악이 나온다.

BARLEY   H'YAH! (laugh)

발리   이야! (웃음소리)

The van **lurches** forward. Ian and Dad fly back off their seats. The van **backfires** and **spits** black smoke as it heads off away from the **cookie cutter** suburban homes, toward the fantastical purple mountains in the distance.

밴이 앞으로 휘청이며 나간다. 이안과 아빠는 뒤로 자빠진다. 밴이 검은 연기를 뿜어낸다. 그리고 똑같이 생긴 교외 지역 집들로부터 멀어지며 저 멀리 환상적인 모습의 보랏빛 산을 향해 움직인다.

EXT. SUBURBAN FANTASY TOWN – NIGHT – MONTAGE

외부. 교외의 판타지 마을 – 밤 – 배경

---

longingly 열망하여
slam (문, 창문 등을) 쾅 닫다
buckle up 안전벨트를 매다
ignition (차량의) 점화 장치
grind 돌리다. (싫은 소리가 나게) 갈다
strain 열심히 하다
labeled ~라고 적혀 있는
sweeping 전면적인, 압승하는

lurch 휘청하다
backfire (내연 기관이) 역화를 일으키다
spit 내뿜다
cookie cutter 천편일률적인

The van travels from the suburban fantasy town and through the city. We pass a road sign that reads "Leaving New Mushroomton." The van approaches a TROLL BOOTH. Barley pays the toll and **zooms** over a **speed bump**.

INT. VAN – CONTINUOUS
Inside IAN is **jostled**. Ian sits in the back of the van with Dad talking softly to his legs. Ian is working on something next to Dad that we can't quite see.

IAN (jostling) Anyway, it's like this award for math, it's no big deal. But I'll show you when we get back home.

Barley looks in the **rearview mirror** and sees Ian **crouching** with his back to him.

BARLEY Hey, **what are you two Chatty Charlies up to back there?❶**

IAN You know, I felt weird talking to Dad without a top half, so...

Ian picks something up and puts it on Dad, he **steps aside** to reveal it's a top half made out of **stuffed** clothes.

IAN ...Ta-da!

BARLEY Oh! That's great! Dad, you look just like I remember.

Dad starts to wander toward the front seat.

BARLEY Hey, don't worry, we'll have the rest of you here before you know it. And then, first thing I'm gonna do: introduce you to Guinevere. Rebuilt this old girl myself, from the **lug nuts** to the air conditioning.

밴이 교외 판타지 마을을 떠나 도시를 통과한다. "뉴 머쉬룸톤, 또 오세요"라는 도로 표시판을 지나간다. 밴이 요금소를 지난다. 발리가 요금을 내고 과속 방지턱을 빠른 속도로 넘어간다.

내부. 밴 – 계속
차 안에서 이안이 덜컹하고 움직인다. 이안, 아빠와 밴 뒤에 앉아서 아빠의 다리에 부드럽게 이야기한다. 아빠 옆에서 이안이 어떤 작업을 하는데 무엇을 하는지 잘 보이지 않는다.

이안 (덜컹거리며) 어쨌거나 수학에서 상을 받았어요. 별건 아니구요. 집에 돌아가서 보여 드릴게요.

발리가 백미러로 이안이 자신에게 등을 돌린 채 웅크리고 있는 것을 본다.

발리 거기 뒤에서 둘이 뭐하는 거예요?

이안 몸통 없는 아빠하고 말하는 게 너무 이상해서…

이안이 무언가를 집어 들더니 아빠 위에 올린다. 이안, 옆으로 비켜서는데 여러 개 옷으로 아빠의 상체를 만든 것이다.

이안 짜잔!

발리 오, 좋은데! 아빠, 제가 기억하던 모습 그대로예요.

아빠가 앞좌석으로 걸어 나온다.

발리 걱정 마세요. 한시라도 빨리 아빠의 나머지 부분을 찾아 드릴 테니까요. 그럼 첫 번째로… 귀네비어를 소개할게요. 제가 직접 이 아이를 새로 고쳤어요. 큰 너트부터 시작해서 에어컨까지 말이죠.

---

zoom 질주하다
speed bump 과속 방지턱
jostle 거칠게 떠밀다
rearview mirror 백미러
crouch 웅크리다, 구부리다
step aside 옆으로 비키다
stuffed 박혀 있는, 채워 넣은
lug nut 큰 너트

❶ **What are you two Chatty Charlies up to back there?**
거기 뒤에서 둘이 뭐하는 거예요?
What are you up to?는 상대방에게 안부나 일의 진행 상황 등을 물어볼 때 사용하는 표현이에요. 그리고 chatty Charlie는 '말이 많은 사람'을 지칭하는 표현이에요.

Barley **flips** the air conditioning **on** and it **blasts** air like a leaf blower. Ian fights against the wind and climbs up front to **turn** it **off**. Dad **plops** down on the backseat.

IAN	(**out of breath**) Showing Dad your van? That's your whole list?

BARLEY	What list?

IAN	Oh...

BARLEY	What's that?

IAN	(a little embarrassed) I'm just working on a list of things I wanted to do with Dad. You know, **play catch**, take a walk, driving lesson, share my whole life story with him.

Barley **nods**, **appreciative**.

BARLEY	That's cool. (beat) Oh, but before you cast Dad's spell again, you're gonna have to practice your magic.

Barley **tosses** Ian the Quests of Yore book. Ian looks at the book, uncertain.

IAN	(sigh) This book is for a game.

BARLEY	I told you, everything in Quests of Yore is historically **accurate**! Even the spells. So start practicing, young **sorcerer**!

Barley hands Ian the staff. Ian opens the book to a **random** page.

IAN	Okay, Dad. (beat) Let's try some magic.

발리가 에어컨을 켜자 낙엽 청소기처럼 강력한 바람이 나온다. 이안은 바람과 싸우면서 앞으로 나와 에어컨을 끈다. 아빠가 뒷자리에 털썩 주저앉는다.

이안 (숨이 차서) 아빠에게 형의 밴을 소개하는 게 형의 목록인 거야?

발리 목록이라니?

이안 어...

발리 그게 뭐야?

이안 (약간 당황하며) 아빠와 하고 싶은 것들을 목록으로 만들고 있어. 공 던지기, 산책하기, 운전 연습, 나의 일상 이야기를 아빠와 함께 하기 같은 거.

발리, 감탄하며 고개를 끄덕인다.

발리 멋진걸. (잠시 말을 쉬고) 아, 아빠의 주문을 다시 하기 전에 마법 연습을 좀 해봐.

발리가 이안에게 요어의 모험 책을 던져 준다. 이안은 의심하는 표정으로 책을 훑어본다.

이안 (한숨 쉬며) 이 책은 게임을 위한 거잖아.

발리 내가 말했지, 요어의 모험에 나오는 건 모두 역사적으로 정확한 거라구! 심지어 주문도 마찬가지야. 그러니까 연습 시작하세요, 어린 마법사님!

발리, 이안에게 지팡이를 건넨다. 이안, 아무 페이지나 펼친다.

이안 알았어요, 아빠. (잠시 말을 멈추고) 마법을 한번 해 보자구요.

---

flip on 스위치를 올려서 켜다
blast 강하게 내뿜다
turn ~ off ~를 끄다
plop 털썩 앉다
out of breath 숨이 차서
play catch 공놀이를 하다
nod 머리를 끄덕이다
appreciative 감탄하는, 생각하는

toss 던지다
accurate 정확한
sorcerer 마법사
random 무작위의

[MOM FINDS **NOTE**]

INT. LIGHTFOOT HOME – HALLWAY – NIGHT
On Blazey as she **leaps** up the stairs, like an excited dog. Mom follows, heading to Ian's door. She **cautiously** calls out to Ian. She knows he's likely still **upset**. But as Mom gets closer she sees a note taped to his door. It reads: "Back soon with **MIND-BLOWING** surprise!" and features a crude drawing of Mom with a mushroom cloud blowing out of the top of her head. She opens the door and looks at the room **in shock**.

INT. IAN'S BEDROOM – CONTINUOUS
Laurel gasps. Clothes, pictures, and books are **scattered** all over Ian's usually **tidy** bedroom. Mom notices Ian's broken phone on the bed. She sees Blazey **sniffing** around on the desk. She walks over to see the Quests of Yore game cards Barley laid out earlier: The Phoenix Gem, and the Manticore's Tavern.

Mom thinks.

QUICK CUT:

INT. LIGHTFOOT HOME – ENTRYWAY
She grabs her car keys off of the hook.

EXT. LIGHTFOOT HOME – NIGHT – CONTINUOUS
Mom pulls out of the **garage** in her car.

INT. LIGHTFOOT LIVING ROOM – CONTINUOUS
Headlights shine on a **pewter** figurine on Barley's game board: part lion, part bat, part scorpion: THE MANTICORE. Mom's headlight stream across its **vicious** face.

DISSOLVE TO:

EXT. VAN – DRIVING – LATER
Barley's van drives through a **muddy** back road.

(엄마, 쪽지를 발견하다)

내부. 라이트풋 가족의 집 – 복도 – 밤
블레이지가 흥분한 강아지처럼 계단을 올라간다. 따라 올라가는 엄마, 이안의 방문 쪽으로 다가간다. 조심스럽게 이안을 불러본다. 이안이 여전히 화가 났다고 생각하고 있다. 엄마가 문으로 다가가면서 쪽지가 붙어 있는 것이 보인다. 쪽지에는 "깜짝 놀랄 만큼 멋진 것을 가지고 돌아올게요!"라고 적혀 있다. 그리고 엄마의 머리 위에 버섯 모양의 구름이 솟아나는 그림이 서투르게 그려져 있다. 엄마가 문을 열고 방을 바라보는데 충격을 받는다.

내부. 이안의 방 – 계속
로렐, 허걱한다. 평소에는 무척 깔끔하던 이안의 방이 지금은 옷, 그림, 책들로 어질러져 있다. 엄마는 침대 위에서 이안의 깨진 핸드폰을 발견한다. 블레이지가 책상 주변을 킁킁거린다. 엄마가 책상으로 가서 발리가 꺼내 놓은 요어의 모험 게임 카드 몇 장을 보게 된다. 피닉스의 보석, 맨티코어의 선술집 카드가 보인다.

엄마, 생각한다.

빠른 화면 이동

내부. 라이트풋 가족의 집 – 현관 입구
엄마가 고리에 걸려 있는 자동차 열쇠를 가지고 나간다.

외부. 라이트풋 가족의 집 – 밤 – 계속
엄마가 차를 타고 차고를 빠져나간다.

내부. 라이트풋 가족의 거실 – 계속
발리의 게임판 위에 있는 납 피규어에 헤드라이트 불빛이 비친다. 사자, 박쥐, 전갈의 일부분이 결합되어 창조된 '맨티코어' 피규어이다. 엄마의 헤드라이트가 맨티코어의 사악한 얼굴을 지나간다.

화면 점차 어두워진다.

외부. 밴 – 운전 중 – 잠시 후
발리의 밴은 진흙투성이의 뒷길을 달리고 있다.

---

note 메모
leap 뛰다, 뛰어오르다
cautiously 조심스럽게
upset 화난
mind-blowing 매우 감동적인
in shock 충격을 받아
scatter 뿌리다, 황급히 흩어지다
tidy 깔끔한, 정돈된

sniff 킁킁 냄새를 맡다
garage 차고
pewter 납
vicious 사악한
muddy 진흙투성이의

Magic Practice
마법 연습

🎧 10.mp3

INT. VAN – DRIVING		내부. 밴 – 운전 중

Ian points the staff at an empty soda can.　　　　이안은 지팡이로 빈 깡통을 겨냥한다.

IAN　　Aloft Elevar.　　　　이안　알로프트 엘레바.

Nothing happens.　　　　아무 일도 일어나지 않는다.

IAN　　Aloft Elevar.　　　　이안　알로프트 엘레바.

Still nothing. Ian turns to Barley, picks up the Quests of Yore book gestures to a **levitation** spell in it.

여전히 아무 일도 없다. 이안, 요어의 모험 책을 들고 빌리에게 공중 부양 주문이 있는 부분을 가리킨다.

IAN　　I can't get this levitation spell to work. Maybe I should try something else, like... (**flipping** pages) **Arcane Lightning**?

이안　이 공중 부양 주문을 잘 못하겠어. 다른 걸 해 봐야겠어… (페이지를 넘기더니) 불가사의한 번개?

BARLEY　　Pfft, yeah, like a level one **mage** could bust out the hardest spell in the **Enchanter**'s Guide Book. (nerdy laugh) Maybe **we'll stick with the easy ones.**❶

빌리　풋. 초보 마법사가 마법사 가이드에서 가장 어려운 주문을 하겠다고? (괴짜같이 웃는다) 쉬운 걸 해 봐.

IAN　　Yeah, well, it's not working. Am I saying it wrong?

이안　음… 안 되네. 내가 주문을 잘못 말하고 있나?

BARLEY　　You said it right, it's just for any spell to work you have to speak from your heart's fire.

빌리　주문은 맞아. 주문이 제대로 되려면 너의 마음의 불을 지피면서 말해야 해.

IAN　　My what?　　　　이안　나의 뭐라고?

BARLEY　　Your heart's fire, you must speak with **passion**, don't **hold back**.

빌리　너의 마음의 불. 열정을 가지고 말해. 주저하지 말고.

---

levitation 공중 부양

flip 뒤집다

arcane 신비로운

lightning 번개

mage 마법사

enchanter 마법사

passion 열정

hold back 기다리다, 주저하다

❶ **We'll stick with the easy ones.**
쉬운 걸 해 봐.
stick with는 '(바꾸지 않고) ~를 계속하다', '고수하다'라는 뜻이에요. stick with 뒤에 사람을 나타내는 단어를 붙이면 '그 사람을 고수하다' 즉 '그 사람과 함께 하다'라는 뜻이 됩니다.

Ian seems **doubtful** about this **advice**.

이안은 의심스러운 표정이다.

IAN   (trying harder) Aloft Elevar!

이안 (더 힘을 주어) 알로프트 엘레바!

Nothing.

아무 일도 없다.

BARLEY   No, like-- Aloft Elevar!

발리 아니야. 이렇게… 알로프트 엘레바!

IAN   (angry, louder) Aloft Elevar!

이안 (화가 나서 더 크게) 알로프트 엘레바!

BARLEY   No, from your heart's fire!

발리 아니야. 너의 마음의 불을 지펴 봐!

IAN   ALOFT ELEVAR!

이안 알로프트 엘레바!

BARLEY   DON'T HOLD BACK!

발리 주저하지 말고!

IAN   ALOFT ELEVAR!

이안 알로프트 엘레바!

BARLEY   HEART'S FIRE!

발리 마음의 불!

Ian **tosses** the **staff** in an **explosion** of **frustration**.

이안, 짜증이 폭발해서 지팡이를 던진다.

IAN   STOP SAYING HEART'S FIRE! (**motioning to** Dad) This just clearly isn't working!

이안 마음의 불 타령 그만해! (아빠에게) 이거 안 된다구요!

Ian sits **defeated** next to Dad.

이안, 마음이 상해 아빠 옆에 있는다.

BARLEY   Hey, it was a good start.

발리 시작이 반이라잖아.

Light crosses over Ian's **downtrodden** face in the back of the van as he stares at the **Visitation** spell. Then he looks to Dad. Ian looks disappointed in himself. **Meanwhile**, Barley sees something up ahead.

밴의 뒤에 앉아 있는 이안의 낙담한 얼굴 위로 도로의 불빛이 지나간다. 이안, 소환 주문을 바라본다. 그리고 아빠를 바라본다. 이안, 자신에게 실망한 모습이다. 이때, 발리가 앞에 무언가를 바라본다.

BARLEY   Oh! **Gather** your **courage**, we've arrived. The Manticore's Tavern.

발리 재 담대해지자구. 드디어 도착했어. 맨티코어의 선술집.

---

doubtful 의심하는
advice 충고, 조언
toss 던지다
staff 지팡이
explosion 폭발
frustration 당혹감, 좌절
motion to ~에게 몸짓으로 신호하다
defeated 낙담한

downtrodden 탄압받은, 짓밟힌
visitation 소환
meanwhile 한편으로는
gather 모으다
courage 용기

Ian looks out the window to see an old tavern, which looks just like the one in the card. Ian looks hopeful.

이안, 창밖을 보니 오래된 선술집이 보인다. 발리가 보여 준 카드와 똑같은 모습이다. 이안, 기대에 찬 표정이다.

IAN (amazed) Wow, it is still here.

이안 (놀라며) 와, 아직도 여기에 있네.

BARLEY (confused/**offended**) Yeah! I told you.

발리 (혼란스러워하며/기분이 나빠서) 물론이지! 내가 말했잖아.

[TAVERN]

(선술집)

EXT. TAVERN – NIGHT
Ian and Barley approach the tavern. Ian has **tug** on Dad's **leash** to keep him moving in the right direction.

외부, 선술집 – 밤
이안과 발리, 선술집으로 걸어간다. 이안이 아빠의 줄을 당겨서 아빠가 올바른 방향으로 갈 수 있도록 한다.

IAN Come on, Dad! That's good.

이안 자, 아빠! 잘하고 있어요.

They approach the **ominous entrance**, with a **carving** of the Manticore's fearsome face above the door.

아이들, 불길한 모습의 입구로 다가간다. 문 위에 맨티코어의 무서운 얼굴이 조각되어 있다.

바로 이 장면!*

BARLEY Alright, listen, first: let me do the talking. Secondly, it's **crucial** we show the fearless Manticore the respect she **deserves** or she will thirdly, not give us a map to a Phoenix Gem.

발리 자, 들어 봐. 첫째 말은 내가 할 거야. 둘째로 우리가 용맹한 맨티코어에게 합당한 존경을 표하는 게 정말 중요해. 그렇지 않으면 셋째, 그녀는 우리에게 피닉스의 보석을 얻기 위한 지도를 주지 않을 거야.

IAN Whoa, whoa, wait, the map?! I thought she had a Phoenix Gem.

이안 잠깐, 잠깐만. 지도라니?! 그녀가 피닉스 보석을 가지고 있다는 거 아니었어?

BARLEY **You're so cute.** ❶

발리 너 참 순진하구나.

Barley turns to Dad.

발리, 아빠를 향해 돌아선다.

BARLEY (to Dad) Hear that, Dad? He's a smart kid, He just doesn't know how quests work.

발리 (아빠에게) 들으셨죠, 아빠? 쟤는 머리만 좋다니까요. 모험의 여정이 어떻게 진행되는지 아무것도 몰라요.

IAN Well, is there anything else you're forgetting to tell me?

이안 나한테 말하지 않은 게 또 있어?

---

offended 마음이 상한
tug 당기다
leash 줄
ominous 불길한
entrance 입구
carving 조각
crucial 중요한
deserve 받을 만하다

❶ **You're so cute.**
너 참 순진하구나.
You're so cute.은 원래 '너 정말 귀엽다'라는 뜻이지만 상황에 따라서 '너 정말 순진하구나.', '너 정말 아무것도 모르는구나.'의 의미로 사용할 수도 있어요.

BARLEY Nope.	발리 없어.

Barley pushes open the door.

발리가 문을 밀어서 연다.

INT. MANTICORE'S TAVERN – NIGHT
The place is a **ridiculous** family restaurant, just **full frontal**
Fuddruckers. A large table of **revelers** sing, along with the waitstaff,
around a birthday cake.

내부, 맨티코어의 선술집 – 밤
선술집은 퍼드럭커즈 패밀리 레스토랑처럼 우스
꽝스러운 패밀리 레스토랑이다. 흥이 오른 사람들
이 생일 케이크를 테이블에 두고 웨이터들과 함께
노래를 부르고 있다.

WAITERS (singing) Happy happy birthday. Come join us
on our quest. To make your birthday party the
very, very best! HEY!

웨이터들 (노래하며) 생일 생일 축하해. 우리 함
께 모험의 여정을 떠나요. 당신의 생일 파티를 아
주, 아주 멋지게 즐겨 보아요.

Ian looks at Barley, losing faith in his brother.

이안, 형에 대한 신뢰가 완전히 사라진 듯 발리를
바라본다.

BARLEY Okay, okay, so the tavern changed a little over
the years, but the Manticore is still the real
deal.

발리 그래. 선술집이 몇 년 사이에 약간 바뀌었
네. 하지만 맨티코어는 여전히 훌륭한 인물이라고.

Ian and Barley walk through the restaurant, taking it all in,
bewildered. A TAVERN WAITRESS takes an order at a nearby table.

이안과 발리, 식당을 훑어보며 걸어간다. 당황한
표정이다. 웨이트리스가 근처 테이블에서 주문을
받는다.

TAVERN PATRON **I'll have the soup of the day.❶**

선술집 손님 오늘의 스프를 먹을게요.

TAVEN WAITRESS Would **m'lord** like a Cup or **Cauldron**?

웨이트리스 주인님, 컵으로 드릴까요 가마솥에
드릴까요?

An elf kid plays a **claw** drop game with a gauntlet hand picking up
treasure. He loses. Barley marches up a **hostess**.

꼬마 요정이 갑옷용 장갑으로 선물을 집어 올리는
뽑기 놀이를 하고 있다. 게임을 제대로 하지 못한
다. 발리, 식당 안내원에게 다가간다.

BARLEY Madame, I **request** an audience... (bowing) …
with the Manticore!

발리 실례지만, 맨티코어를 (절을 하면서) 알현하
고 싶습니다!

HOSTESS But of course, m'lord.

안내원 알겠습니다. 주인님!

The Hostess blows into a fake horn.

안내원, 가짜 나팔을 분다.

---

ridiculous 웃긴
full frontal 전면적인
reveler 잔치를 베푸는 사람
m'lord (= my lord) 영주님, 주인님
cauldron 가마솥
claw 발톱
hostess 식당에서 안내를 맡은 종업원
request 요청하다

❶ **I'll have the soup of the day.**
오늘의 스프를 먹을게요.
I'll have ~는 식당에서 음식을 주문할 때
사용하는 표현이에요. '~를 먹을게요', '~를
주세요'라고 해석할 수 있습니다.

HOSTESS   Oh, Manticore!

안내원 맨티코어!

A **plush COSTUMED** MANTICORE leaps into frame. **Adorable** and **silly**, it lets out a **CHUCKLE** and hugs Ian. Barley pushes the Costumed Manticore away from Ian, **irritated**. The Costumed Manticore has Ian **squeezed** in a **bear hug**.

천으로 된 인형 탈을 쓴 맨티코어가 화면에 등장한다. 귀여우면서도 멍청해 보인다. 바보같이 웃으며 이안을 껴안는다. 발리, 인형 탈을 쓴 맨티코어를 이안에게서 떼어낸다. 짜증난 표정이다. 인형의 탈을 쓴 맨티코어, 이안을 곰처럼 꽉 끌어안는다.

BARLEY   No, no, no, no no! The real Manticore! The fearless **adventurer**!

발리 아니, 아니, 아니예요! 진짜 맨티코어! 용맹한 모험가를 만나고 싶다구요!

The costumed Manticore **rubs** its eyes like it's crying.

인형 복장을 한 맨티코어가 우는 듯이 눈을 비빈다.

HOSTESS   (breaking character) Oh, you mean Corey? She's over there.

안내원 (자신의 실제 모습으로) 코리 말하는 거에요? 저기에 있어요.

The hostess gestures toward the kitchen.

안내원, 주방을 가리킨다.

---

plush 아주 고운 천
costumed 의상을 입은
adorable 사랑스러운
silly 어리석은
chuckle 싱긋 웃다
irritated 짜증 난
squeeze 꽉 쥐다
bear hug 세게 껴안음, 베어 허그

adventurer 모험가
rub 비비다

The Manticore Has Changed
맨티코어가 변했어요

🎧 11.mp3

[MEET THE MANTICORE]

INT. MANTICORE'S TAVERN – NIGHT – CONTINUOUS
The kitchen doors **burst** open as a **frantic** Manticore struggles to balance plates.

MANTICORE (stressed to waiters) QUICK, SOMEBODY HELP ME! **These griffin nuggets were supposed to go out minutes ago!**❶

She's no longer fearless adventurer she once was. She's dressed in a restaurant uniform, wearing glasses and a **wrist brace**.

MANTICORE (efforts, passing plates)

Waiters rushes in and she **scrambles** to **offload** the plates. The final plate rests on top of her scorpion tail.

IAN That's the Manticore?

Ian looks surprised. She's not what he imagined. Barley leaps forward and takes a knee.

BARLEY Oh, great and powerful Manticore!

MANTICORE (stressed) Whoah, sir! You're right in the **hot zone.**

A GOBLIN COOK passes by her. She **acknowledges** him without missing a beat.

(맨티코어와의 만남)

내부. 맨티코어의 선술집 – 밤 – 계속
주방의 문이 활짝 열린다. 정신없이 바빠 보이는 맨티코어, 접시 여러 개를 들고 끙끙거리고 있다.

맨티코어 (스트레스 받은 말투로 웨이터들에게) 빨리, 누가 나 좀 도와줘! 이 그리핀 너겟은 벌써 나갔어야지!

맨티코어는 더 이상 예전의 용맹스러운 모험가가 아니다. 레스토랑 유니폼을 입고 있는데, 안경을 끼고 손목에는 팔찌를 하고 있다.

맨티코어 (접시를 건네준다)

웨이터들이 달려오자 맨티코어가 접시들을 황급히 떠넘기듯 건네준다. 마지막 접시는 그녀의 전갈 꼬리 위에 올려져 있다.

이안 저게 맨티코어야?

이안, 놀란 표정이다. 그가 상상했던 모습이 아니다. 발리가 앞으로 나와서 한쪽 무릎을 꿇는다.

발리 오, 훌륭하고 위대한 맨티코어님이시여!

맨티코어 (스트레스 받은 말투로) 손님, 여기는 위험한 곳이에요.

도깨비 요리사, 맨티코어 옆을 지나간다. 맨티코어, 곧바로 그를 알아본다.

---

burst (문 등이) 확 열리다
frantic 당황하여 허둥지둥하는
wrist brace 팔찌
scramble 재빨리 움직이다
offload 떠넘기다
hot zone 위험한 곳
acknowledge 알아보다

❶ **These griffin nuggets were supposed to go out minutes ago!**
이 그리핀 너겟은 벌써 나갔어야지!
be supposed to는 '~하기로 되어 있다'라는 뜻으로 예정되어 있는 행동을 말할 때 사용하는 표현이에요. was/were supposed to는 예정대로 했어야 했는데 그러지 못했다는 의미가 있어요. had to라고 해도 비슷한 의미를 전달할 수 있어요.

70

MANTICORE	(to the **goblin**) You're late, Adolphus .	맨티코어	(도깨비에게) 아돌푸스, 늦었군요.
ADOLPHUS	(**incomprehensible** goblin language)	아돌푸스	(알아들을 수 없는 도깨비 언어로 말한다.)
MANTICORE	I understand there's traffic, you need to plan for that!	맨티코어	차가 막혔겠죠. 한데 그에 대한 대책이 있어야 하지 않겠어요?

The goblin heads onto the floor for his **shift**.   도깨비, 근무 교대를 하려고 들어간다.

ADOLPHUS	(incomprehensible goblin language)	아돌푸스	(알아들을 수 없는 도깨비 언어로 말한다.)
MANTICORE	Well maybe your mother should get her own car!	맨티코어	그럼 당신 어머니가 차를 사야겠네요!

The Manticore looks stressed.   맨티코어, 스트레스를 받은 표정이다.

MANTICORE	(stressed **groan**)	맨티코어	(스트레스를 받고 신음한다)

Barley cautiously steps up behind her.   발리, 조심스럽게 그녀의 뒤로 다가간다.

BARLEY	(to Manticore) Your Fearlessness?	발리	(맨티코어에게) 용맹한 맨티코어님?
MANTICORE	(**startled**) AHH!	맨티코어	(놀라며) 으익!

She turns toward the boys.   맨티코어, 아이들을 돌아본다.

BARLEY	My brother and I **seek** a map... to a Phoenix Gem.	발리	제 동생과 제가… 피닉스의 보석으로 가는 지도를 찾고 있습니다.
MANTICORE	Oh, uh, well you've come to the right **tavern**.	맨티코어	어… 제대로 오셨네요.
MANTICORE (CONT'D)	(aside to waiter, handing off **plate**) Table 12.	맨티코어 (계속)	(웨이터에게 접시를 건네며) 12번 테이블.

She quickly races to a host **podium** and **digs around**.   맨티코어, 재빨리 안내원이 있던 곳으로 가서 무언가를 찾는다.

---

goblin 도깨비
incomprehensible 알아들을 수 없는
shift 교대 근무
groan 신음 소리하다
startle 놀라게 하다
seek 찾다
tavern 선술집
plate 접시

podium 연단
dig around 뒤지다

MANTICORE	I have the **parchment** you desire right here! (searching sounds) **BEHOLD**!	맨티코어 당신들이 찾는 문서가 바로 여기에 있네요! (무언가를 찾는 소리) 여기 보시라!

She presents them with a children's menu that read: "FIND THE PHOENIX GEM!" above **a variety of** puzzles.

맨티코어, "피닉스의 보석을 찾으세요!"라고 적힌 어린이 메뉴판을 보여준다. 메뉴판에는 다양한 퍼즐이 그려져 있다.

IAN	(disappointed) Oh... that's a children's menu.	이안 (실망해서) 어린이 메뉴판이잖아요.
MANTICORE	Isn't that fun? They're all based on my old maps.	맨티코어 재미있지 않아요? 나의 옛날 지도에 근거한 거예요.

The Manticore realizes she's **momentarily** forgotten herself, she has a restaurant to run.

맨티코어는 현재 자신이 식당 주인이라는 걸 까먹고 있다가 다시 정신을 차린다.

MANTICORE	(quick, **formal**) Oh, uh, "The great Manticore sends you on your adventure with a hero's blessing." And here's some crayons.	맨티코어 (빠른 형식적인 말투로) "위대한 맨티코어의 축복을 받고 모험의 세계로 떠나 보세요." 여기 크레파스 있어요.

She **hurries off**, but Barley follows **reverently**.

맨티코어, 서둘러 자리를 떠나려고 하는데 발리가 겸손하게 뒤를 따른다.

바로 이 장면!*

BARLEY	That's very **amusing**, Your **Dominance**, but might you have the real map?	발리 참 재미있네요. 헌데 진짜 지도도 가지고 계시겠죠?

The Manticore gestures to a wall of **swords**, **shields**, and rolled up scrolls.

맨티코어가 벽을 가리키는데 벽에는 검과 방패 그리고 두루마리 문서가 붙어 있다.

MANTICORE	(searching, **distracted**) Uh... yeah, it's over there.	맨티코어 (무언가를 찾으며, 정신없이) 어, 그래. 저기에 있어.

Barley and Ian see an **old-fashioned** map hanging on the wall with the tittle: PHOENIX GEM.

발리와 이안, 벽에 걸려 있는 옛날 지도를 바라본다. '피닉스의 보석'이라고 적혀 있다.

IAN	(excited **gasp**) That's it!	이안 (흥분하며 허걱한다) 저거야!

---

parchment 두꺼운 종이

behold 바라보다

a variety of 다양한

momentarily 잠깐, 곧

formal 공식적인

hurry off 서둘러서 가다

reverently 경건하게

amusing 재미있는

dominance 주인님, 지배

sword 칼

shield 방패

distracted 산만한

old-fashioned 구식의, 옛날의

gasp 허걱하고 놀라다, 헉하고 숨을 쉬다

BARLEY   This is perfect!

Barley reaches for the **scroll**. The Manticore **grabs** it from him.

MANTICORE   Whoa, whoa, whoa! What are you doing? You can't take this.

BARLEY   We have to.

Barley **removes** Dad's **torso** to reveal he's just a pair of legs. The Manticore looks at Dad's legs, **aghast**, and unsure what she's seeing.

MANTICORE   (whispered) What is that?

The Manticore Mascot walks **past** and sees the legs. **Stunned**, the mascot **bumps into** a serving tray and falls to the ground.

IAN   It's our dad, and we have a chance to meet him, but--

Barley steps in front of Ian, taking over.

BARLEY   Buuuut... we can't do that without a Phoenix Gem.

The Manticore considers this.

MANTICORE   (dawning) No! My days of sending people on dangerous quests are over.

BARLEY   What? Why?

MANTICORE   Uh, cause they're dangerous!

The HOSTESS **pops** around the corner.

발리 완벽해!

발리, 두루마리 문서를 떼어낸다. 맨티코어가 그것을 낚아챈다.

맨티코어 어, 애 뭐하는 거야? 이건 가져가면 안 돼.

발리 꼭 가져가야 해요.

발리, 아빠의 몸통을 빼내면서 다리밖에 없는 아빠의 모습을 보여 준다. 맨티코어가 아빠의 다리를 보면서 화들짝 놀란다. 자신이 보고 있는 것을 믿지 못하는 표정이다.

맨티코어 (속삭이며) 저건 뭐야?

맨티코어 마스코트가 지나가다가 아빠의 다리를 본다. 깜짝 놀라 서빙 접시에 부딪쳐 바닥에 쓰러진다.

이안 우리 아빠예요. 아빠를 만날 기회가 있지만…

발리, 앞으로 나오며 이안의 말을 막는다.

발리 하지만… 피닉스의 보석이 없으면 그럴 수도 없어요.

맨티코어, 잠시 생각한다.

맨티코어 (무언가 생각난 듯) 싫어! 사람들을 위험한 여정으로 떠나보내던 나의 옛 시절은 끝났어.

발리 뭐라구요? 왜요?

맨티코어 음… 너무 위험하잖아!

안내원이 고개를 내민다.

---

scroll 두루마리
grab 붙잡다
remove 제거하다
torso 상체
aghast 겁에 질린
past 지나서
stunned 놀란
bump into ~에 부딪히다

dawn 생각하다, 분명해지다
pop 고개를 내밀고 나타나다

HOSTESS   Corey, the karaoke machine is **broken** again.

안내원 코리, 노래방 기계가 또 고장났어요.

The Manticore sees a group of **female** fantasy creatures in **matching** shirts **surrounding** a cyclops in a veil, all looking **expectantly** at her. She turns back to the boys.

단체 티셔츠를 입은 판타지 암컷 동물들이 키클롭스 주변에 모여 있다. 키클롭스는 웨딩 베일을 쓰고 있다. 동물들은 맨티코어를 기대하는 눈빛으로 바라본다. 맨티코어는 아이들을 향해 몸을 돌린다.

MANTICORE   I'm sorry, but you are not getting this map.

맨티코어 미안하지만 이 지도를 가져갈 수 없어.

The Manticore **hustles off**.

맨티코어, 황급히 사라진다.

broken 고장난
female 암컷의, 여자의
matching 같은
surround 둘러싸다, 에워싸다
expectantly 기대에 차서
hustle off 황급히 가다

The Real Manticore
맨티코어의 참모습

🎧 12.mp3

INT. KARAOKE AREA – NIGHT
The **bachelorette party** waits **impatiently**. The Manticore steps in and starts **groveling**.

MANTICORE   (worried, stressed) Don't worry, ladies, your adventure will continue momentarily.

Ian watches the Manticore. Barley thinks.

BARLEY   (to Ian) Okay, I can **handle** this.

Ian pushes past Barley to approach the Manticore.

BARLEY   (trying to stop him) No, Ian!

BRIDESMAID #1   You're **ruining** Althea's special day!

IAN   Miss... Mighty Manticore, ma'am--?

BARLEY   (uncomfortable laugh through **gritted teeth**) What are you doing?

MANTICORE   (smiling but angry) Kid, **this is not a good time.**❶

The karaoke machine lets out a **squall** of feedback.

BRIDESMAID #1   I'm giving this place a one-star review!

IAN   It's just, I've never met my Dad and--

내부. 노래방 – 밤
처녀 파티를 하던 여자 동물들이 조바심을 내며 기다린다. 맨티코어가 들어오면서 굽신거린다.

맨티코어 (걱정하며, 스트레스를 받은 듯) 걱정 마세요, 숙녀분들. 여러분의 도전은 곧 계속됩니다.

이안, 맨티코어를 바라본다. 빌리는 생각한다.

빌리 (이안에게) 알았어. 내가 해결할게.

이안, 빌리를 밀치며 맨티코어에게 다가간다.

빌리 (그를 제지하려고 하면서) 안 돼, 이안!

신부 들러리 #1 당신 때문에 알테아의 특별한 날이 망했다구요!

이안 용맹스러운 맨티코어님…?

빌리 (이를 꽉 깨물고 억지로 웃으며) 뭐하는 거야?

맨티코어 (웃는 얼굴이지만 화가 난 상태로) 꼬마야. 지금은 때가 아니야.

노래방 기계에서 에코가 크게 울린다.

신부 들러리 #1 나 이 식당 리뷰로 별 하나만 줄래.

이안 저기, 제가 아빠를 만난 적이 없어서…

---

bachelorette party 처녀 파티
impatiently 참지 못하고
grovel 굽실거리다
handle 해결하다
ruin 망치다
gritted teeth 꽉 문 이빨
squall 악을 쓰며 우는 소리

❶ **This is not a good time.**
지금은 때가 아니야.
'타이밍이 안 좋아.'를 This is not a good timing.이라고 쓰면 약간 어색합니다. This is not a good time.이라고 하거나 또는 Not Now.라고 짧게 말해도 지금은 때가 아니라는 의미를 전달할 수 있습니다.

75

<u>MANTICORE</u> (smiling through gritted teeth) Look, I'm sorry about that, but if you get hurt on one of my quests, guess who gets **sued** and loses her tavern? I can't take that kind of risk! Now if you'll just excuse me I have important things to do! (into mic, **desperate**/worried) Testing. (singing) You **haunt** my dreams, my in-betweens... (walla singing) ...please loooove--

맨티코어 (이를 꽉 깨물고 웃으면서) 이봐, 미안해. 하지만 너희가 다치기라도 하면 누가 소송을 당해서 식당 문을 닫게 되겠어? 난 그런 위험을 감수하고 싶지 않아! 미안하지만 난 할 일이 있어서 (마이크에 대고, 간절하게/걱정하면서) 마이크 시험 중. (노래하며) 당신이 나의 꿈에 악몽처럼 나타나 나에게 방해가 되어 (어쩌고저쩌고 노래한다) 제발 사랑해…

Ian looks at Dad's purple socks. He steps up.

이안, 아빠의 보라색 양말을 바라본다. 그리고 앞으로 나선다.

<u>IAN</u> Please, we need the maps!

이안 제발, 우린 그 지도가 필요해요!

바로 이 장면!*

<u>MANTICORE</u> No, I am not giving you the map! That's it! **I'm done talking!**❶

맨티코어 안 돼. 난 너희들에게 지도를 주지 않겠어! 됐어! 더 이상 말을 안 하겠어!

The Manticore hides her anger from her customers. Ian stands up straight and looks **determined**.

맨티코어는 고객들에게 자신의 화를 감춘다. 이안, 똑바로 서서 단호한 표정을 짓는다.

<u>IAN</u> (loud, **awkward**, nervous) Well... well, I'm not!

이안 (서투르고 떨리지만 큰 목소리로) 잠깐, 저는 아직 안 끝났어요!

<u>BARLEY</u> (through gritted teeth) Whoa, whoa, whoa!

발리 (이를 꽉 깨물고) 워, 워, 워!

The Manticore looks up, surprised. Barley looks at Ian, **equally** surprised.

맨티코어, 놀란 듯 위를 쳐다본다. 발리, 이안을 바라본다. 역시 놀란 표정이다.

<u>IAN</u> You say you can't "risk" losing this place? Look at that Manticore!

이안 이곳을 잃어버릴 만한 "위험"을 감수할 수 없다고 하셨죠? 저기 저 맨티코어의 모습을 보세요!

Ian points to a painting of the Manticore looking **heroic** and **fearless**.

이안, 전사 같은 용맹한 모습의 맨티코어 그림을 가리킨다.

<u>IAN</u> She looks like she lived to take risks!

이안 당당히 위험을 감수하며 살았던 것 같네요!

---

sue 고소하다
desperate 간절한
haunt (유령 등이) 출몰하다
determined 단호한
awkward 서투른
equally 똑같이
heroic 영웅적인
fearless 겁 없는

❶ **I'm done talking!**
더 이상 말을 안 하겠어!
I'm done -ing는 '~를 다했어'라는 뜻으로 어떤 행동을 끝냈거나 완수했다고 말할 때 사용하는 표현이에요. done 뒤에 동사를 쓰고 싶으면 -ing 형태로 써 주어야 합니다.

MANTICORE	That Manticore didn't have **investors** to **look out for**. She didn't have **payroll** to cover!	맨티코어	저 맨티코어는 투자자를 챙길 필요가 없었어. 직원들 월급을 줄 필요도 없었지!

The Manticore stands up, pointing at the painting and gesturing wildly.

맨티코어, 일어선다. 크게 몸을 움직이면서 그림을 가리킨다.

MANTICORE	She could just fly out the door whenever she wanted and **slay** a magma beast.	맨티코어	언제든지 원하면 문을 박차고 날아가 마그마 괴수를 무찌를 수 있었지.
BRIDESMAID #2	Are you gonna fix the machine or not?	신부 들러리 #2	기계 고칠 거예요 말 거예요?
MANTICORE	Yeah, in a minute!	맨티코어	잠시만요!

The Manticore turns back to Ian. The startled **bridesmaid backs off**.

맨티코어, 이안을 돌아본다. 신부 들러리는 화들짝 놀라 뒷걸음질친다.

MANTICORE	Okay, maybe this place isn't as adventurous as it used to be, so it isn't filled with a **motley horde** willing to risk life and **limb** for the taste of excitement...	맨티코어	여기가 예전처럼 모험이 가득한 곳이 아니야. 열정을 위해서 팔다리나 목숨을 걸고 도전하는 잡다한 무리들이 있는 것도 아니고…

The Manticore looks around. We see a **pathetic patron** blowing on his soup.

맨티코어, 주변을 바라본다. 한심하게 보이는 손님이 수프를 후후 불고 있다.

MANTICORE	...but so what?! Whoever said you have to take risks in life to have an adventure?!	맨티코어	… 그래서 어쨌다고?! 도대체 누가 모험을 위해서 위험을 감수해야 한다고 한 거야?!

Ian nervously points behind the Manticore.

이안, 맨티코어 뒤를 가리킨다.

IAN	**Apparently**, you did.	이안	확실히 당신이 그랬잖아요.

The Manticore looks at her **portrait** and then at a **plaque** above it that reads:
YOU HAVE TO TAKE RISKS IN LIFE TO HAVE AN ADVENTURE. – THE MANTICORE

맨티코어, 자신의 초상화를 바라본다. 초상화 위에는 다음과 같은 글귀가 적혀 있다.
모험을 위해서는 위험을 감수해야 한다 – 맨티코어

---

investor 투자자
look out for 신경 쓰다
payroll 급여
slay 죽이다
bridesmaid 신부 들러리
back off 물러서다
motley 잡다하게 섞인
horde 무리

limb 팔다리
pathetic 불쌍한, 한심한
patron 고객
apparently 명백하게, 확실히
portrait 자화상
plaque 명판

The Manticore is **speechless**. A ROGUE WAITER walks up with a plate of mozzarella sticks.

맨티코어, 말문이 막힌다. 악당처럼 생긴 웨이터가 모짜렐라 스틱 접시를 가지고 다가온다.

ROGUE WAITER   Table 32 said their mozzarella sticks are cold.

웨이터   32번 테이블에서 모짜렐라 스틱이 안 익었다고 하네요.

The Manticore breathes fire on the mozzarella sticks. Terrified, the waiter **scuttles away**.

맨티코어, 모짜렐라 스틱에 불을 뿜는다. 화들짝 놀라서 웨이터 허둥지둥 달려간다.

MANTICORE   What have I done?

맨티코어   내가 도대체 뭘 한 거지?

IAN   Well, it's not too late. I mean, you could just give us the map--

이안   아직 늦지 않았어요. 제 말은 저희에게 지도를 주시면 된다구요.

MANTICORE   (in her own head) **This place used to be dangerous--** ❶

맨티코어   (혼자 생각으로) 여기는 위험한 곳이었지…

The Chuck E. Cheese-style Manticore mascot stands behind the real Manticore and begins to **imitate** her movements.

척 E 치즈 스타일의 맨티코어 마스코트가 바로 뒤에서 진짜 맨티코어의 동작을 그대로 따라하고 있다.

COSTUMED MANTICORE   Dangerous!

맨티코어 마스코트   위험한 곳이었지!

MANTICORE   --and wild.

맨티코어   … 그리고 와일드했어.

COSTUMED MANTICORE   Wild!

맨티코어 마스코트   와일드했어!

MANTICORE   I used to be dangerous and wild!

맨티코어   나도 위험하고 와일드한 존재였어!

COSTUMED MANTICORE   Dangerous and wild!

맨티코어 마스코트   위험하고 와일드한 존재였어!

The Manticore stares **daggers** at the mascot moving behind her. She **tackles** it and **rips off** its foam head. She holds it out proudly in front of herself and lets out a **fierce roar**.

맨티코어, 뒤에서 알짱거리는 마스코트를 노려본다. 그러고는 마스코트를 넘어뜨려 머리를 뜯어 버린다. 맨티모어, 자랑스럽게 머리를 들고 험악한 울음 소리를 낸다.

MANTICORE   I'm living a lie-- WHAT HAVE I BECOME?!

맨티코어   난 거짓으로 살고 있는 거야… 내가 무슨 짓을 한 거지?!

---

speechless 말이 없는
scuttle away 황급히 도망가다
imitate 흉내 내다
dagger 검, 단검
tackle 덮치다
rip off 찢어 버리다
fierce 사나운
roar 포효하다, 고함 소리

❶ **This place used to be dangerous--**
여기는 위험한 곳이었지…
used to는 과거의 행적이나 상태를 말할 때 사용하는 표현이에요. '~하곤 했다', '~ 했었다'의 의미로 과거에는 그랬지만 지금은 그렇지 않은 상태를 말하는 거죠.

She **torches** the mascot head. Parents cover their child's eyes.

맨티코어, 마스코트의 머리에 불을 뿜는다. 부모가 아이의 눈을 가린다.

BARLEY   Oh no...

발리 아, 이런…

The Manticore throws the **smoldering**, **melting** mascot head and it **lands** on a table between two customers.

맨티코어, 검게 타서 녹아 버린 마스코트의 머리를 던져 버린다. 머리가 두 명의 손님이 앉아 있는 테이블 위에 떨어진다.

MANTICORE   Everybody out! This tavern is closed for remodeling!

맨티코어 다 나가요! 리모델링으로 영업 중단합니다!

She **spread** her wings and blow fire into the air, **igniting** the **rafters**.

맨티코어, 날개를 펴고 공중으로 불을 내뿜는다. 천장에 불이 붙는다.

---

torch 불로 태우다

smolder 그을다, 연기 피우다

melt 녹다

land 떨어지다, 착륙하다

spread 펴다

ignite 불을 붙이다

rafter 서까래

They Got the Map!
지도를 손에 넣다!

🎧 13.mp3

INT. MANTICORE'S TAVERN – NIGHT – CONTINOUS
Patrons watch **in terror** as the fire spread. The bachelorette party **cowers**, then **bolts** for the door.

<u>**SCARED PATRON**</u> RUN!!!

The kids in the restaurant are **grabbed** and hurried out the doors by their terrified parents. One kid is **torn** away from coloring their children's menu.

EXT. MANTICORE'S TAVERN FRONT ENTRANCE – NIGHT – CONTINUOUS
Terrified patrons **stream** from the **blazing** building.

INT. MANTICORE'S TAVERN – NIGHT – CONTINUOUS
The Manticore has completely lost it.

<u>**MANTICORE**</u> Sorry, the karaoke machine is broken!

Manticore throws the karaoke machine against the wall **knocking away** the dry wall and revealing the stone **beneath**. Still holding the Phoenix Gem map, the Manticore picks up a **cardboard standee** of herself and throws it to the ground with a yell. She throws the map with it. Ian **glimpses** the map, then watches in horror as it catches fire in the flames on the ground. Ian races to the map, but it's too late. All that's left is **ashes**.

<u>**IAN**</u>   No, no, no, no! No!... No.

A beam falls behind them.

내부. 맨티코어의 선술집 – 밤 – 계속
손님들, 겁에 질려 이 광경을 바라본다. 불이 번진다. 처녀 파티를 하던 동물들이 몸을 숙이고 문을 향해 달려간다.

겁먹은 손님 도망가!!!

겁에 질린 부모들이 아이들을 데리고 밖으로 황급히 나간다. 어린이 메뉴를 칠하던 아이도 재빨리 데리고 나간다.

외부. 맨티코어의 선술집 앞문 – 밤 – 계속
겁에 질린 손님들이 불타는 건물 밖으로 줄줄이 나오고 있다.

내부. 맨티코어의 선술집 – 밤 – 계속
맨티코어는 완전히 이성을 잃었다.

맨티코어 노래방 기계가 고장 나서 미안하네요!

맨티코어가 노래방 기계를 벽에 던진다. 벽에 붙어 있던 판넬이 떨어지면서 진짜 벽돌이 보인다. 피닉스의 보석 지도를 손에 들고 맨티코어는 큰 소리로 울부짖으며 자신의 입간판을 바닥에 내리친다. 이때 지도가 바닥에 떨어진다. 이안이 그 지도를 바라보는데 지도에 불이 붙은 것을 보고 경악한다. 이안, 지도를 향해 달려가지만 이미 너무 늦었다. 남은 것은 재밖에 없다.

이안 안 돼 안 돼 … 안 돼

아이들 뒤로 기둥이 떨어진다.

---

patron 고객	knock away 쓰러뜨리다
in terror 두려워하며	beneath 아래
cower 몸을 숙이다	cardboard standee 입간판
bolt 빨리 뛰어가다	glimpse 잠깐 봄
grab 붙잡다	ash 재
torn 떨어진	
stream 줄줄 나오다	
blazing 불타는	

BARLEY   We gotta go!

They race through the restaurant, but Dad can't **keep up**. His top part comes **detached** and his bottom half gets left behind. He runs in the wrong direction, **bumps into** a wall, and falls to the ground.

Ian suddenly realizes they've lost Dad. Ian turns back and sees Dad struggling to stand, a few feet away. The roof above Dad suddenly **buckles**. Ian watches as the ceiling's wooden beams begins **crashing** down above Dad's body. Without a thought, Ian lifts the staff and calls out.

IAN   ALOFT ELEVAR!

A blast of light from the staff **freezes** the burning wooden beam in **mid-air**, **mere** inches from Dad. Ian strains to hold on to the spell. Barley stares **in disbelief** Ian's doing magic! Barley rushes in and grabs Dad, pulling him to safety. Ian releases his hold of the spell and the beam crashes to the ground. Barley runs **onward**, Dad's body **flung** over his shoulder. They **barely** make it out of the burning tavern.

EXT. MANTICORE'S TAVERN – NIGHT – CONTINUOUS
The van pulls away from the building and **heads** down the road, past approaching fire trucks.

INT. VAN – CONTINUOUS

BARLEY   (stunned) Ha-ha! That was unbelievable. You were just like... (magic sounds)

BARLEY (CONT'D)   And the **beam** was just **floatin'** there! My brother is a wizard!

Ian buckles Dad into the back seat.

IAN   (proud, but disbelieving) I can't believe that worked.

발리   나가야 해!

아이들은 식당을 빨리 빠져나가는데 아빠는 따라갈 수 없다. 아빠의 상체가 분리되고 다리 부분은 뒤에 남아 있다. 아빠, 엉뚱한 방향으로 달려가다가 벽에 부딪혀 바닥에 쓰러진다.

이안, 아빠가 없다는 것을 알게 된다. 뒤를 돌아보니 아빠가 멀리서 일어나려고 애쓰고 있다. 아빠 위에 있는 지붕이 찌그러진다. 이안, 지붕 나무 기둥이 아빠 위로 떨어지는 광경을 본다. 생각할 겨를도 없이 이안이 지팡이를 들고 소리친다.

이안   알로프트 엘레비!

지팡이에서 광선이 나와 불이 붙은 나무 기둥을 공중에 멈추게 한다. 아빠의 몸에서 매우 가까이 떠 있다. 이안, 온 힘을 다해서 주문을 걸고 있다. 발리, 믿을 수 없다는 듯 이안이 마법을 하는 장면을 바라보고 있다. 발리가 뛰어가 아빠를 안전한 곳으로 데려간다. 이안이 주문을 멈추자 기둥이 바닥으로 떨어진다. 발리는 아빠를 어깨에 짊어지고 앞으로 뛰어간다. 아이들, 간신히 불타오르는 선술집을 빠져나온다.

외부. 맨티코어의 선술집 – 밤 – 계속
밴이 선술집에서 나온다. 선술집으로 접근하는 소방차를 지나치며 도로를 향한다.

내부. 밴 – 계속

발리   (놀라서) 하하! 굉장했어! 네가... (마법 소리를 낸다)

발리 (계속)   그리고 기둥이 공중에 떠 있는 거야! 내 동생이 마법사라니!

이안, 뒷좌석에 있는 아빠의 벨트를 채워 준다.

이안   (자랑스럽게 하지만 믿을 수 없다는 듯) 그렇게 되다니 나도 믿을 수 없어.

---

keep up 따라가다
detached 분리된
bump into ~에 부딪히다
buckle 휘어지다, 찌그러지다
crash 추락하다, 붕괴하다
freeze 움직이지 않고 있다
mid-air 공중
mere 단지

in disbelief 믿을 수 없어
onward 앞으로
fling 내던지다
barely 간신히
head 향하다
beam 들보
float 뜨다

바로 이 장면!*

BARLEY	Oh, you're gonna **nail** Dad's spell now.	발리 오, 너 이제 아빠의 마법을 제대로 터득하게 될 거야.

Ian climbs into the front seat.

이안, 앞좌석으로 이동한다.

IAN   Except we don't have a map.

이안 그치만 우리에게는 지도가 없잖아.

BARLEY   (sing-song) But we've got this! **BEHOLD**!

발리 (흥얼거리며) 이게 있지! 보아라!

Barley **reveals** a kids' menu that he **snatched on the way out**. Ian sighs.

발리는 선술집을 빠져나올 때 들고 나온 어린이 메뉴를 보여준다. 이안, 한숨을 쉰다.

BARLEY   Look, on a quest, you have to use what you've got. And this is what we've got!

발리 모험의 여정에서는 네가 가지고 있는 것을 활용해야 해. 그리고 우리에게는 이게 있지!

Barley points to the crayon **signature** that reads: "KAYLA"

발리는 크레파스로 "카일라"라고 적힌 부분을 가리킨다.

BARLEY   (pointing to signature) Best part is, little Kayla already solved the puzzle.

발리 (이름을 가리키면서) 제일 좋은 건 꼬마 카일라가 이미 퍼즐을 다 완성했다는 거지.

Ian takes the menu and looks at the **central** puzzle. It's been solved in crayon.

이안, 메뉴를 가져가 중앙에 있는 퍼즐을 바라본다. 크레파스로 이미 완성되어 있다.

IAN   (dismissive) Well, **according to** Kayla, we just have to look for "**Raven**'s Point."

이안 (포기한 듯) 카일라의 퍼즐에 따르면, 우리는 "레이븐 포인트"를 찾아야 해.

He **trails off** his final words — something **dawns** on him. Ian reaches and takes out a map.

이안, 마지막 말끝을 흐린다. 그에게 무슨 생각이 떠올랐다. 이안, 진짜 지도를 꺼낸다.

IAN   (searching, sotto) Raven's Point... Raven's Point...

이안 (작은 목소리로, 검색을 하면서) 레이븐 포인트… 레이븐 포인트…

He slams a modern map down on the dash, and points to a mountain on the map labeled: RAVEN'S POINT.

이안, 현대식 지도를 계기판 위에 올린 뒤 레이븐 포인트라고 적힌 산을 가리킨다.

IAN   (suddenly serious) Raven's Point!

이안 (갑자기 심각하게) 레이븐 포인트!

---

nail 해내다
behold 바라보다
reveal 보여주다
snatch 잡아채다
on the way out 나오는 길에
signature 서명
central 중앙의
dismissive 무시하는

according to ~에 따르면
raven 까마귀
trail off 소리를 줄이다
dawn 생각나다

BARLEY	Yes! The gem must be in the mountain. We can be there by tomorrow morning.	빌리	그래! 피닉스의 보석이 그 산에 있는 게 틀림없어. 내일 아침까지는 도착할 수 있어.
IAN	Tomorrow morning?	이안	내일 아침?
BARLEY	That still gives us plenty of time with Dad.	빌리	그래도 아빠와 함께 할 시간은 충분할 거야.

Ian looks at Dad, disappointed.

이안, 아빠를 바라본다. 실망한 표정이다.

IAN	Yeah.	이안	그래.

Ian puts his finger on the tavern, then follows it along the **expressway** right to Raven's Point. The van comes to a stop at a red light.

이안, 선술집 위에 손가락을 올린다. 고속도로를 따라 손가락을 움직이더니 레이븐 포인트에 도착한다. 밴은 빨간 신호등에서 정지한다.

IAN	Well, it looks like the expressway should take us right there.	이안	고속도로를 타면 거기에 바로 도착할 수 있을 것 같아.
BARLEY	Eh, expressway is a little too **obvious**. On a quest, the clear **path** is never the right one--	빌리	아냐. 고속도로는 너무 뻔해. 모험의 여정에서는 뻔한 길은 절대 올바른 길이 아니야…
IAN	What?	이안	뭐라고?
BARLEY	During one Quests of Yore campaign, Shrub Rosehammer and I took the easy **route**... led him straight into the **belly** of a gelatinous cube. Only reason I didn't suffer the same fate? (slaps gut) **I followed my gut.**[1]	빌리	예전에 슈럽 로즈해머와 내가 요어의 모험을 할 때 쉬운 길을 선택해서 간 적이 있었는데 결국에는 걔가 젤라티너스 큐브의 뱃속으로 들어가고 말았지. 내가 걔처럼 똑같은 불운을 겪지 않은 이유는? (배를 두드리며) 난 내 뱃살의 촉을 믿었거든.

Barley pulls the cap off a pen with his teeth and draws a faint, grey, barely-**perceptible** road on the map.

빌리, 이빨로 펜의 뚜껑을 연다. 희미한 회색의 선으로 제대로 보이지도 않는 길을 지도에 그린다.

BARLEY	(pen cap in mouth) And it's telling me we take an **ancient** trail called the Path of **Peril**.	빌리	(입에 펜 뚜껑을 문 채로) 그리고 뱃살의 촉은 우리가 '위험의 길'이라고 하는 고대의 시골길로 가야 한다고 말하고 있어.
IAN	But the expressway is faster.	이안	하지만 고속도로가 더 빨라.

---

expressway 고속도로
obvious 명백한
path 길
route 도로, 길
belly 뱃속
perceptible 알아볼 수 있는
ancient 고대의
peril 위험

❶ I follow my gut.
난 내 뱃살의 촉을 믿었거든.
gut은 '뱃살'이라는 뜻도 있지만 '직감'이라는 뜻도 있어요. 빌리가 '내 직감을 믿었거든.' 이라는 의미로 이 말을 했지만 동시에 뱃살을 만지고 있으니까 재미있는 장면이 아닐 수 없네요.

BARLEY	Maybe not **in the long run**.	빌리 나중에는 아닐 수도 있어.

IAN	I know you want this to be like one of your adventure games, but all that **matters** is that **we get to spend as much time as possible with Dad.**❶	이안 형이 이걸 어드벤처 게임처럼 했으면 한다는 건 알지만 중요한 건 우리가 아빠와 가능한 많은 시간을 보내는 거잖아.

Dad's pants **break free** from his seatbelt and **wander** toward the front of the van, leaving his top half behind. Barley thinks about this. Dad walk up beside Barley and taps his foot against his. Barley reaches down to pat his foot and sighs.

아빠의 바지가 안전벨트에서 빠져나와 앞좌석으로 걸어 나온다. 아빠의 상체는 뒤에 그대로 있다. 빌리, 잠시 생각한다. 아빠가 빌리 옆으로 걸어와 빌리의 발을 툭툭 친다. 빌리, 손으로 아빠의 발을 만진다. 그리고 크게 한숨을 쉰다.

IAN	So, we should just take the expressway. (beat) Right?	이안 그럼 고속도로로 가는 거야. (잠시 말을 쉬고) 그렇지?

BARLEY	(**conceding**) Yeah. You're right. (beat) But if you end up inside a gelatinous cube, you are on your own.	빌리 (수긍하면서) 그래. 그러자. (잠시 말을 쉬고) 하지만 네가 젤라티노스 큐브에게 먹혀도 난 안 도와줄 거야.

Barley **steers** the van onto an on-ramp.

빌리는 고속도로 진입로로 밴을 돌린다.

---

in the long run 결국에는
matter 중요하다
break free 벗어나다
wander 이리저리 걸어다니다
concede 수긍하다, 인정하다
steer 조종하다, 방향을 틀다

❶ **We get to spend as much time as possible with Dad.**
우리는 아빠와 가능한 많은 시간을 보내야 해.
as ~ as possible은 '가능한 ~ 하게'라는 뜻이에요. as ~ as 사이에는 형용사나 부사뿐만 아니라 이 대사에서처럼 명사를 넣을 수도 있어요.

Mom Encounters the Manticore
엄마와 맨티코어의 만남

🎧 14.mp3

EXT. FREEWAY – NIGHT – CONTINUOUS
The van **merges** onto the **freeway**. Just then, Laurel's car drives under the **on-ramp** just under the van, heading in the **opposite direction** from the boys.

(MOM & MANTICORE UNITE)

INT. LAUREL'S CAR – NIGHT
Close-up on a GPS screen, **navigating** toward the Manticore's tavern.

GPS VOICE   Manticore's Tavern, **ahead** on your right.

A phone call **interrupts** the GPS. It's Colt. Laurel answers.

LAUREL   Hey.

EXT. FRY FORTRESS – CONTINUOUS.
Colt **trots** up to his car, talking on the phone holding a bag of takeout.

COLT (ON PHONE)   I'm just checking in. Did you catch up to the boys yet?

LAUREL   No, not yet. But I'm a little worried because we had a weird family issue come up and, well, this just isn't like Ian to **run off**.

Laurel tries to **rationalize** this, but something is still off.

LAUREL   I mean, Barley, yes, but not Ian.

외부, 고속도로 – 밤 – 계속
밴이 고속도로로 진입한다. 바로 그때 로렐의 차가 고속도로 진입로 바로 아래에 있다. 우연히 밴 바로 밑에서 아이들이 가는 방향과 반대 방향으로 가고 있다.

(엄마와 맨티코어가 만나다)

내부, 로렐의 차 – 밤
내비게이션 화면 클로즈업. 맨티코어의 선술집으로 가고 있다.

내비게이션 목소리 맨티코어의 선술집. 전방에서 우회전하세요.

전화가 와서 내비게이션 목소리가 끊어진다. 콜트의 전화이다. 로렐, 전화를 받는다.

로렐 여보세요.

외부, 프라이 요새 – 계속
콜트가 자신의 차로 걸어간다. 테이크 아웃 봉지를 손에 들고 전화를 한다.

콜트 (전화로) 확인 전화하는 거야. 아이들 만났어?

로렐 아니, 아직이요. 걱정이 좀 돼요. 이상한 가족 문제가 생겨서… 그리고 이안은 이렇게 훌쩍 나가는 애가 아니라구요.

로렐은 이성적으로 생각하려고 하지만 여전히 무언가 이상하다.

로렐 제 말은 발리는 그럴 수 있지만 이안은 아니라구요.

---

merge 차선을 옮기다
freeway 고속도로
on-ramp 진입로
opposite 반대의
direction 방향
navigate 길을 찾다
ahead 전방에
interrupt 방해하다

trot 빠른 걸음으로 가다
run off 가출하다, 도망가다
rationalize 이성적으로 생각하다

COLT (ON PHONE)   You know, it's late, you shouldn't have to be out looking for them.

INT. MOM'S CAR – CONTINUOUS

LAUREL   I know, it's silly, I'm sure they're both probably on-- (**mindlessly** trailing off) --fire…

Laurel comes around the corner and sees the Manticore's Tavern burning to the ground. **Emergency vehicles** fill the parking lot.

COLT   Fire?!

LAUREL   FIRE! **The place is on fire!❶** Boys, oh no, I gotta go!

COLT (ON PHONE)   Laurel!

EXT. MANTICORE'S TAVERN – NIGHT
As Laurel **pulls up** and gets out of the car, we see people from the tavern caught in the **chaos**: The headless Manticore mascot, patting out her smoking costume and taking if off.

COSTUMED MANTICORE   Get it **off**, get it off, get it off!

The bachelorette party, **disheveled** and crying. Laurel races out of her car and calls to the firefighters.

LAUREL   Excuse me? Hello! Please, I'm looking for two teenage elves?!

Suddenly, Laurel **overhear** someone talking.

MANTICORE   Okay, okay, I told you already, there were two teenage elves…

LAUREL   (gasp of **recognition**) Oh! Those are my sons! Where did they go?

콜트 (전화로) 밤이 늦었어. 애들을 찾아다니지 않아도 된다구.

내부. 엄마의 차 – 계속

로렐. 알아요. 멍청한 짓이라는 거. 그 애들 아마도… (아무 생각 없이 말끝을 흐리다가) … 불났어요…

로렐. 코너를 돌자 맨티코어의 선술집이 활활 타오르고 있다. 구급차들이 주차장에 가득하다.

콜트. 불이라고?!

로렐. 불났어요! 여기 불이 났다구요! 우리 애들… 안 돼. 저 끊어야겠어요!

콜트 (전화로) 로렐!

외부. 맨티코어의 선술집 – 밤
로렐, 주차를 하고 차 밖으로 나온다. 선술집을 빠져나온 사람들은 매우 혼란스럽다. 머리가 없는 맨티코어 마스코트가 의상에 붙은 불을 손으로 끄려고 하다가 벗어 버린다.

맨티코어 마스코트. 떨어져. 떨어져. 떨어지란 말이야!

처녀 파티를 하던 여자들은 옷이 헝클어진 채 울고 있다. 로렐, 차에서 달려나와 소방관들에게 소리친다.

로렐. 저기요. 여보세요! 제발. 10대 남자 요정 둘을 찾고 있어요!

갑자기 로렐은 누군가의 말을 엿듣는다.

맨티코어. 알았어요. 알았다구요. 이미 말했잖아요. 남자 아이 둘이서…

로렐. (그 말을 듣고 허겁한다) 오! 제 아이들이에요! 어디로 갔나요?

---

mindlessly 별생각 없이
emergency vehicle 구급차
pull up 차를 세우다
chaos 혼란의 상태
get ~ off ~를 떨어뜨리다
disheveled 옷차림이 단정치 못한
overhear 엿듣다
recognition 인식, 알게 됨

❶ **The place is on fire!**
여기 불이 났다구요!
'be on fire'는 '불이 나다'라는 의미의 표현이에요. be caught on fire라고 해도 같은 의미가 됩니다.

The Manticore sits on the side of the curb, wrapped in a silver blanket, holding a mug.

MANTICORE	Oh, they went on a quest to find a Phoenix Gem. But don't worry, don't worry. I told them about the map, and about the gem, and about the **curse**.

맨티코어, 도로 경계석에 앉아 있다. 은박 담요를 덮고 손에는 컵을 들고 있다.

맨티코어 피닉스의 보석을 찾으러 모험의 여정을 떠났어요. 하지만 걱정할 거 없어요. 지도와 보석에 대해서 말해 줬거든요. 그리고 저주도요.

Manticore stands up.

맨티코어, 갑자기 일어선다.

MANTICORE (**dawning**, gasp) I forgot to tell them about the curse!

맨티코어 (불현듯 생각난 듯, 허걱하며) 저주에 대해서 말해 주는 걸 깜빡했어!

LAUREL The what?

로렐 뭐라구요?

OFFICER AVEL Hoo boy...

아벨 경관 참 내…

A police officer **tending** to the Manticore, OFFICER AVEL, leans in to talk to Laurel.

맨티코어를 돌봐 주던 아벨 경관, 로렐 쪽으로 몸을 기울이며 말한다.

OFFICER AVEL (**private** to Laurel) Listen, this one's gone a little (whistle, gesturing "crazy")

아벨 경관 (로렐에게 개인적으로) 이 사람 약간 좀… (휘파람을 불며 "미쳤다"는 동작을 한다)

MANTICORE Your boys are in **grave** danger! But I can help--

맨티코어 아이들이 큰 위험에 처해 있어요! 하지만 내가 도와줄 수…

The Manticore starts to move toward Mom. Officer Avel pulls the Manticore toward the police car.

맨티코어가 엄마에게 다가가려고 하자 아벨 경관이 맨티코어를 경찰차 쪽으로 끌어당긴다.

OFFICER AVEL Whoa, heyyy. **You're not going anywhere.**❶ We've got questions for you.

아벨 경관 이봐, 어딜 가려고. 아직 질문할 게 남았다구.

MANTICORE (calling to Laurel) I know where they're going! We can still save them!

맨티코어 (로렐에게 큰 소리로) 애들이 어디로 가는지 알아요! 우리가 애들을 구할 수 있어요!

Laurel looks around, **concerned**. She sees a pair of **paramedics** setting down a **first aid kit** in the back of an ambulance and gets an idea.

로렐, 주변을 살펴본다. 걱정스러운 표정이다. 구급 대원이 구급차 뒤에 구급상자를 올려 두는 것을 보고 어떤 아이디어가 떠오른다.

---

curse 저주
dawn 생각하다, 분명해지다
tend 지키다, 돌보다
private 개인적인
grave 큰, 엄청난
concerned 걱정스러운
paramedic 구급요원
first aid kit 구급 상자

❶ **You're not going anywhere.**
어딜 가려고.
'당신은 아무 곳에도 가지 않습니다'라고 해석하지 마세요. 이 표현은 상대에게 명령하는 말로 '당신, 아무데도 못 가', '여기서 벗어날 수 없어'라는 의미입니다.

EXT. TAVERN – MOMENTS LATER
The Manticore stands by a police car, talking with Officer Avel.

MANTICORE   Last name "Manticore." First name, "The."

Laurel walks up to Officer Avel and the Manticore from behind the police car.

LAUREL   (making up as she goes) Hold on! You're right, she has gone a little-- (**whistle**, gesturing "crazy") It's no wonder with a wound like that.

Laurel points **dramatically** to a slight **scrape** on the Manticore's leg.

OFFICER AVEL   That's just a **scratch**.

Laurel pulls out the Quests of Yore card about the Manticore and waves it around like it's an **official document**.

LAUREL   Oh, I'm sorry, are you an **expert** on minotaurs?

MANTICORE   (correcting) Manticores.

LAUREL   (correcting herself) --Manticores?

OFFICER AVEL   Well, no.

LAUREL   Well then you wouldn't know that **when their blood is exposed to air, it makes them go bonkers.❶**

MANTICORE   (confused) I don't think that's true.

Laurel points to the Manticore.

외부. 선술집 – 잠시 뒤
맨티코어, 경찰차 옆에 서서 아벨 경관과 이야기하고 있다.

맨티코어   성은 "맨티코어", 이름은 "그"예요.

로렐, 경찰차 뒤에서 아벨 경관과 맨티코어에게 다가간다.

로렐   (말을 만들어 내면서) 잠시만요! 맞아요. 저 사람 좀… (휘파람을 불며 "미쳤다"는 동작을 한다). 저런 상처가 있으면 그럴 수 있어요.

로렐, 맨티코어 다리의 약간 긁힌 자국을 과장된 동작으로 가리킨다.

아벨 경관   저건 그냥 긁힌 거잖아요.

로렐, 요어의 모험의 맨티코어 카드를 꺼내서 마치 공식 서류인 것처럼 흔들어 보인다.

로렐   미안하지만 미노타우로스 전문가인가요?

맨티코어   (로렐의 말을 정정하며) 맨티코어예요.

로렐   (말을 고치며) … 맨티코어 말이에요.

아벨 경관   아니요.

로렐   그럼 피가 공기에 노출되면 저 사람들이 이성을 잃는다는 것도 모르겠네요.

맨티코어   (혼란스러워하며) 그렇지는 않은 것 같은데요.

로렐, 맨티코어를 가리킨다.

---

whistle 휘파람 불다
dramatically 극적으로, 크게
scrape 긁힌 상처
scratch 긁힌 상처
official 공식적인
document 서류
expert 전문가

❶ **When their blood is exposed to air, it makes them go bonkers.**
피가 공기에 노출되면 저 사람들이 이성을 잃어요.
go bonkers는 '미치다', '정신을 못 차리다' 라는 뜻이에요. bonker라고 하지 않고 항상 -s를 붙여서 bonkers라고 해야 합니다.

LAUREL   See! She's already **losing her grip** on reality.

로렐   보셨죠? 저 사람 이미 제정신이 아니라구요.

The Manticore looks **alarmed**.

맨티코어, 놀란 표정이다.

LAUREL   So why don't you let me save her life before it costs you yours?

로렐   당신도 다칠 수 있으니 저 사람을 제가 먼저 살리도록 할게요.

Officer Avel throws his hands in the air.

아벨 경관, 할 수 없다는 듯 손을 위로 올린다.

OFFICER AVEL   Okay!

아벨 경관   알았어요!

LAUREL   Thank you! **Could we have a little privacy here, please?**❶

로렐   고마워요! 잠시 자리 좀 비켜 주시겠어요?

Officer Avel **steps away**.

아벨 경관, 자리를 비켜 준다.

LAUREL (O. S.)   Just **lie back**. That's good.

로렐 (화면 밖)   가만히 누우세요. 좋아요.

OFFICER AVEL   (calling back to Laurel) Just don't **take** too long back there, okay? (beat) Hey, you hear me?

아벨 경관   (로렐에게 큰 소리로) 너무 오래 지체하지 마세요, 아셨죠? (잠시 뒤) 내 말 듣고 있어요?

Officer Avel turns and looks at the Manticore's **silhouette**, then carefully walks back toward the police car.

아벨 경관, 뒤를 돌아 맨티코어의 실루엣을 바라본다. 그리고 조심스럽게 경찰차 쪽으로 걸어간다.

OFFICER AVEL   I said, don't take too long back there, because I--

아벨 경관   너무 오래 지체하지 말라고 했잖아요. 내가…

As he comes around the side of the police car, he sees the source of Manticore's silhouette: The semi-melted mascot head, **propped** up against the police car.

그가 경찰차 옆을 돌아 나오자 맨티코어 실루엣의 정체를 알게 된다. 반쯤 녹은 맨티코어 마스코트 머리가 경찰차 위에 올려져 있다.

OFFICER AVEL   Ahh!

아벨 경관   아!

Laurel and the Manticore **are gone**.

로렐과 맨티코어가 사라진 것이다.

---

lose one's grip 정신을 못 차리다
alarmed 놀란
step away 물러서다
lie back 눕다
take 시간이 걸리다
silhouette 윤곽, 실루엣
prop 받치다, 올리다
be gone 사라지다

> ❶ **Could we have a little privacy here, please?**
> 잠시 자리 좀 비켜 주시겠어요?
> 따로 할 이야기가 있어서 상대방에게 잠시 자리를 비켜 달라고 할 때 Could we have a little privacy here?라고 하세요. Could you excuse us, please?라고 해도 같은 의미가 됩니다.

Growth Spell
성장의 주문

🎧 15.mp3

EXT. ROAD – NIGHT
Laurel's car drives away, the back of it **dragging**, throwing off **sparks**.

외부, 도로 – 밤
로렐의 차가 달리고 있다. 차 뒤가 바닥에 끌리면서 불꽃이 튄다.

INT. LAUREL'S CAR – NIGHT
The Manticore is **hunkered down** in the backseat of the car, barely hidden from view.

내부, 로렐의 차 – 밤
맨티코어, 차 뒷좌리에 몸을 웅크리고 있지만 몸을 제대로 숨기지는 못한다.

LAUREL   Alright, how do we help my boys?

로렐 자, 우리 애들을 어떻게 도와줄 수 있죠?

Laurel turns the wheel and **peels out** onto the expressway. The Manticore is slammed against the side of the backseat. She smiles.

로렐이 운전대를 돌려 고속도로로 빠르게 진입한다. 맨티코어가 뒷좌석 옆에 쿵하고 부딪힌다. 맨티코어, 웃는다.

MANTICORE Oooooh, I'm gonna like you!

맨티코어 오오오, 당신, 내 스타일이에요!

(BIGGER MAN)

(더 큰 사람)

EXT. FREEWAY – NIGHT – LATER
The van passes through a city.

외부, 고속도로 – 밤 – 잠시 후
밴이 도시를 지나간다.

INT. VAN – NIGHT – CONTINUOUS
Barley drives as Ian and Dad sit on **bean bags** in the back. Ian stares at the list he's made, realizing that **time is ticking** on the long drive.

내부, 밴 – 밤 – 계속
발리가 운전을 하고 있고 이안과 아빠는 차 뒤 빈백 의자에 앉아 있다. 이안, 자신이 만든 목록을 바라본다. 장시간 운전으로 시간이 얼마 남지 않았다고 생각한다.

바로 이 장면!*

BARLEY Radio... headlights... brakes, tires, **rims**... I mean it's hard to tell now, Dad, before I **replaced** her parts, **Guinevere was actually kind of a piece of junk.** ❶

발리 라디오… 라이트… 브레이크, 타이어, 바퀴 가장자리… 지금은 알 수 없네요 아빠. 부속을 교체하기 전까지 사실 귀네비어는 고철 덩어리였어요.

drag 질질 끌다
spark 불꽃
hunker down 쪼그리고 앉다
peel out 쌩하고 가다
bean bag 작은 알갱이로 채워진 공모양의 의자
time is ticking 시간이 빨리 지나가다
rim 가장자리
replace 교체하다

❶ **Guinevere was actually kind of a piece of junk.**
사실 귀네비어는 고철 덩어리였어요.
kind of는 100% 완전히 그런 것이 아니라 그에 가깝다는 의미를 나타낼 때 사용해요. '~에 가까운', '~ 같은'이라고 해석하는 게 가장 자연스러워요.

Ian looks over at Dad and begins to **cross** things **off** his list.

이안, 아빠를 바라보고 목록에서 몇 가지를 지운다.

IAN (soft to Dad) Looks like we're not gonna get to do everything today, Dad. But, that's okay, I just wanna meet you.

이안 (아빠에게 부드럽게) 오늘 모든 걸 다 할 수는 없을 것 같네요. 아빠. 하지만 괜찮아요. 그냥 아빠를 만나고 싶어요.

Dad **rubs** his foot against Ian's. Ian smiles.

아빠, 자신의 발로 이안의 발을 쓰다듬는다. 이안, 미소 짓는다.

IAN But don't worry, we'll have you **fixed up** and back home to see...

이안 걱정 마세요. 아빠를 고쳐 드리고 집에 돌아가서…

A heavy **realization washes over** Ian.

이안, 갑자기 중요한 사실을 깨닫는다.

IAN (dawning, gasp, to self) Oh man, Mom! (called out) Barley, we're not going to be able to get Dad back in time to see Mom.

이안 (불현듯 떠올라 허걱하면서) 아 참, 엄마! (발리에게 큰 소리로) 형, 엄마를 만날 수 있도록 제시간에 아빠를 모시고 갈 수는 없을 것 같아.

BARLEY (somber) Oh...

발리 (침울하게) 아…

The boys look sad **for a beat**.

아이들, 잠시 슬퍼 보인다.

BARLEY Well, Dad... **at least** you won't have to meet the new guy.

발리 아빠… 적어도 그 새로운 사람을 만날 필요는 없으시겠네요.

Barley puts his finger up to his face to create a **mustache**.

발리, 얼굴에 손가락을 대고 콧수염을 만든다.

BARLEY (Colt **impression**) So you, uh, workin' hard or hardly workin'? (horse chuckle)

발리 (콜트를 흉내 내며) 그래 너 열심히 하지? 아니 열심히 놀고 있다고? (말 울음소리)

IAN (**chuckles**) Yeah! (laugh into Colt impression) Barley, Barley, Barley. Every time there's trouble, I gotta deal with you.

이안 (웃으며) 그래! (웃으며 콜트 흉내를 낸다) 발리, 발리, 발리. 문제가 있을 때마다 내가 너를 상대해야 하는구나.

Ian **cracks a smile**.

이안도 웃는다.

BARLEY Is that your Colt?!

발리 그걸 콜트 흉내라고 내는 거니?!

---

cross off 선을 그어 지우다
rub 문지르다
fix up 고치다
realization 인식, 깨달음
wash over 밀려오다
somber 어둠침침한, 우울한
for a beat 잠시 동안
at least 적어도

mustache 콧수염
impression 흉내
chuckle 낄낄거리며 웃다
crack a smile 웃다

IAN	(laughing) Yeah?	이안	(웃으며) 응.

BARLEY	You're gonna wanna work on that.	발리	연습 좀 더 해.

Suddenly the van begins to **SPUTTER**. Barley **pulls off** the expressway.

갑자기 밴이 털털거리는 소리를 낸다. 발리, 고속도로를 벗어난다.

BARLEY	No, no, no, NO! Come on, old girl!	발리	안 돼! 안 돼! 힘내요, 할머니!

It sputters some more. The van **veers off** the expressway and **lurches** to a stop on the side of the road.

털털거리는 소리가 더 크게 난다. 밴이 고속도로를 빠져나와 갓길에 멈춰 선다.

INT. VAN – CONTINUOUS

내부. 밴 – 계속

IAN	(groan) I thought you said you fixed the van.	이안	(신음 소리를 내며) 차 고쳤다고 했잖아.

BARLEY	Relax, Guinevere is fine. Her **stomach** is just a little empty.	발리	진정해. 귀네비어는 문제가 없어. 배가 고플 뿐이야.

Ian looks over at the **gas gauge**. The **needle** is on "F."

이안, 연료 계측기를 바라본다. 바늘이 "F"에 있다.

IAN	But it says we have a full tank?	이안	가득 찬 걸로 되어 있는데?

Barley looks at Ian like he's crazy.

발리, 이안을 제정신이 아니라는 듯 바라본다.

BARLEY	Oh, that doesn't work.	발리	오, 그거 고장났어.

EXT. ROADSIDE – NIGHT
Barley gets out and goes to the back of the van and pulls out a **gas can**. Ian watches as Barley shakes the gas can. We can hear just a **splash** of gas **slosh** around the can.

외부. 길가 – 밤
발리, 차에서 나와 뒤로 가더니 석유통을 꺼낸다. 이안, 발리가 석유통을 흔드는 것을 바라본다. 통에서 소량의 석유가 찰랑거리는 소리가 들린다.

BARLEY	Only a few drops left.	발리	몇 방울 안 남았네.

Ian walks to the back of the van to **investigate** with Barley. Barley climbs on top of Guinevere.

이안, 차 뒤로 다가와 발리와 함께 상태를 살펴본다. 발리, 귀네비어 위로 올라간다.

---

sputter 털털거리는 소리를 내다
pull off (길을) 벗어나다
veer off (항로 등을) 벗어나다
lurch 휘청거리다, 떨리다
stomach 위, 배
gas gauge 연료의 양을 보여주는 계측기
needle 바늘
gas can 석유통

splash (물 등이) 철렁거리는 소리
slosh (물이) 튀어오르는 소리, 철렁거리다
investigate 알아보다, 조사하다

BARLEY (efforts, climbing) Maybe there's a gas station...	발리 (끙끙대며 올라가며) 주유소가 있을 수도 있지…
He looks around. There's nothing within sight.	발리, 주변을 살펴본다. 근처에는 아무것도 없다.
BARLEY Hmmm...	발리 음…
We see Ian holding back his frustration with Barley. Ian looks around and catches of a **glimpse** of the staff.	이안이 발리에게 불만이 있지만 참고 있다는 것을 알 수 있다. 이안, 주변을 둘러보다 지팡이를 바라본다.
IAN Is there a magic way to get gas?	이안 마법으로 석유를 얻을 수 있을까?
BARLEY (excited gasp) Oh! I like your thinking young **mage**.	발리 (흥분해서 허걱이며) 오! 어린 마법사님, 좋은 생각이에요.
Barley **clumsily** tries to climb down from the top of the van. He falls to the ground. He gets up, **unfazed**. He holds up a book and shows an illustration of a wizard growing an apple to five times its size.	발리, 서투르게 밴의 지붕에서 내려오다가 땅에 떨어진다. 당황하지 않고 다시 일어난다. 책을 들고 마법사가 사과를 5배나 더 크게 만드는 그림을 보여준다.
BARLEY Growth Spell! We grow the can and then the gas inside will grow with it.	발리 성장의 주문! 통을 크게 하면 안에 있는 석유도 커질 거야.
IAN Uhh... that's kind of a **weird** idea...	이안 음… 약간 이상한 생각 같은데…
BARLEY I know! I like it too!	발리 그래! 나도 그 생각이 좋은 것 같아!
Ian **mutters to himself** as he holds the spell and the staff.	주문이 적힌 책과 지팡이를 들고서 이안은 혼잣말을 한다.
IAN (sotto) Okay, **loosen up**, heart's fire. Here we go.	이안 (낮은 목소리로) 자, 긴장 풀어. 마음의 불. 자, 간다.
Barley **swaggers** over to Ian.	발리, 이안에게 다가온다.
BARLEY Whoa, **it's not that simple.**[1] (to Dad) This one learns a little magic and thinks he's Shamblefoot the Wondrous, am I right, Dad?	발리 그렇게 간단한 건 아니야. (아빠에게) 얘가 마법을 좀 배우더니 자기가 '위대한 쉼블풋'쯤 된다고 생각하는 것 같네요. 안 그래요, 아빠?
Ian looks annoyed by Barley's **know-it-all** attitude.	이안은 발리의 잘난 척하는 태도가 못마땅해 보인다.

---

glimpse 잠깐 봄
mage 마법사
clumsily 서투르게
unfazed 당황하지 않은
weird 이상한
mutter to oneself 혼자 중얼거리다
loosen up 긴장을 풀다
swagger 거만하게 걷다
know-it-all 아는 체하는

[1] It's not that simple.
그렇게 간단한 건 아니야.
that은 '그것'이라는 대명사로 주로 쓰이지만 형용사 앞에 위치하면 '그렇게'라는 뜻으로 뒤에 있는 형용사를 강조해 주는 역할을 해요.

BARLEY	A growth spell is a bit more **advanced**. Not only do you have to speak from your heart's fire, but now you also have to follow a magic **decree**.	발리 성장의 주문은 상급 마법이야. 마음의 불을 가지고 주문을 외워야 할 뿐만 아니라 마법의 법령도 지켜야 해.

IAN	A magic what?	이안 마법의 뭐라고?

Barley shows Ian the book.

발리, 이안에게 책을 보여준다.

BARLEY	It's a special rule that keeps the spell working right. This one states: "To **magnify** an **object**, you have to magnify your **attention** upon it."	발리 주문이 제대로 되도록 해 주는 특별한 법칙이 있어. "물건을 키우고 싶다면 그 물건에 대한 너의 집중도를 키워야 한다."라고 적혀 있네.

Ian takes this in.

이안, 명심하려고 한다.

BARLEY	While you cast the spell, you can't let anything **distract** you.	발리 주문을 외우는 동안에는 절대 집중을 흐트러뜨려서는 안 돼.

Barley places the nearly empty gas can on the ground. Ian steps up and points the staff.

발리가 거의 비어 있는 석유통을 바닥에 놓는다. 이안, 몇 발자국 나가면서 지팡이를 거든다.

IAN	Okay... (**exhale**) Ow!	이안 알았어… (숨을 내쉬다가) 아야!

BARLEY	What?	발리 왜 그래?

IAN	**Splinter**! Can we sand this thing down?	이안 가시야! 이거 사포질 좀 하면 안될까?

BARLEY	No! It's an ancient staff with magic in every **glorious fiber**, you can't "**sand** it down."	발리 안 돼! 모든 섬유질 안에 마법이 살아 있는 고대 지팡이라구. 절대로 "사포질" 같은 건 할 수 없어.

He **takes a deep breath**.

이안, 숨을 깊이 들이쉰다.

IAN	Alright, alright. Here we go. (sotto) Focus...	이안 알았어. 간다. (나지막한 목소리로) 집중…

Ian holds out the staff and tries to focus.

이안, 지팡이를 앞으로 내밀고 집중하려고 한다.

BARLEY	(**interrupting**) Uh...	발리 (집중을 방해하며) 어…

---

advanced 상급의
decree 법령, 규칙
magnify 확대하다
object 물건
attention 주의, 관심
distract 집중을 방해하다
exhale 숨을 내쉬다
splinter 가시

glorious 영광의
fiber 섬유, 섬유질
sand 사포질하다
take a deep breath 숨을 깊이 들이쉬다
interrupt 방해하다

| IAN | Something wrong? | 이안 | 뭐 잘못됐어? |

| BARLEY | Sorry, it's just, your **stance** is uh... (can't help **intervening**) Here. | 발리 | 미안해. 그냥 네 자세가… (어쩔 수 없이 끼어든다는 듯) 이렇게. |

Barley wraps his arms around Ian like someone showing a student how to hold a golf club. He poses Ian in the most awkward position. **Elbows** out, wrists turned in. As he does this he gets all over Ian's personal space, breathing and **sweating** on him.

발리, 골프채 잡는 법을 가르쳐 주듯이 자신의 팔로 이안의 몸을 감싼다. 이안의 자세를 아주 이상하게 만들어 버린다. 팔꿈치는 빠져 있고, 손목은 돌아가 있다. 자세를 교정하면서 발리는 이안의 몸에 매우 밀착되어 있다. 발리, 이안에게 숨을 내뿜고 땀을 흘린다.

| BARLEY | (sounds **adjusting** Ian) **Chin up**, elbows out, feet apart, back **slightly arched**... Okay, how's that feel? | 발리 | (이안의 자세를 잡으면서) 고개 들고, 팔꿈치 밖으로, 다리 벌리고, 등은 약간 굽히고… 자, 어때? |

| IAN | (**strained**) Great. | 이안 | (끙끙거리며) 아주 좋아. |

| BARLEY | Oh! One more thing. | 발리 | 애 하나 더. |

Ian can't take anymore of Barley's **prodding**.

이안, 발리의 간섭을 더 이상 참을 수 없다.

| IAN | Barley! | 이안 | 형! |

Ian holds out staff awkwardly. Barley touches Ian's elbow to raise it an inch.

이안, 지팡이를 어색하게 뻗고 있다. 발리는 이안의 팔꿈치를 약간 들어올린다.

| BARLEY | (message received) Okay! Okay. | 발리 | (이안의 말을 듣고) 알았어! 알았다구. |

Barley tries to adjust Ian's elbow one more time. Ian shoots him a look: "**Back off**." Barley throws up his hands and steps back. Ian focuses hard and **recites** the spell. The staff LIGHTS UP. Violent, flashing sparks begin to fly in Ian's face. Ian **winces**, but does his best to stay focused. The can begins to grow.

발리, 이안의 팔꿈치를 한 번 더 수정하려고 한다. 이안이 발리에게 "물러서"라는 눈빛을 보낸다. 발리, 할 수 없다는 듯 팔을 위로 올리면서 뒤로 물러난다. 이안, 열심히 집중하며 주문을 외운다. 지팡이가 빛난다. 번쩍거리는 불꽃이 격렬하게 이안의 얼굴로 날아온다. 이안, 얼굴을 찡그리지만 최선을 다해 집중한다. 통이 커지기 시작한다.

| BARLEY | Don't let the magic **spook** you. | 발리 | 마법에 겁먹지 마. |

| IAN | Okay. | 이안 | 알았어. |

| BARLEY | (calling out) Elbows! | 발리 | (큰 목소리로) 팔꿈치! |

---

stance 자세
intervene 끼어들다
elbow 팔꿈치
sweat 땀을 흘리다
adjust 조절하다
chin up 고개를 들다
slightly 약간
arch 굽히다

strain 끙끙거리다
prodding 재촉
back off 물러서다
recite (주문 등을) 외우다
wince 움찔하고 놀라다
spook 겁주다

IAN	What?!	이안	뭐라고?!
BARLEY	Elbows up!	빌리	팔꿈치 들어!

Ian lifts his elbows as high as possible.

이안, 팔꿈치를 아주 높게 들어올린다.

BARLEY	(concerned) No, no, no, too high. That's too high.	빌리	(걱정하면서) 아냐. 아냐. 너무 높아. 너무 높다고.
IAN	I'm trying to focus here!	이안	집중 좀 하자고!
BARLEY	Oh, yeah, yeah, yeah! Focus on the can!	빌리	오, 그래. 그래! 석유통에 집중해!

Ian gives it all the focus he has, the spell is **spitting sparks** at him. The can begins to grow! Barley encourages Ian slowly, almost to himself-- but so, deeply **annoying**.

이안, 최선을 다해 집중한다. 주문을 하면서 불꽃이 이안에게 튄다! 통이 커지기 시작한다! 빌리가 천천히 이안을 격려하는데 마치 스스로를 격려하는 듯하다. 그럴수록 아주 신경이 거슬린다.

BARLEY	Focuuuus...	빌리	지지지집주주중…
BARLEY	Focuuuuuuuuusssssss...	빌리	지지지지지지지집주주중…
IAN	(more frustrated) Barley! (failing) Ah, **forget it!**❶	이안	(더 짜증이 나서) 형! (실패하면서) 아, 안 되겠어!

Ian loses **concentration** and the spell **sputters** out, kicking the staff backward. Ian looks back to see the gas has returned to **regular** size. He looks at the staff, disappointed.

이안, 집중을 멈춘다. 주문이 펑하고 사라지면서 지팡이가 뒤로 움찔한다. 이안, 뒤를 돌아보는데 석유통이 원래 크기로 다시 돌아왔다. 이안, 실망한 듯 지팡이를 바라본다.

---

concerned 걱정하는
spit 내뱉다
spark 불꽃
annoying 짜증나는
concentration 집중
sputter 펑펑하는 소리를 내다
regular 일반적인

❶ **Forget it!**
안 되겠어!
Forget it!은 '잊어버려!'라고 해석하지 마세요. 문맥에 따라서 '그만둬', '포기해', '안 되겠어'와 같이 다양한 의미로 사용할 수 있거든요.

Barley's Shrunk!
발리가 줄었어요!

🎧 16.mp3

BARLEY (O.S.)	It worked! The can is **huge**!	발리 (화면 밖) 됐어! 통이 커졌어!

Ian looks down to see that Barley is now **TINY**.

이안이 아래를 내려다보니 발리가 아주 작아져 있다.

BARLEY   And the van is huge!

발리 그리고 밴도 아주 커졌어!

Barley looks over and up and Ian.

발리. 이안을 올려다본다.

BARLEY   And you're...

발리 그리고 너도…

Barley quickly looks around at everything.

발리. 재빨리 주변에 있는 것을 살핀다.

BARLEY   Oh, no...

발리 맙소사…

IAN   What happened?

이안 왜 그러지?

BARLEY   Looks like you **shrunk** me.

발리 네가 날 쪼그라들게 만든 것 같아.

IAN   Wha-- how?!

이안 뭐? 어떻게?!

BARLEY   Well, if you **mess up** a spell, there are **consequences**.

발리 음. 주문을 망치면 대가를 치르게 돼.

바로 이 장면!

IAN   I only messed up because you wouldn't stop **bothering** me!

이안 형이 날 자꾸 짜증나게 하니까 내가 망친 거잖아!

BARLEY   **I was trying to help you!**

발리 널 도와주려고 했던 거야!

IAN   Well, don't try to help me!

이안 안 도와줘도 돼!

---

huge 거대한
tiny 작은
shrink 줄이다
mess up 망치다
consequence 결과
bother 짜증나게 하다

❶ I was trying to help you!
널 도와주려고 했던 거야!
I was trying to ~는 '~하려고 했어'라는
뜻으로 수고를 들여 어떤 일을 하려고 했다는
표현이에요. 이 표현에는 '하려고는 했지만
의도와는 다르게 잘 안됐어'라는 뉘앙스가 살짝
깔려 있어요.

BARLEY   Oh okay, fine, I won't!

As the boy **argue** Dad taps Ian's foot then searches for Barley. Dad taps Barley's head, nearly **stepping on** him.

BARLEY   Whoa, ow! Dad, it's me! (sings Shave and a Haircut)

Barley does "Shave and a Haircut" on Dad's foot. Dad **freaks out**, **recognizing** him and reacting to his shrunken size.

IAN   (struggling to calm Dad) Whoah, Dad, it's okay, don't worry, I'm going to fix this!

Ian gets control of Dad's **leash**, then picks up the gas can.

BARLEY   Well, where are you going?

IAN   To find a gas station.

BARLEY   Well, I'm going too.

IAN   Fine.

Ian tries to pick Barley up, but Barley refuses.

BARLEY   Hey, I don't need your help!

IAN   **Fine with me.**❶

Ian struggles to carry everything as Barley runs after Ian, **panting**.

(GAS STATION)

EXT. INDUSTRIAL NEIGHBORHOOD – NIGHT – MOMENTS LATER
Ian **drudges** his way up the street, exhausted from everything he's carrying. Ian looks back to see tiny, shrunken Barley trying to **keep up with** him, but his legs are too little.

발리 알았어, 안 그럴게!

아이들이 싸우자 아빠는 이안의 발을 톡톡 두드린다. 그리고 발리를 찾는다. 아빠가 발리의 머리를 건드리는데 거의 그를 밟을 뻔한다.

발리 어, 아야! 아빠, 저예요! (쉐이빙 앤 헤어컷 가락을 흥얼거린다)

발리는 "쉐이빙 앤 헤어컷" 리듬을 아빠의 발에 두드린다. 아빠는 발리를 알아보고 그의 줄어든 크기에 깜짝 놀란다.

이안 (아빠를 진정시키려고) 아빠, 괜찮아요. 걱정 마세요. 제가 고쳐 놓을게요.

이안, 아빠의 줄을 잡고 석유통을 집어 든다.

발리 어디 가?

이안 주유소 찾으러.

발리 나도 갈래.

이안 알았어.

이안이 발리를 손으로 들어올리려고 하자 발리가 거부한다.

발리 야, 안 도와줘도 돼!

이안 알았어.

이안, 모든 것을 들고 가고 있다. 발리, 숨을 헐떡이며 이안을 쫓아간다.

(주유소 장면)

외부. 공장 지대 – 밤 – 잠시 후
이안, 터벅터벅 길을 걸어간다. 들고 가는 게 너무 많아 힘이 든다. 이안, 뒤를 돌아본다. 조그맣게 줄어든 발리가 그를 따라가지만 발리의 다리가 너무 작다.

---

argue 언쟁하다
step on ~를 밟다
freak out 깜짝 놀라다
recognize 깨닫다
leash 줄, 끈
pant 헐떡이다
drudge 힘들게 ~하다
keep up with 따라가다

❶ **Fine with me.**
알았어.
Fine with me.는 상대방의 제안에 괜찮다는 의미로 자주 쓰이지만 이 대사에 쓰인 Fine with me.는 상대방의 말에 화가 나서 욱하며 쏘아붙이는 말이에요. '나도 됐어!' 혹은 '알았어!'라는 뜻입니다.

BARLEY	(panting) I just need a little break. My baby legs can't go that fast.	발리 (숨을 헐떡이며) 좀 쉬어야겠어. 이런 애기 발로는 그렇게 빨리 걸을 수 없어.

Ian walks back and **awkwardly picks up** Barley by the shirt. Barley struggles as Ian holds him in the air.

이안, 뒤로 돌아가더니 발리의 셔츠를 어설프게 붙잡고 들어올린다. 이안이 발리를 공중으로 들어올리자 발리는 버둥거린다.

BARLEY   (struggling) Look, a gas station!

발리 (버둥거리며) 저기, 주유소야!

Ian turns to see the **glowing** sign of a gas station **in the distance**.

이안, 멀리 있는 주유소 간판 불빛을 바라본다.

IAN   Oh, good.

이안 오, 좋아.

BARLEY   Oh wait, I forgot. (struggling to turn away) You don't need my help.

발리 아, 맞다. 깜빡하고 있었군 (몸을 바둥거리며 돌아서며) 내 도움이 필요 없었지.

Barley struggles to turn around and crosses his arms **in defiance**. Ian drops Barley into his pocket and **charges** ahead.

발리, 몸을 끙끙거리며 돌아서더니 반항하며 팔짱을 낀다. 이안이 주머니에 발리를 집어넣고 앞으로 달려간다.

BARLEY   Hey! I don't need you to carry me! I'm a grown man!

발리 이봐! 날 들고 가지 않아도 돼! 난 성인이라고!

EXT. GAS STATION – NIGHT
Ian approaches the gas station, Barley and Dad **in tow**. He walks past a gas pump. Dad is **distracted**, searching the ground with his foot.

외부. 주유소 – 밤
이안은 발리와 아빠를 데리고 주유소로 다가간다. 이안, 주유 펌프를 지나간다. 아빠가 발로 바닥을 더듬으며 딴 곳으로 가려고 한다.

IAN   (struggling with Dad) Dad, come on, it's okay, Barley is with me.

이안 (힘겹게 아빠를 붙잡으며) 자, 아빠. 괜찮아요. 발리는 저와 같이 있어요.

Dad pulls in the opposite direction, looking for Barley. Ian stops to pull him back. From inside Ian's pocket, Barley looks at his **reflection** in the gas pump.

이안, 발리를 찾아 헤매는 아빠를 반대 방향으로 잡아당긴다. 이안의 주머니 안에 있는 발리, 주유 펌프에 비친 자신의 모습을 바라본다.

BARLEY   Yeah, I'm fine, Dad. The **side effects** are supposed to **wear off eventually**. (to Ian) Do I look any bigger yet?

발리 네, 저는 괜찮아요. 아빠. 부작용이 결국에는 없어질 거예요. (이안에게) 나 좀 커진 것 같니?

---

awkwardly 서투르게
pick up 들어올리다
glowing 빛나는
in the distance 멀리서
in defiance 반항적으로
charge 달려가다
in tow 뒤에 데리고
distract 주의를 빼앗다

reflection 거울에 비친 모습
side effect 부작용
wear off 사라지다
eventually 결국

The boys are interrupted by a group of loudly **revving**, seemingly unmanned motorcycles tearing into the parking lot. They come to a stop lined up in front of the gas station. The boys are **intimidated**. Ian **squints**, trying to make out who or what is on the bikes.

Suddenly, a **sprite** in a leather jacket, DEWDROP, pops out from behind the bike, followed by other sprites that were all collectively driving the bikes. She lets out a **piercing** whistle. They hop off and **swagger** into the gas station. An elf walks out of the gas station drinking a slushie. He unknowingly hits Dewdrop with the door on his way out.

DEWDROP   Hey! **Did you just bump into me?**❶

GAS STATION VICTIM   Oh, I'm terribly sorry, I didn't see you there--

DEWDROP   Do it again, and you'll see me in your nightmares!

The sprites intimidate him and he drops his slushie and runs away. Ian looks at Barley, worried.

INT. GAS STATION – NIGHT
Ian nervously opens the door and enters the gas station, Dad in tow, Barley in his pocket. Sprites are climbing the shelves throwing things to their **cohorts** on the floor, drinking from the soda fountain. They're not robbing the place, just being a little **unruly**. A sprite on the counter scratches a lotto ticket. Another sprite throws money at the clerk.

COBWEB   (to cashier) Gimme a bag of Extra Sours. (jumps off counter)

The clerk hands over a bag.

COBWEB   Keep the change.

큰 엔진 소리에 아이들은 말을 멈춘다. 운전자가 없어 보이는 오토바이들이 주차장으로 갑자기 들어온다. 오토바이들, 주유소 바로 앞에서 일렬로 멈춰 선다. 아이들, 겁을 먹는다. 이안, 눈을 살짝 뜨고 누가 혹은 무엇이 오토바이를 타고 있는지 살펴본다.

갑자기 가죽 자켓을 입은 도깨비 '듀드롭'이 오토바이 뒤에서 나타난다. 같이 오토바이를 타고 온 다른 도깨비들이 따라 나온다. 듀드롭이 아주 날카로운 휘파람 소리를 낸다. 도깨비들은 오토바이에서 내리더니 주유소 쪽으로 거만하게 걸어간다. 이때 요정 한 명이 슬러시를 마시면서 주유소를 나온다. 나오면서 자신도 모르게 문으로 듀드롭을 밀친다.

듀드롭   이봐 방금 나 밀친 거냐?

주유소 피해자   정말 죄송해요. 거기에 계신지 모르고…

듀드롭   다시 해 봐. 저승길로 보내줄 테니까!

도깨비들이 위협하자 요정은 슬러시를 떨어뜨리고 도망간다. 이안, 빌리를 바라본다. 걱정스러운 표정이다.

내부. 주유소 – 밤
이안, 조심스럽게 문을 열고 주유소로 들어간다. 아빠는 뒤에 있고 빌리는 이안의 주머니 안에 있다. 도깨비들이 선반으로 올라가 바닥에 있는 다른 도깨비들에게 물건을 던진다. 탄산음료 기계에서 음료를 들이켜는 도깨비들도 있다. 주유소를 터는 것은 아니지만 제멋대로 행동하고 있다. 카운터에 있는 도깨비는 복권을 긁고 있다. 다른 도깨비는 점원에게 돈을 집어던진다.

코브웹   (점원에게) 아주 새콤한 맛 껌 한 봉지 줘. (카운터에서 뛰어내린다.)

점원이 껌을 건넨다.

코브웹   잔돈 가져.

---

rev 회전 속도를 올리다
intimidate 겁을 주다
squint 눈을 가늘게 뜨고 보다
sprite 요정, 도깨비
piercing 찌를 듯한
swagger 거만하게 걷다
cohort 집단
unruly 제멋대로의

❶ **Did you just bump into me?**
방금 나 밀친 거냐?
이 대사에 나온 bump into는 '~에 부딪히다'라는 뜻이에요. 또한 bump into는 '우연히 만나다'라는 의미로도 자주 사용하는 표현이에요.

A couple of the sprites pass Ian, carrying a box of candy-filled straws.

COBWEB   **Outta the way,**❶ **beanstalk.**

Ian tries to **keep a low profile** as he talks to the CLERK.

IAN   (nervous) Uh, ten on **pump** two, please.

The clerk starts **ringing up Ian's purchases**.

Barley starts to lean out of his pocket reaching for snacks on a stand on the counter. He knocks the **rack** of snacks over and falls with it.

IAN   What are you doing?!

BARLEY   I'm getting us food.

Ian picks up the rack and pushes a few bags gorgon-zola's Cheese Puffs **forward**.

IAN   (angry, to the clerk) Alright, I got it. And a couple of these, thank you.

The CLERK starts ringing up Ian's purchases.

BARLEY   Pssst!

Barley **tugs** on Ian's shirt.

BARLEY   I have to go to the bathroom!

IAN   Can it wait?

BARLEY   It's your pocket.

Ian turns back to the clerk.

도깨비 몇 마리가 빨대 가루 사탕 한 통을 들고 이안을 지나간다.

코브웹   비켜, 콩나물 대가리야.

이안, 최대한 시선을 끌지 않으려 하면서 점원에게 말한다.

이안   (초조하게) 음, 2번 주유 펌프에 10달러요.

점원은 이안이 구입한 것을 계산한다.

발리, 카운터에 있는 과자를 집으려고 이안의 주머니에서 몸을 쭉 빼고 있다. 그런데 과자 봉지 걸이를 넘어뜨리고 같이 떨어진다.

이안   뭐 하는 거야?!

발리   먹을 게 있어야지.

이안, 과자 봉지 걸이를 다시 세워 두고 고르곤졸라 치즈 퍼프 과자 몇 봉지를 앞으로 내민다.

이안   (화난 표정으로, 점원에게) 알았어. 사 줄게. 이것도 몇 개 주세요. 고맙습니다.

점원은 이안이 구입할 것들을 계산한다.

발리   이봐!

발리가 이안의 셔츠를 당긴다.

발리   나 화장실 가야 돼!

이안   참을 수 없어?

발리   네 주머니에 싼다.

이안, 점원을 향해 돌아선다.

---

beanstalk 콩나무 줄기
keep a low profile 눈에 띄지 않게 있다
pump (주유) 펌프
ring up one's purchases 계산을 하다
rack 고리
forward 앞으로
tug 잡아당기다

❶ **Outta the way.**
비켜.
outta는 out of를 빠르게 발음한 것입니다.
Out of the way!는 '비켜!'라는 뜻으로
상대에게 길을 비켜 달라고 다급하게 말하거나
명령조로 말할 때 사용하는 표현이에요.
Excuse me.라고 정중하게 말하는 게
좋습니다.

IAN   Can we have the bathroom key, please?

이안 화장실 열쇠 있으세요?

The clerk **apathetically** hands them a bathroom key **attached** to a **license plate**. Ian **reluctantly** takes Barley out of his pocket, sets him on the ground, and gives him the key. It's way too big for tiny Barley and he has to carry it over his head.

점원은 심드렁하게 자동차 번호판에 매달린 화장실 열쇠를 건네준다. 이안, 마지못해 발리를 주머니에서 꺼내 바닥에 내려놓고 열쇠를 준다. 크기가 줄어든 발리에게 열쇠는 너무 크다. 발리, 열쇠를 머리 위에 올리고 갈 수밖에 없다.

IAN   Okay, be quick. I want to get out of here.

이안 알았어. 빨리 와. 여기서 나가고 싶으니까.

BARLEY   Okay, I'm going.

발리 알았어. 지금 가잖아.

Barley runs to the bathroom. Dad searches around with his foot for little Barley and just **misses** him.

발리, 화장실로 달려간다. 아빠는 발로 주변을 더듬거리며 발리를 찾지만 찾을 수 없다.

GAS STATION CLERK   That'll be twelve ninety-nine.

주유소 점원 12달러 99센트예요.

Ian picks through his wallet. He hands the **bills** to the cashier. Behind Ian, dad continues to search for little Barley, and taps the head of one of the sprites.

이안, 지갑에서 돈을 꺼내 점원에게 건넨다. 이안 뒤에서 아빠가 계속 발리를 찾다가 도깨비 한 마리의 머리를 건드리고 만다.

MUSTARDSEED   Hey! Watch it!

머스터드씨드 이봐! 조심해!

Dewdrop leaps over to Dad and **puffs out chest**.

듀드롭이 아빠에게 다가와 당당하게 가슴을 들이민다.

DEWDROP   You got a problem, **Shades**?!

듀드롭 이봐 선글라스, 웬 시비야?!

Dad stares at her.

아빠가 그녀를 노려본다.

DEWDROP   Answer me when I'm talking to you!

듀드롭 내가 말하면 대답을 해야지!

Ian turns, frightened, to see that Dad appears to be staring at a few of the sprites. Dewdrop is staring him down from high on a shelf. Ian grabs Dad and pulls him away.

아빠가 도깨비들을 노려보는 것처럼 보인다. 이안, 이 광경을 보고 화들짝 놀란다. 듀드롭, 선반 위에서 아빠를 내려다본다. 이안은 아빠를 잡아당긴다.

IAN   Sorry, **I don't really know where his head is at right now.**❶

이안 죄송해요. 아빠가 지금 제정신이 아니신 것 같네요.

---

apathetically 심드렁하게
attach 붙이다
license plate 차량 번호판
reluctantly 마지못해
miss 놓치다
bill 지폐
puff out chest 가슴을 내밀다
shades 선글라스

❶ **I don't really know where his head is at right now.**
아빠가 지금 제정신이 아니신 것 같네요.
'머리가 어디에 있는지 모르겠다'는 말은 다시 말하면 '정말 제정신이 아니다'라는 말이에요. 이 문장은 '그 사람 정말 제정신이 아니에요'라는 의미로 알아 두세요.

Ian pulls Dad to the door and **EXITS**.

이안, 아빠를 출구로 잡아당기며 빠져나간다.

<u>IAN</u>   **(sotto) How could this night get any worse?❶**

이안 (작은 목소리로) 일이 점점 더 꼬이는 밤이네.

---

exit 나가다

sotto 작은 목소리로

❶ **How could this night get any worse?**
일이 점점 더 꼬이는 밤이네.
이 문장을 단어 그대로 해석하면 '오늘 밤이 어떻게 더 나빠질 수 있을까?'이잖아요? 이 문장은 '정말 오늘 밤이 더 나빠질 수 없을 정도로 최악의 상황으로 가고 있다'라는 의미입니다.

The Curse
저주

🎧 17.mp3

[The CURSE]

EXT. LAUREL'S CAR – NIGHT
Laurel's car speeds down the **highway**, the **passenger side drags** along the ground and send sparks shooting out.

INT. LAUREL'S CAR – NIGHT
Laurel drives down the road, the Manticore **crammed** into the passenger seat.

MANTICORE   (stretching) You know, I would fly us to help your boys, but... the old wings aren't what they used to be.

Laurel tries to **get** the Manticore **back on track**.

LAUREL   Oh, that's fine. So, about this curse--

The Manticore **wiggles** her wings a little.

MANTICORE   It's my own **fault**. I should be doing my wing exercise every morning, but you know how that goes...

LAUREL   (frustrated/interrupting) Please, the curse. What does it do?

MANTICORE   Right! Sorry. It's Guardian Curse.

The Manticore **rips off** her **sleeve** to **reveal** an arm full of **tattoos**. She points to an image of a red cloud.

(저주)

외부. 로렐의 차 – 밤
로렐의 차가 고속도로를 질주한다. 조수석 쪽이 도로 바닥에 끌리는데 불똥이 마구 튀고 있다.

내부. 로렐의 차 – 밤
로렐이 운전을 하고 있다. 맨티코어가 조수석에 몸을 구겨 넣고 앉아 있다.

맨티코어 (몸을 펴면서) 저기, 내가 날아가서 애들을 도와줄 수도 있겠지만… 요즘 내 날개가 예전만 못해요.

로렐, 맨티코어와 원래 하던 말을 계속하려고 한다.

로렐 괜찮아요. 그런데 그 저주 말인데…

맨티코어, 날개를 꼼지락거린다.

맨티코어 제 잘못이에요. 아침마다 날개 운동을 해야 했는데 아시잖아요. 요즘 상황이…

로렐 (짜증이 나서 / 말을 끊으면서) 제발, 저주 이야기 좀 해 줘요. 그게 뭐예요?

맨티코어 맞다! 죄송해요. 그건 '수호의 저주'에요.

맨티코어, 옷소매를 찢더니 문신이 잔뜩 그려져 있는 팔을 보여준다. 붉은 구름 문신을 가리킨다.

---

highway 고속도로

passenger side 조수석 쪽

drag ~에 끌리다

cram 쑤셔 넣다

get ~ back on track 원래의 주제로 다시 돌아가다

wiggle 꼼지락거리다

fault 잘못

rip off 찢다

sleeve 소매

reveal 보여주다

tattoo 문신

| MANTICORE | If your boys take the gem, the curse will rise up... | 맨티코어 애들이 그 보석을 가져가면 저주가 나타날 거예요… |

She points to the red **mist** holding rocks together to make a **beast** attacking someone.

맨티코어, 보석을 들고 있는 붉은 안개 그림을 손으로 가리킨다. 안개는 야수가 되어 사람들을 공격한다.

| MANTICORE | ...and **assume** the **form** of a mighty beast... | 맨티코어 … 그리고 강력한 야수의 형태로 변하게 돼요… |

She **carries on** dramatically.

그녀는 드라마틱하게 이야기를 계속한다.

| MANTICORE | ...and battle your sons to the... (catching herself) Well... how do your boys do in a **crisis**? | 맨티코어 … 그러면서 당신의 아이들과 전투를 하게 되는… (정신을 차리고) 당신 애들은 힘든 걸 잘 감당하나요? |

| LAUREL | (worried) Not great! One of them is afraid of everything and the other isn't afraid of anything. | 로렐 (걱정하며) 아뇨! 하나는 무서운 게 너무 많고 또 하나는 무서운 게 너무 없죠. |

| MANTICORE | Yeah, that skinny kid of yours is pretty **fearless**. | 맨티코어 맞아요, 그 마른 애가 정말 용감하더라구요. |

*바로 이 장면!**

| LAUREL | No, no. You mean the big one. Barley. | 로렐 아니요. 큰애 말씀이신가 봐요. 발리예요. |

| MANTICORE | No, the little guy. Woo, **he really let me have it.❶** | 맨티코어 아니, 작은애요. 그 애가 나한테 막 뭐라고 하더라구요. |

Laurel seems confused by this, but **shakes** it **off**.

로렐, 혼란스럽지만 빨리 떨쳐 버린다.

| LAUREL | (to Manticore) What? No, look... You said you could help them. Right? | 로렐 네? 아니에요. 저기… 당신이 그 애들을 도와줄 수 있다고 하셨죠? |

The Manticore points to a glowing circle in the "heart" of one of the beasts.

맨티코어, 야수의 "심장"에 있는 반짝이는 원형을 가리킨다.

---

mist 안개
beast 야수
assume (특징 등을) 띠다, 취하다
form 형태
carry on 계속하다
crisis 위기
fearless 겁 없는
shake off 생각을 떨쳐버리다

❶ **He really let me have it.**
그 애가 나에게 막 뭐라고 하더라구요.
'let + 사람 + have it'은 '(사람)에게 말이나 신체적인 공격을 가하다', '~에게 한바탕 해대다'라는 뜻이에요.

MANTICORE	Every curse has a **core**, the center of its power. And only one weapon **forged** of the **rarest** metals can destroy it: my **enchanted** sword...	맨티코어 모든 저주에는 코어가 있어요. 힘의 중심이라 할 수 있죠. 정말 진귀한 금속으로 만든 단 하나의 무기만이 그것을 파괴할 수 있어요. 나의 마법의 검…

The Manticore rips off her other sleeve to reveal a tattoo of a glowing yellow sword that reads: THE CURSE **CRUSHER**.

맨티코어, 다른 쪽 옷소매를 찢고 노란색의 반짝이는 검 문신을 보여준다. 문신에는 '저주 파괴자'라고 적혀 있다.

MANTICORE	...the Curse Crusher!	맨티코어 … 저주 파괴자!

Laurel looks at her nervously.

로렐, 맨티코어를 불안하게 바라본다.

LAUREL	(**stumbling**) Okay, but you don't seem to have that on you.	로렐 (말을 더듬거리며) 알았어요. 헌데 그게 지금 당신한테 없는 것 같네요.

The Manticore looks at Laurel, embarrassed.

맨티코어, 로렐을 바라본다. 당황한 표정이다.

MANTICORE	I sold it. Got in a little tax trouble a few years back. But don't worry, I know just where to find it.	맨티코어 팔았어요. 몇 년 전에 세금 문제가 있었거든요. 걱정 마요. 어디에 있는지 아니까.

Laurel nods, **determined**.

로렐, 고개를 끄덕인다. 각오가 비장하다.

LAUREL	(sotto) **I am on my way boys,**❶ just try to stay out of trouble.	로렐 (작은 목소리로) 얘들아, 내가 간다. 몸조심하고 있어.

The car drives off.

자동차, 달린다.

[SPRITE INSULT]

(도깨비의 공격)

EXT. GAS STATION – NIGHT
On the gas pump numbers slowly increasing. Ian finishes **pumping gas**. He looks at his watch.

외부. 주유소 – 밤
주유 펌프의 숫자가 서서히 올라간다. 이안이 주유를 끝내고 시계를 바라본다.

IAN	(to self) Ugh, what is taking you so long?	이안 (혼잣말로) 왜 이렇게 오래 걸리는 거야?

core 중심, 코어
forge 만들다
rare 진귀한
enchanted 마법에 걸린
crusher 파괴하는 것[사람]
stumble 말을 더듬다
determined 단단히 결심한
pump gas 주유하다

❶ **I am on my way boys.**
얘들아, 내가 간다.
on one's way는 '가는 중', 혹은 '오는 중'이란 뜻이에요. 가고 있는 것인지 아니면 오고 있는 것인지는 문맥에 따라 선택하시면 됩니다. '~에 가는/오는 중이다'라고 하고 싶으면 앞에 be 동사만 붙여 주세요.

He **gives** Dad's leash **a tug**. Then he hears something off in the distance.

이안, 아빠의 줄을 잡아당긴다. 그리고 멀리서 무슨 소리를 듣는다.

DEWDROP (O.S.)　Who you calling **whimsical**?

듀드롭 (화면 밖) 누구 보고 괴짜라고 하는 거야?

Ian looks over to see Barley in talking to two sprites.

이안이 살펴보니 발리가 도깨비 두 마리와 이야기를 하고 있다.

IAN　　　　(sotto) Oh no.

이안 (작은 목소리로) 이런.

BARLEY　　Whoa, whoa, whoa!

발리 자, 잠.

DEWDROP　You got a lotta **nerve**.

듀드롭 배짱 좋으시네.

He tries to make his way toward Barley, but struggles with Dad.

이안, 발리에게 다가가려 하지만 아빠 때문에 쉽게 다가갈 수 없다.

BARLEY　　**I'm just saying sprites used to fly around spreading delight.**[1] That's a good thing.

발리 내 말은 원래 도깨비들은 날아다녔다는 거예요. 아주 즐겁게 말이죠. 그건 좋은 거잖아요.

DEWDROP　Sprites can't fly!

듀드롭 도깨비들은 날 수 없어!

BARLEY　　Well, your wings don't work 'cause you stopped using them.

발리 날개를 안 쓰기 때문에 안 되는 거예요.

DEWDROP　**(takes a drag of** powdered candy straw) You calling me lazy?

듀드롭 (빨대 사탕 가루를 먹으면서) 지금 나한테 게으르다고 했나?

She throws down her candy straw on the ground.

듀드롭, 빨대 사탕 가루를 바닥에 내던진다.

BARLEY　　No, no, no. Not you. Your **ancestors**.

발리 아니, 아니요. 댁들 말고, 댁들 조상들이 그렇다는 거죠.

DEWDROP　What did you say about my ancestors?

듀드롭 우리 조상님들이 어쩌고 어째?

Dewdrop puffs her chest angrily.

듀드롭은 화가 나서 가슴을 들이민다.

BARLEY　　I didn't mean lazy, I--

발리 게으르다는 말이 아니라, 저는…

But Ian **swoops** in and GRABS Barley. Ian is also holding the staff, the full gas can, and a wandering Dad. He's **overwhelmed**.

이안이 달려와 발리를 낚아챈다. 이안은 가득 찬 석유통과 지팡이를 들고 있는데, 이리저리 돌아다니는 아빠까지 붙잡고 있다. 어쩔 줄 몰라 한다.

---

give ~ a tug ~를 잡아당기다
whimsical 괴짜
nerve 용기, 뻔뻔스러움
take a drag of 훅 들이마시다
ancestor 조상
swoop 위에서 덮치다
overwhelmed 당황한

❶ I'm just saying sprites used to fly around spreading delight.
내 말은 원래 도깨비들은 아주 즐겁게 날아다녔다는 거예요.
I'm just saying ~은 '난 그냥 ~라고 말하는 거예요.', '그냥 내 말은 ~라는 거예요.'라는 의미예요. 자신의 말에 대해 간단하게 정리하거나 변호할 때 쓸 수 있는 표현입니다.

IAN	I'm sorry! Very sorry! He's sorry, too. You don't need to fly, who needs to fly? I mean you've got those great bikes!	이안 죄송해요. 정말 미안합니다! 형도 미안해하고 있어요. 날아다니실 필요 없어요. 그럴 필요가 있나요? 저렇게 멋진 오토바이가 있는데!
BARLEY	What are you doing? I was just **discussing** history!	빌리 뭐하는 거야? 난 단지 역사 토론을 하고 있었다고!
IAN	Barley, I'm trying to **take care of** you and Dad, and you are not making it any easier! (struggling with Dad) Dad, come on!	이안 형, 나는 형과 아빠를 챙기려고 하는데 형은 일을 더 어렵게 만들고 있잖아. (아빠와 씨름하면서) 아빠, 제발요!

Dad **wandered** to the other side of the line of **motorcycles**. And Ian **unwittingly** pulls him into the bikes. They CRASH like dominoes, **blocking** the gas station door.

아빠, 오토바이들이 줄 맞춰 서 있는 쪽으로 걸어간다. 이안, 자신도 모르게 오토바이가 있는 쪽으로 아빠를 잡아당긴다. 오토바이들이 도미노처럼 쓰러져 주유소 문을 막아 버린다.

IAN	(gasp) Oh, no.	이안 (허걱하며) 아, 안 돼.

The Sprites inside the gas station **SLAM** into the door and windows of the station. They are **SEETHING caged** animals.

주유소 안에 있던 도깨비들이 출입구와 창문으로 돌진한다. 우리에 갇힌 동물처럼 으르렁거린다.

DEWDROP	HEY! YOU'RE DEAD!	듀드롭 너 죽었어!

Ian RACES Dad and Barley out of there as fast as he can.

이안, 재빨리 아빠와 빌리를 데리고 도망친다.

EXT. ROADSIDE – NIGHT – CONTINUOUS
As they run away, the **CLANGING** and YELLING of the sprites fades with distance, leaving only the sound of Ian's RUNNING FOOTSTEPS and HEAVY BREATHING.

외부. 길가 – 밤 – 계속
아이들이 도망간다. 쨍그랑하는 소리와 도깨비들의 함성 소리가 멀어지더니 이안의 도망가는 발소리와 헐떡이는 숨소리만 들린다.

IAN	We're dead! We're dead! We're dead! We're dead! We're dead!	이안 우린 죽었어! 죽었어! 죽었어! 죽었어! 죽었다구!

The van is **in sight**, they speed up. Ian **frantically** fills the van with gasoline.

밴이 눈에 보이자 그들은 더 빠른 속도로 뛰어간다. 이안, 미친듯이 밴에 휘발유를 붓는다.

BARLEY	Relax, they won't be able to lift those bikes--	빌리 침착해. 쟤네들은 오토바이를 들지도 못할 테니까.

---

discuss 토론하다
take care of 돌보다
wander 이리저리 돌아다니다
motorcycle 오토바이
unwittingly 자신도 모르게
block 막다
slam 세게 움직이다, 부딪히다
seethe 부글거리다

caged 우리에 갇힌
clanging 쨍그랑, 철커덕
in sight 눈에 보이는
frantically 미친듯이

One motorcycle **ROARS** to life in the distance.

| | | 저 멀리서 오토바이 한 대가 부르릉하고 달려온다. |

BARLEY   Oh, they are strong...

발리   오, 힘 세네…

IAN   We're gonna die, we're gonna die, we're gonna die!

이안   우린 죽었어! 죽었어! 죽었다구!

Barley tries to open the door handle by jumping up and down on it with his tiny legs.

발리, 문고리 위에 올라가 작은 다리로 점프를 해서 문을 열려고 한다.

BARLEY   It's **locked**!

발리   잠겼어!

IAN   What?! Where are the keys?

이안   뭐라고?! 열쇠는?

Barley looks in the window and sees them still in the **ignition**. Ian turns around and sees lights in the distance.

발리, 창문으로 보니 열쇠가 안에 꽂혀 있다. 이안, 뒤를 돌아본다. 저 멀리서 오토바이 불빛이 보인다.

BARLEY   I got this!❶

발리   내가 해 볼게!

Barley slides his tiny body through the **cracked** window. He struggles to try to lift the lock.

발리가 살짝 열린 창문으로 들어간다. 자동차 잠금 장치를 들어올리려고 애를 쓴다.

IAN   C'mon, Barley!

이안   형, 빨리해!

The lock **pops up**, sending Barley flying **backwards** on to the seat.

잠금 장치가 갑자기 떡하고 올라가자 발리는 좌석으로 튕겨 나간다.

BARLEY   Whoa!

발리   그래!

Ian frantically climbs in the passenger side and **slams** the door.

이안, 미친듯이 조수석으로 들어가 문을 닫는다.

---

roar 소리를 지르다
locked 잠긴
ignition 시동을 걸기 위해 차 열쇠를 꽂는 구멍
cracked 조금 열린
pop up 튀어 올라오다
backwards 뒤로
slam (문, 창문 등을) 쾅 닫다

❶ **I got this!**
내가 해 볼게!
I got this.는 자신이 나서서 어떤 일을 처리하겠다고 할 때 사용하는 표현으로 '내가 해결할게'라고 해석할 수 있어요. I'll handle it.이라고 해도 됩니다.

The Sprites' Attack
도깨비들의 습격

🎧 18.mp3

INT. VAN – CONTINUOUS
Ian sits in the passenger seat, **sweaty** and **terrified** as he locks the door.

내부. 밴 – 계속
이안, 조수석에 앉아 있다. 땀을 흘리고 잔뜩 겁을 먹었다. 문을 잠근다.

IAN   Okay, Go! Go! Go!

이안 됐어. 개! 개! 가라고!

Ian looks at Barley, tiny and useless on the driver's seat.

이안, 발리를 바라본다. 발리, 아주 조그맣고 쓸모 없는 모습으로 운전석에 앉아 있다.

IAN   Oh, no. No, no, no. No way...

이안 안 돼. 안 돼. 절대 안 돼…

BARLEY   You're gonna have to!

발리 네가 해야 해!

Ian moves Barley and slide over into the driver's seat. Ian carefully buckles his seatbelt, but then glances out the window and sees the motorcycles coming AROUND THE CORNER! Ian looks at the dash, it's a mess of **jerry-rigged** parts and duct tape and handwritten gauges. Ian turns the key. The engine **whines**, but nothing happens.

이안, 발리를 밀어내고 운전석으로 옮겨 탄다. 조심스럽게 안전벨트를 착용한다. 창문 밖으로 오토바이들이 코너를 돌고 다가오는 것을 본다. 이안, 자동차 계기판을 바라본다. 임시 방편의 부품과, 상자 테이프, 손으로 무언가를 써 놓은 계측기 등으로 엉망이다. 이안, 시동을 건다. 엔진은 낑낑거리는 소리만 날 뿐 시동은 걸리지 않는다.

BARLEY   **There's a sweet spot...❶** not in the middle, but not quite at the end!

발리 시동이 걸리는 지점이 있어… 중간도 아니고 완전히 끝도 아니야!

Ian **wiggles** the ignition like crazy, leaning hard toward the **steering wheel**.

이안, 운전대 쪽으로 몸을 숙이고 미친듯이 차 키를 이리저리 움직인다.

IAN   Comeoncomeoncomeoncomeon! (super strained) Come. On. Guinevere!

이안 제발제발제발제발! (아주 절박하게) 제발. 귀네비어!

The van **sputters to life**, as if in response to **pleading**.

이안의 간청을 들은 것처럼 털털거리는 소리를 내며 밴에 시동이 걸린다.

BARLEY   Put it in "O" for "onward!"

발리 "전진" 표시, "O"에 기어를 바꿔!

---

sweaty 땀을 흘리는
terrified 두려워하는
jerry-rigged 임시 방편의, 여기저기에서 가져온
whine 우는 소리를 내다
wiggle 이리저리 움직이다
steering wheel 운전대
sputter to life 털털거리며 시동이 걸리다
pleading 간청

❶ **There's a sweet spot.**
시동이 걸리는 지점이 있어.
sweet spot은 어떤 일을 실행하기에 가장 좋은 지점이나 최고조의 상황을 가리키는 말이에요. 이 대사는 귀네비어의 시동을 걸려면 꼭 맞는 지점을 찾아야 한다는 뜻이에요.

Ian pulls the screwdriver **jutting** out from behind the steering wheel down to the handwritten letter "O".

SPRITE #1	Go, go, go!

이안, 운전대 뒤로 튀어나와 있는 나사 드라이버를 "O" 라고 적힌 지점까지 내린다.

도깨비 #1 가, 가, 가라고!

Ian slams his foot on the gas pedal.

이안, 가속 페달을 힘껏 밟는다.

INT. VAN – CONTINUOUS
The van **lurches** forward, just as a sprite **wielding** a **flail** SMASHES out Ian's driver side window. Ian **ducks** as **shards** of glass rain down on him.

내부, 밴 – 계속
밴이 앞으로 휘청거리며 움직인다. 그때 도깨비 한 마리가 철퇴를 휘둘러 이안의 운전석 쪽 창문을 박살 낸다. 유리 파편이 쏟아지자 이안은 몸을 숙인다.

IAN	AHH!

이안 아아!

BARLEY	DRIVE!!!

발리 가!!!

Ian's awkward driving **unintentionally cuts off** the sprites. Their bikes slow down and get **tangled up**. The sprites struggle to right the bikes as the van **speeds up** the on-ramp.

이안의 서투른 운전이 의도치 않게 도깨비들을 막아 세운다. 오토바이들의 속도가 줄더니 서로 엉켜 버렸다. 도깨비들이 오토바이를 일으키려고 끙끙대는 사이에 밴은 빠른 속도로 고속도로 진입로로 이동한다.

(DRIVING TEST)

(운전 시험)

EXT. VAN – NIGHT – CONTINUOUS
The van speeds up the on-ramp onto the expressway, the Sprites close behind.

외부, 밴 – 밤 – 계속
밴이 빠르게 고속도로 진입로로 들어선다. 도깨비들, 바로 뒤를 따라온다.

INT. VAN – CONTINUOUS

내부, 밴 – 계속

BARLEY	Okay, you're gonna have to merge!

발리 자, 이제 진입해야 돼!

EXT. EXPRESSWAY – NIGHT
The expressway is roaring with cars speeding past Ian as he cautiously picks up speed. A huge truck is **barreling** up beside him. Ian **tentatively weaves** the van closer to the truck as the on-ramp closes in on the freeway. The truck lays on its horn.

외부, 고속도로 – 밤
고속도로에서 차들이 맹렬한 속도로 이안 옆을 지나간다. 이안은 조심스럽게 속도를 내려 한다. 거대한 트럭 한 대가 쏜살같이 이안 옆을 지나간다. 고속도로 진입로가 거의 끝나가자 이안이 망설이며 트럭 쪽으로 밴을 붙이려 한다. 트럭이 경적을 울린다.

BARLEY	Speed up!

발리 속도를 내!

---

jut 돌출하다, 튀어나오다

lurch 휘청거리며 나가다

wield 휘두르다

flail 도리깨

duck 회피하다

shard 조각

unintentionally 의도하지 않게

cut off 길을 막다

tangled up 엉킨

speed up 속도를 올리다

barrel 쏜살같이 달리다

tentatively 잠정적으로

weave 이리저리 빠져나가다

Ian holds the wheel **tight**, sweat **pouring** from his **brow**.

이안, 운전대를 꽉 친다. 이마에서 땀이 쏟아진다.

IAN	I can't do this!	이안 못 하겠어!
BARLEY	Yes you can!	발리 할 수 있어!
IAN	I'm not ready!	이안 아직 준비가 안 됐어!
BARLEY	You'll never be ready! **MERGE!!**	발리 평생 준비가 안 될 거야! 진입해!!
IAN	AHHH!!!	이안 아아아아!!!

Suddenly Ian **floors** it. Dad flies around in the back of the van. Ian cuts onto the freeway in front of the giant truck. He's safely in the speeding **traffic**.

갑자기 이안이 가속 페달을 세게 밟는다. 아빠는 밴 뒤로 날아간다. 이안, 큰 트럭 앞에서 고속도로로 끼어든다. 그리고 속도를 내는 차들 안으로 안전하게 진입한다.

BARLEY	Ha-ha! Nice job!	발리 하하! 잘했어!

He glances in the **rearview mirror** and notices the motorcycles **gaining on** them. They pull up on both sides of the van, surrounding him. A biker pulls out a **flail** and hits the van. Ian **swerves**, but holds control. Barley leaps up to the window, yelling out at the motorcycles.

발리, 백미러를 본다. 오토바이들, 거의 다 따라왔다. 오토바이들이 양옆으로 붙으면서 밴을 포위해 버린다. 한 도깨비가 철퇴를 꺼내 밴을 가격한다. 이안, 휘청거리지만 다시 제대로 운전한다. 발리, 창문 밖으로 크게 소리친다.

BARLEY	Hey, don't hit Gwinny!	발리 야! 우리 귀니 때리지 마!
IAN	Barley!	이안 형!

Ian pulls Barley back into the van, trying to control both Barley and Guinevere. In the back of the van, Dad is thrown around, slamming into the walls. Ian quickly comes up behind a slow moving car. This allows the motorcyclist to gain up to the boys. Barley jumps on Ian's shoulders and **directs** him.

이안, 발리를 안으로 잡아당긴다. 발리와 귀네비어를 조절하려고 노력하고 있다. 아빠는 벽에 부딪히면서 이리저리 뒹굴고 있다. 이안이 앞에서 천천히 가고 있는 차 뒤에 붙자 오토바이들이 아이들 뒤로 바짝 다가온다. 발리, 이안의 어깨 위로 뛰어올라가 방향을 지시한다.

IAN	(gasp) Oh, no!	이안 (허걱하며) 안 돼!
BARLEY	Get around 'em!	발리 앞질러 가!

---

tight 단단히, 꽉

pour 쏟아지다

brow 이마

merge 합병하다, 합치다

floor 가속 페달을 세게 밟다

traffic 차량

rearview mirror 백미러

gain on 다가오다

flail 도리깨

swerve 방향을 바꾸다

direct 지시하다

Ian starts to **veer** into the lane.

이안, 차선을 바꾸려고 한다.

IAN   They're not letting me in!

이안 안 끼워 주려고 해!

BARLEY   SIGNAL!

발리 깜빡이!

IAN   (looking around the wheel) **You don't have a signal-er!**[1]

이안 (운전대 주변을 찾아보다가) 깜빡깜빡하는 거 없잖아!

BARLEY   **Stick** your arm straight **out** the window to **signal** left!

발리 팔을 창문 밖으로 뻗어서 좌회전 표시를 해!

Ian holds his arm straight out the window, only to have a biker **wrap** a chain around it and give it a painful tug.

이안, 창문 밖으로 팔을 내밀자 도깨비가 체인을 감고 세게 당겨 버린다.

IAN   (pained) AH!!

이안 (아파하며) 애!

Now Ian is forced to drive one-handed. With great effort, Ian turns the wheel one-handed and merges into the next lane. Barley climbs out on Ian's arm to **untangle** the chain.

어쩔 수 없이 이안은 한 손으로 운전한다. 온 힘을 다해 한 손으로 운전대를 돌려 다음 차선으로 이동한다. 발리가 체인을 풀기 위해서 이안의 팔 위로 올라간다.

IAN   (reactions, scared) Get back here!

이안 (겁을 먹고) 들어와!

바로 이 장면!*

EXT. EXPRESSWAY – CONTINUOUS

외부, 고속도로 - 계속

BARLEY   Just keep driving!

발리 계속 가!

The sprites cheer as they gain on the van. They pull up **alongside** the van.

밴에 가까이 접근하면서 도깨비들이 소리를 지른다. 밴 옆으로 바짝 다가온다.

IAN   Barley!

이안 형!

Barley successfully untangles the chain just **in time**. The chain **recoils** and almost knocks a number of sprites off their motorcycle.

발리, 체인을 푸는 데 성공한다. 체인이 반동하며 도깨비 몇 마리를 때린다. 도깨비들, 오토바이에서 떨어진다.

---

veer 방향을 홱 틀다
signal 신호를 보내다
stick out 내밀다
wrap 싸다
untangle 풀다
alongside 옆에
in time 때를 맞추어
recoil 반동하다

❶ You don't have a signal-er!
깜빡깜빡하는 거 없잖아!
동사에 -er을 붙이면 '~하는 사람' 혹은
'~하는데 필요한 물건'이란 뜻이 됩니다. 이
대사에서는 이안이 원래 blinker(깜빡이)라고
말을 해야 하는데 너무 긴급한 상황이라 그
단어가 생각이 나지 않아 즉흥적으로 signal
(신호를 켜다)에 -er을 붙여서 말한 거예요.

INT. VAN – CONTINUOUS
Ian looks ahead and sees the freeway splitting EAST and NORTH.
Barley crawls back onto Ian's shoulder.

BARLEY   The mountains are north. You need to get
all the way over!

As the van changes lanes, Dad **stumbles** to the front of the car and
accidentally face plants into the steering wheel, **blaring** Guinevere's
horn.

EXT. EXPRESSWAY – CONTINOUS
Dewdrop sees Dad's body **flapping** out the window, his stuffed arm
waving as if he's shaking a fist.

DEWDROP   What the--

Dad doesn't let up.

DEWDROP   Oh, it is on, Shades!❶

The bikers **gun** it. Ian struggles to pull Dad inside.

DEWDROP   Get 'em!

The motorcycle covered in sprites creeps up to Ian's window. Ian
turns to see a group of them leap from their bike and into the van!
They begin attacking him.

INT. VAN – CONTINUOUS
Ian is covered in sprites that punch, pull, and **strangle** him. The
sprite tackles Barley and they hit the dashboard next to a **bobble
head** warrior who **wobbles** on, unaware. The sprites continue
attacking Ian and Dad. Barley pulls the sword from the warrior's
hand and **brandishes** it at MUSTARDSEED as she gets ready to
throw a punch. Ian looks away from the road to try to get the sprites
off of him. The van swerves.

내부. 밴 – 계속
이안, 앞을 본다. 고속도로가 동쪽과 북쪽으로 갈
라지는 지점이 다가온다. 밸리는 다시 이안의 어깨
위로 올라간다.

밸리   신은 북쪽이야. 완전히 저쪽으로 가야 돼!

밴이 차선을 바꾸자 아빠가 차 앞으로 휘청거리며
다가온다. 아빠의 얼굴이 운전대에 박히면서 귀네
비어의 경적을 울린다.

외부. 고속도로 – 계속
듀드롭, 아빠의 몸이 창문 밖으로 팔락거리는 것을
본다. 아빠의 가짜 팔이 욕을 하듯 주먹을 흔드는
것처럼 보인다.

듀드롭   저건 뭐야…

아빠, 계속 주먹을 흔든다.

듀드롭   그래, 해보자는 거지, 선글라스!

바이커들, 속도를 낸다. 이안, 아빠를 간신히 안으
로 끌어들인다.

듀드롭   잡아!

많은 도깨비들이 타고 있는 오토바이가 이안의 창
문 쪽으로 다가온다. 이안, 돌아본다. 도깨비 몇 마
리가 오토바이에서 뛰어올라 밴 안으로 들어온다!
그리고 이안을 공격하기 시작한다.

내부. 밴 – 계속
도깨비들, 이안 위에 올라타 이안을 때리고, 당기
고, 목을 조인다. 도깨비 한 마리가 밸리를 덮친다.
두 사람, 계기판 쪽으로 떨어지는데 옆에 있는 버
블헤드 전사 인형은 관심 없다는 듯 머리만 흔들
고 있다. 도깨비들은 이안과 아빠를 계속 공격한
다. 밸리가 전사의 손에서 칼을 뽑아 들고 머스터
드씨드 도깨비에게 휘두르자 도깨비는 펀치를 날
리려는 자세를 한다. 도깨비들을 떼어 내리는 이
안, 전방을 제대로 주시할 수 없다. 밴이 휘청거린
다.

---

stumble 넘어질 듯 움직이다

blare horn 경적을 울리다

flap 퍼덕거리다

gun (차량 등을) 총알같이 몰기 시작하다

strangle 목을 조르다

bobble head 차 안에 있는 고개를 까딱이는 인형

wobble 흔들리다

brandish 휘두르다

❶ **Oh, it is on, Shades!**
그래, 해보자는 거지, 선글라스!
'It is on.'은 상대에게 싸움을 걸거나 경기를
시작하기 전에 상대를 약간 도발하려고 할
때 사용하는 표현이에요. '한번 해보시지',
'해보겠다는 거냐?' 등으로 문맥에 맞게 해석해
주세요.

EXT. EXPRESSWAY – CONTINUOUS
The van **veers** to the right and hits the guardrail.

외부. 고속도로 – 계속
밴이 오른쪽으로 휙 움직이더니 가드레일과 부딪힌다.

INT. VAN – CONTINUOUS
Barley and Mustardseed are thrown from the **dashboard** onto the passenger seat. The sprite gets up quickly, grabs the metal part of the seatbelt, and uses it to **pin** Barley **down**.

내부. 밴 – 계속
발리와 머스타드씨드, 계기판에서 조수석으로 떨어진다. 머스타드씨드가 빨리 몸을 일으켜 안전벨트의 금속 부분을 잡고 발리를 눌러 버린다.

BARLEY   Ian! Stay focused!

발리 이안! 집중해!

IAN   (covered in sprites) I can't!

이안 (도깨비들로 둘러싸여서) 못 하겠어!

Ian thinks, **keeping his eyes on** the road as sprites pull at his face with their tiny hands.

이안, 생각한다. 도깨비들이 작은 손으로 얼굴을 잡아당기고 있어도 이안은 도로에 눈을 떼지 않고 있다.

BARLEY   You HAVE to focus or we're all dead!

발리 집중해! 안 그러면 우린 다 죽어!

Mustardseed hits Barley over the head with the seatbelt. He eyes sign for the NORTH lanes; he's going to have to merge soon or they'll never make it. Ian sees the "EAST" sign out the window as it **rapidly** approaches.

머스타드씨드, 안전벨트로 발리의 머리를 강타한다. 이안, 북쪽 차선 표지판을 바라본다. 곧 진입하지 않으면 안 되는 상황이다. 창밖으로 "동쪽" 차선 표지판이 보인다. 밴이 빠르게 접근한다.

BARLEY   (struggling) Just stay cool!

발리 (저항하면서) 침착해!

Ian gets an idea. He frantically reaches around the control panel and past the radio. Meanwhile, he **dodges** traffic and **strains** against the sprites that continue to attack him. Finally, his hand **grasps** a small switch. He **cranks** it on and cold air blasts out of every vent with **gale force**. The wind blows the sprites out of the side windows. The sprite that was fighting with Barley is blown into the **windshield** of the car behind Guinevere.

이안에게 묘안이 생각났다. 황급히 컨트롤 패널 쪽으로 손을 뻗는다. 손이 라디오를 지나간다. 이런 상황에서도 이안은 차들을 피하고 도깨비들에 맞서고 있다. 마침내 이안은 작은 스위치를 붙잡는다. 스위치를 켜서 에어컨 구멍에서 차가운 강풍이 갑자기 터져 나온다. 바람을 맞고 도깨비들은 창문 밖으로 날아간다. 발리와 싸우던 도깨비, 귀네비어 뒤에 있던 차 앞유리로 날아간다.

---

veer 방향을 휙 틀다
dashboard 계기판
pin down 누르다
keep one's eyes on ~을 주시하다
rapidly 빠르게
dodge 피하다
strain 애를 쓰다, 고생하다
grasp 붙잡다

crank (기계 등을) 세게 돌리다
gale force 강풍
windshield 앞유리

DISNEP · PIXAR
ONWARD

Way to Go!
잘했어!

🎧 19.mp3

바로 이 장면!*

INT. VAN – CONTINUOUS
Barley still **clings** to the seatbelt with one hand as the wind blows, but he pumps his other **fist** in the air.

BARLEY   (yelling) Way to go, Guinevere!

He loses his **grip** and is suddenly blown out the window.

BARLEY   Ahhhhh!

EXT. EXPRESSWAY – CONTINUOUS
Ian grabs Barley at the last minute and switches off the A.C. The sprites **rev** their bike for another attack.

DEWDROP   Hit it!

Ian sees his exit ahead and realizes he'll need to merge across several lanes.

BARLEY   **We're not gonna make it!**❶

With that, Ian frantically but smoothly crosses several lanes of traffic, just **barely** making it onto the NORTH fork of the freeway. Barley **momentarily** panics as Ian **hurtles** towards the guardrail. Dad loses balance in the back of the van. Ian barely makes it. His tire hits the edge of the wall and Guinevere is **airborne** for a moment.

내부. 밴 – 계속
바람이 계속 나오는 가운데 발리는 한 손으로 안전벨트를 붙잡고 다른 손으로 주먹을 쥐고 하늘 위로 높이 올린다.

발리 (큰 소리로) 잘했어, 귀네비어!

발리, 손이 미끄러지면서 갑자기 창문 밖으로 날아간다.

발리 아아아아

외부. 고속도로 – 계속
그 순간 이안이 발리를 붙잡고 에어컨을 끈다. 도깨비들, 또 다시 공격하기 위해 오토바이 속도를 낸다.

듀드롭 공격!

이안, 출구를 발견하지만 여러 차선을 넘어야 한다.

발리 우린 못 해낼 거야!

그 말을 듣고 이안은 미친듯이 그렇지만 부드럽게 여러 차선을 건너 고속도로의 북쪽 방향으로 간신히 진입한다. 이안이 가드레일을 치자 발리는 순간 겁을 먹는다. 아빠, 밴 뒤에서 균형을 잃는다. 이안, 간발의 차로 고속도로를 빠져나온다. 타이어가 벽 가장자리를 들이받고 귀네비어가 살짝 날아오른다.

---

cling 매달리다
fist 주먹
grip 붙잡고 있음
rev 회전 속도를 올리다
barely 간신히
momentarily 잠깐, 곧
hurtle 충돌하다
airborne 공중에 떠 있는

❶ **We're not gonna make it!**
우린 못 해낼 거야!
We're not gonna make it.은 '우리는 해낼 수 없을 거야'라는 의미로 우리의 의도대로 일을 마칠 수 없다는 안타까움을 표현하는 문장입니다.

The sprites realize they are heading toward the same wall that Ian just hit, but they don't have time to correct their course. The sprites crash their bike into the wall. Ian sees this in his rearview mirror. As the sprites are thrown off the bike and **hurtle** toward the ground, their wings begin to **flap** little bit until suddenly... they're flying.

도깨비들, 방금 전 이안이 들이받은 벽으로 돌진하고 있다는 것을 알지만 방향을 다시 바로잡을 여유가 없다. 도깨비의 오토바이들, 벽에 부딪힌다. 이안, 이 장면을 백미러로 바라본다. 도깨비들, 오토바이에서 완전히 나가떨어진다. 공중에서 바닥으로 떨어지려는 순간, 도깨비들이 날개를 파닥거리더니 갑자기… 공중을 날고 있다.

DEWDROP (screams, into realization) Huh.

듀드롭 (소리지르다가 갑자기 정신 차리고) 엉?

{HONESTY}

{정직}

INT. VAN – NIGHT – CONTINUOUS
Tiny Barley **perches** on Ian's shoulder, celebrating their success. Ian **pants heavily**, still riding the adrenaline.

내부. 밴 – 밤 – 계속
아직 줄어 있는 발리가 이안의 어깨에 앉아 그들의 성공을 축하한다. 이안, 숨을 크게 헐떡이는데 아직도 흥분이 가시지 않는다.

IAN Dad, are you okay?!

이안 아빠, 괜찮으세요?!

BARLEY He's fine, thanks to the skillful driving of Sir Ian Lightfoot! High Five!

발리 괜찮으셔. 이안 라이트풋 님의 훌륭한 운전 실력 덕분에 말이지! 하이파이브!

Barley raises his hand to high five, but it **bulges** to full size and **smacks** Ian in the face.

발리, 손을 들어 하이파이브를 하려고 하는데 손이 원래 크기로 커지더니 이안의 얼굴을 때린다.

IAN Ow! What is happening?

이안 아야! 뭐지?

BARLEY I think the spell is **wearing off**.

발리 주문이 사라지는 것 같아.

Barley's torso expands to full size on Ian's shoulder, leaving Barley with a tiny head. Under the weight, Ian **swerve**.

발리의 상체가 이안의 어깨 위에서 원래 크기로 커진다. 하지만 발리의 머리는 아직 그대로이다. 발리의 몸무게 때문에 이안은 제대로 운전을 할 수 없다.

EXT. FREEWAY – NIGHT – CONTINUOUS
The van veers all over the road.

외부. 고속도로 – 밤 – 계속
밴이 도로에서 이리저리 막 움직인다.

INT. VAN – NIGHT – CONTINUOUS
Ian can't even see out the window to know where he's going.

내부. 밴 – 밤 – 계속
이안은 창밖을 제대로 볼 수 없어 어디로 가는지 알지 못한다.

IAN (straining under Barley's weight) **Get off my face!**❶

이안 (발리 밑에서 힘겹게) 내 얼굴에서 떨어져!❶

---

hurtle 돌진하다, 충돌하다
flap 날갯짓하다
perch 걸터앉다
pant heavily 가쁘게 숨을 쉬다
bulge 부풀어오르다
smack 때리다
wear off 없어지다
swerve 방향을 바꾸다

❶ **Get off my face!**
내 얼굴에서 떨어져!
get off는 '길을 떠나다, 출발하다'라는 의미로 자주 쓰는 표현이에요. 그리고 직장 생활에서는 '퇴근하다'와 같은 뜻으로도 많이 쓰죠. 이 대사에 나오는 get off는 '출발'도 '퇴근'도 아닌 '~에서 떨어지다'라는 뜻으로 쓰인 거예요.

Barley's right leg **expands** to the floor, slamming on the **gas** and causing the van to fly forward.

발리의 오른쪽 다리가 바닥까지 길어져 가속 페달을 밟자 밴이 앞으로 거의 날아가듯 움직인다.

EXT. FREEWAY – CONTINUOUS
The van **lunges** forward and veers into the dirt shoulder on the side of the road. The back door **unlatches** as the tires sputter across the dirt. It swings open, then shut again. The boys veer back on to the freeway and fly past a hidden police car, which **fires up** its lights and **peels off** after the van.

외부, 고속도로 – 계속
밴이 앞으로 튀어나가면서 도로 옆에 있는 갓길로 방향을 튼다. 타이어가 흙길에서 덜컹거리자 밴의 뒷문 잠금장치가 풀린다. 뒷문이 열리고 다시 닫힌다. 아이들이 다시 고속도로로 진입한다. 잠복 중이던 경찰차를 쏜살같이 지나간다. 경찰차가 라이트를 켜고 밴을 쫓아간다.

INT. VAN – CONTINUOUS
Barley, now full-grown, gets into the **passenger seat**. Ian gains control of the vehicle.

내부, 밴 – 계속
발리, 몸이 예전처럼 돌아와 조수석에 앉는다. 이안, 차를 제대로 운전하고 있다.

IAN   Oh Chantar's Talon cops!

이안 아, 챈타 탈론 경찰이야!

BARLEY   Pull over!

발리 차 세워!

IAN   I don't have a **license**.

이안 나 면허가 없잖아.

Barley reaches into his pocket and takes out a stamp sized piece of **folded leather**.

발리, 주머니에 손을 넣고 우표 크기의 가죽 조각을 꺼낸다.

BARLEY   Ah! My **wallet's** still **tiny**!

발리 아! 지갑은 아직도 줄어 있어!

---

expand 팽창하다
gas (보통 the gas) 액셀러레이터, 가속 페달
lunge 돌진하다
unlatch 잠금장치가 열리다
fire up (조명 등을) 작동시키다
peel off (차량 등이) 쌩하고 움직이다
passenger seat 조수석, 앞좌석
pull over 차를 세우다

license 면허
folded 접힌
leather 가죽
wallet 지갑
tiny 작은

Tell the Truth
진실만을 말해

🎧 20.mp3

EXT. FREEWAY SHOULDER – CONTINUOUS
The van slowly pulls to the side of the road. ON two cops in the car. One is a tall cyclops, **imposing**, eagle-eyed, a woman of few words, she means business: OFFICER SPECTER. The other is a loud, **boorish** satyr: OFFICER GORE. Officer Specter talks into the P.A.

OFFICER SPECTER   Step out of the vehicle.

INT. VAN – CONTINUOUS
The boys **panic** trying to **figure out** a plan. Meanwhile, in the background, Dad's **dizzy** legs **stumble** around, then lean against the open back doors of the van and begin to step out.

IAN   (panicked) What are we gonna do?

BARLEY   (panicked) I don't know!

IAN   How are we gonna **explain**-- (seeing Dad) Oh no. DAD!

Ian turns, but he's **buckled** in and Dad is already **tumbling out** the door.

EXT. FREEWAY SHOULOER – CONTINOUS
The cops watch as Dad slowly stumbles out of the car and onto the road. The cops look at each other as if to say, "Oh boy, this guy's **half in the bag**." The officers step out of the car and walk over to Dad.

OFFICER GORE   You have a long night there, buddy?

외부, 고속도로 갓길 – 계속
밴은 천천히 도로 갓길에 정차한다. 경찰 두 명이 차 안에 있다. 그 중 한 명은 키가 큰 키클롭스인데 강렬한 독수리 눈을 하고 말수가 적어 보이는 진지한 성격의 여자 경찰, 스펙터 경관이다. 또 한 명은 목소리가 크고 촌스러워 보이는 사티로스, 고어 경관이다. 스펙터 경관이 확성기에 대고 말을 한다.

스펙터 경관 차에서 나오세요.

내부, 밴 – 계속
겁먹은 아이들은 계획을 짜내려고 한다. 한편 뒤에서 아빠의 힘없는 다리는 여기저기 부딪힌다. 열려 있는 뒷문에 기대어 있다가 갑자기 밴 밖으로 나간다.

이안 (겁을 먹고) 우리 어떻게 하지?

발리 (겁을 먹고) 나도 몰라!

이안 어떻게 설명을 하지? (아빠를 보고) 안 돼, 아빠!

이안, 몸을 돌린다. 하지만 여전히 안전벨트를 매고 있다. 그 사이, 아빠는 이미 문밖으로 뒹굴면서 나간다.

외부, 고속도로 갓길 – 계속
경찰들, 아빠가 차 밖으로 나와 도로를 서투르게 걷는 장면을 바라보고 있다. 경찰들은 '참 내, 이 사람 완전 고주망태가 되었네'라는 표정으로 서로를 바라본다. 경찰들, 차에서 나와 아빠에게 걸어간다.

고어 경관 아주 재미있는 밤을 보내시는 것 같군요.

---

imposing 인상적인
boorish 상스러운. 천박한
P.A.(= public address) 확성기
panic 겁을 먹은
figure out 생각해 내다, 알아내다
dizzy 어지럽게 움직이는
stumble 비틀거리다
explain 설명하다

buckle 안전벨트를 채우다
tumble out 굴러 떨어지다
half in the bag 곤드레만드레 취한

The boys **sneak out** of the van and **crouch** next to the passenger door while the two cops **address** Dad in the background.

두 경찰이 아빠와 이야기하는 사이에 아이들은 밴을 몰래 빠져나와 조수석 문 옆에 웅크리고 있는다.

OFFICER SPECTER   Sir, I'm gonna ask you to walk this straight line.

스펙터 경관 선생님. 이 선을 똑바로 걸어 보세요.

Officer Gore **rolls** her eyes. Officer Specter watches silently; she knows something is not right.

고어 경관은 눈을 굴린다. 스펙터 경관은 말없이 지켜본다. 뭔가 이상하다고 생각한다.

EXT. FREEWAY **SHOULDER** – BEHIND THE VAN – CONTINUOUS
We pull back to Ian and Barley watching from behind the van.

외부. 고속도로 갓길 – 밴 뒤 – 계속
이안과 빌리가 밴 뒤에서 지켜보고 있다.

IAN   They're gonna **take** Dad!

이안 경찰들이 아빠를 데려갈 거야!

Barley thinks for a moment.

빌리. 잠시 생각한다.

바로 이 장면!*

BARLEY   (whispered) Oh! I got it! The **disguise spell**! You can disguise yourself to be anyone you want.

빌리 (속삭이며) 아 맞아! 위장의 마법! 어떤 사람으로든 위장할 수 있다고.

Barley draws the spell on the dirty van.

빌리. 먼지가 많이 묻은 밴 위에 주문을 그린다.

IAN   (whispered) What if I **mess up** again?

이안 (속삭이며) 내가 또 망치면 어쩌지?

BARLEY   (whispered) **According to** the spell, "Disguising yourself is a lie, so you must tell the truth to **get by**." As long as you don't tell a lie, the spell will be fine.

빌리 (속삭이며) 마법에 따르면 "위장은 거짓말이다. 그러므로 들키지 않으려면 진실만을 말해야 한다."라고 하네. 거짓말을 하지 않는 한 그 마법은 괜찮을 거야.

Ian thinks about this.

이안. 잠시 생각한다.

IAN   (whispered) Okay... who are we gonna be?

이안 (속삭이며) 알았어… 그럼 누구로 하지?

EXT. FREEWAY SHOULDER – CONTINUOUS
The **cops** watch a wandering, **meandering** Dad.

외부. 고속도로 갓길 – 계속
경찰들은 이리저리 돌아다니는 아빠를 바라본다.

---

sneak out 몰래 빠져나가다
crouch 몸을 웅크리다
address 말하다
roll 굴리다
shoulder 갓길
take 데리고 가다
whisper 속삭이다
disguise 위장

spell 마법, 주문
mess up 망치다
according to ~에 따르면
get by 들키지 않고 잘 빠져나가다
cop 경찰
meander (목적 없이) 거닐다

OFFICER GORE	Okay, we're taking you down to the station.	고어 경관	자, 이제 경찰서로 갑시다.

As they prepare to lead Dad to the car, there is a dim flash from behind the van and a faint magical **crackling** followed by **CLOMP**, CLOMP, CLOMP, CLOMP. The cops turn to see, walking out from behind the van, Officer Colt Bronco.

경찰들이 아빠를 경찰차로 데려가려고 하자 밴 뒤에서 희미한 불빛이 보이고 아주 작게 마법의 불꽃이 타는 소리가 들린다. 그리고 뚜벅, 뚜벅, 뚜벅 하는 소리가 들린다. 경찰들이 돌아본다. 밴 뒤에서 콜트 브론코 경관이 걸어 나온다.

COLT	(nervous/uncertain) **What seems to be the problem here fellow... police folk?**❶	콜트	(초조하게/불확실한 목소리로) 무슨 문제라도 있나, 경찰 동지들?

Colt's back legs begin to walk ahead of his front. Colt looks nervous and awkward.

콜트 경관의 뒷다리가 앞다리를 앞질러 걸어 나온다. 콜트는 초조하고 어색해 보인다.

OFFICER GORE	(confused) Officer Bronco?	고어 경관	(혼란스러운 듯) 브론코 경관님?
OFFICER SPECTER	Were you in that van?	스펙터 경관	저 밴 안에 계셨어요?

The camera slowly makes its way to the side of Colt, revealing the boys' point of view: they're magically masked by a ghost-like **shell** of Colt. When we are in front of Colt, we hear his voice; when we are at the side with Ian, we hear Ian's voice.

카메라가 콜트의 옆쪽으로 움직이며 아이들의 시점을 보여준다 아이들은 마법으로 유령과 같은 콜트 껍데기를 뒤집어쓰고 있다. 화면이 콜트 앞을 보여주면 그의 목소리가 들리지만 화면이 이안 옆에 있으면 이안의 목소리가 들린다.

As we come around, we hear Colt's voice turn into Ian's. We see Ian in the front and Barley in the back, making up Colt's backside.

화면이 옆으로 돌아가는데 콜트의 목소리가 이안의 목소리로 변해서 들린다. 실제로는 앞에 이안이 있고, 뒤에서는 발리가 콜트의 엉덩이 부분을 담당하고 있다.

COLT/IAN	(nervously **impersonating** Colt) **Affirmative**! And we will, I mean, I will take full **responsibility** for that **fella** right there, so you just **release** him over to me.	콜트/이안	(불안하게 콜트를 흉내내며) 맞아! 그리고 우리가, 아니 내가 저기 저 친구를 책임지겠어. 그러니 나에게 넘기도록 해.

Barley calls up to Ian.

발리, 이안에게 말한다.

BARLEY	(whispered to Ian) Hey, I wanted to be the front.	발리	(이안에게 속삭이며) 야, 내가 앞부분을 하고 싶었다고.

---

crackling 탁탁하는 소리

clomp 쿵쿵거리는 소리

shell 껍질

impersonate 흉내내다

affirmative 긍정, 군대 등에서 쓰는 긍정의 말

responsibility 책임감

fella 친구, 동료

release 풀어주다

❶ **What seems to be the problem here fellow... police folk?**
무슨 문제라도 있나, 경찰 동지들?
What seems to be the problem?과 What's the problem?은 둘 다 무슨 문제가 있는지 물어보는 표현이지만 What seems to be the problem?이 좀 더 정감 있고 공손하게 물어본다면 What's the problem?은 다소 직설적으로 물어보는 느낌이 있어요.

IAN	(whispered to Barley) No way, I'll do the talking.	이안 (발리에게 속삭이며) 안 돼. 말하는 건 내가 담당하겠어.

Back on the cops.

경찰들이 있는 장면으로 다시 돌아온다.

OFFICER GORE	Bronco, I thought you were working on the other side of town.	고어 경관 브론코 경관님. 오늘 다른 지역 근무하시는 줄 알았어요.

COLT	I, uh, changed my mind.	콜트 마, 마음이 바뀌었어.

Suddenly Colt's right horse ear **vanishes**. Ian realizes that he **slipped** up and lied. He quickly turns to the right, **blocking** the missing ear from view.

갑자기 콜트의 오른쪽 귀가 사라진다. 이안은 말이 헛나가 거짓말을 했다는 것을 알게 된다. 재빨리 오른쪽으로 돌아 사라진 귀를 감춘다.

OFFICER SPECTER	Something wrong?	스펙터 경관 무슨 문제가 있나요?

COLT	(panicking) Just a little... neck... **cramp!**	콜트 (겁을 먹고) 목이… 좀 아파서!

And with that, Colt's left hand goes away. Ian quickly and awkwardly bends his arm behind the left side of his body. He looks like he's playing Twister with himself. He's panicking.

그 말과 동시에 콜트의 왼손이 사라진다. 이안, 이상한 동작으로 재빠르게 팔을 왼쪽 몸 뒤로 숨긴다. 마치 혼자서 트위스터 보드게임을 하는 것처럼 보인다. 이안, 잔뜩 겁을 먹었다.

BARLEY	(whispered to Ian) You have to stop lying. Answer every question with a question!	발리 (이안에게 속삭이며) 거짓말 그만해. 질문을 질문으로 답해 봐!

OFFICER SPECTER	What exactly are you doing out here?	스펙터 경관 여기서 뭐하고 계시는 거예요?

COLT	(**stalling** to think) Uh... What am I doing here? What are any of us doing out here?	콜트 (시간을 끌며 생각하다가) 어… 내가 뭐하고 있냐고? 우리 모두가 다 여기서 뭐하고 있는 거지?

OFFICER GORE	(**mind blown**) Whoa... I never thought about it like that.	고어 경관 (감탄한 듯) 와… 그런 생각을 해 본 적이 없어요.

BARLEY	(whispered to Ian) Nice!	발리 (이안에게 속삭이며) 잘했어!

OFFICER SPECTER	**With all due respect, you didn't answer my question.**[1]	스펙터 경관 죄송하지만 제 질문에 제대로 답을 하지 않으셨어요.

---

vanish 사라지다
slip 말이 헛나오다
block 막다
cramp 경련, 통증
stall (시간을 벌려고) 피하다, 지연작전을 쓰다
mind blown 놀라서, 흥분해서

❶ With all due respect, you didn't answer my question.
죄송하지만 제 질문에 제대로 답을 하지 않으셨어요
with all due respect는 상대에게 공격적인 말이나 기분 나쁜 말을 하기 전에 미안하다는 뜻으로 사용하는 표현이에요. '죄송한 말씀이지만', '기분 상하실 수도 있지만'이라고 해석할 수 있습니다.

COLT	well, we were just exercising some driver's education **drills** for... Ian.	콜트 음. 운전 강습을 해 주고 있었어… 이안에게
OFFICER SPECTER	Who is Ian?	스펙터 경관 이안이 누구죠?
OFFICER GORE	(pointing back to Dad) Oh, is that Laurel's kid?	고어 경관 (아빠를 가리키며) 오, 쟤가 로렐의 아들인가요?
COLT	(choosing words carefully) Ian is Laurel's kid.	콜트 (신중히 할 말을 생각하면서) 이안은 로렐의 아들이야.
OFFICER SPECTER	Your **stepson** was **swerving** all over the road.	스펙터 경관 경관님의 의붓아들이 도로를 이리저리 달리더라구요.
COLT / IAN	(pointing to Dad) Yeah, well... that guy's not all there today.	콜트/이안 (아빠를 가리키며) 그래, 쟤가 오늘 제정신이 아니네.

Bronco and the cops look back to see Dad **slump** on the hood of the police car.

브론코와 경찰들이 뒤를 돌아본다. 아빠가 경찰차 후드 위에 털썩 주저앉아 있다.

OFFICER SPECTER	(suspicious) Yeah, **he does seem a little off.**❶	스펙터 경관 (의심하면서) 네, 정말 좀 이상하네요.

Specter looks back at Colt.

스펙터 경관이 콜트를 다시 바라본다.

OFFICER SPECTER	(suspicious) You seem a little off yourself.	스펙터 경관 (의심하면서) 그리고 경관님도 그렇구요.

On Ian inside the **illusion**, nervous and sweating.

위장을 하고 있는 이안, 초조해하며 땀을 흘린다.

IAN / COLT	Uh, actually, if I'm being completely honest... I'm not super great in this kinda situation... and I'm starting to freak out a little bit. I'm all **sweaty** and weird and I don't know what to say and I just feel like I can't do anything right and I'm a total **weirdo**--	이안/콜트 사실, 정말 솔직히 말하면… 난 이런 상황이 좀 그래… 약간 긴장도 되고 땀도 많이 나고 기분도 이상하고 무슨 말을 할지도 모르겠어, 아무 일도 제대로 못할 것 같고 내가 바보스럽고…

---

drill 연습
stepson 의붓아들
swerve 방향을 바꾸다
slump 털썩 앉다
suspicious 의심스러운
illusion 환상, 환각
sweaty 땀투성이의
weirdo 이상한 사람, 괴짜

❶ **He does seem a little off.**
정말 좀 이상하네요.
off는 아주 많은 뜻을 가진 단어이기 때문에 문맥에 맞게 올바른 뜻으로 해석해야 합니다. 여기에 사용된 off는 '제정신이 아닌', '조금 이상한', '잘못된'이란 의미예요.

Specter and Gore look at each other like Colt has gone crazy. Specter privately takes him aside.

스펙터와 고어는 콜트가 제정신이 아닌 것처럼 서로를 바라본다. 스펙터가 콜트를 옆으로 데리고 간다.

OFFICER SPECTER   Whoa, whoa, hold on, okay hold on, hold on. I think I know what's going on here.

스펙터 경관   잠깐만요. 잠시만. 무슨 상황인지 이제 알겠어요.

IAN   Uh... You do?

이안   어… 그래?

OFFICER SPECTER   Yeah, it's not easy being a new parent. My girlfriend's daughter got me **pulling** my hair **out**, okay?

스펙터 경관   새로운 부모가 된다는 건 쉬운 일이 아니죠. 저도 여자친구의 딸 문제로 머리카락을 다 뽑고 싶은 심정이니까요.

She steps closer to Colt. Ian begins to **calm** his breathing.

스펙터, 콜트에게 다가간다. 이안은 침착하게 숨을 쉬려고 한다.

IAN   (**relieved**) Oh... uh, yeah.

이안   (안심하며) 어… 그래.

OFFICER SPECTER   (to Gore) Alright, we can let him go.

스펙터 경관   (고어에게) 됐어. 보내 드려.

COLT   Oh, okay... I'm just gonna take him to the van.

콜트   저 애를 밴에 태워야겠어.

OFFICER SPECTER   (to Colt) Hey, it gets better, alright? Good luck, Bronco.

스펙터 경관   (콜트에게) 차츰 좋아질 거예요. 잘해 보세요, 브론코 경관님.

COLT   You too, officer. Keep workin' hard... or hardly workin'... (horse laugh)

콜트   자네도. 열심히 일하게… 아니면 열심히 놀던가… (말 울음소리)

The boys, still **disguised** as Colt, put Dad back in the van.

여전히 콜트 모습을 한 아이들이 아빠를 밴에 태운다.

BARLEY   (whispering) Now that was a good Colt!

빌리   (속삭이며) 진짜 콜트 같았어!

Ian **grins** at Barley.

이안, 빌리에게 미소 짓는다.

OFFICER GORE   I don't **envy** you, Bronco. That Lightfoot kid is a **handful**.

고어 경관   한데 경관님이 부럽지는 않네요. 그 라이트풋 남자애 참 손이 많이 가더라고요.

COLT   I'm gonna have to **disagree** with you there, I think Ian's a pretty **stand up citizen**.

콜트   난 그렇게 생각하지 않아. 이안은 아주 괜찮은 아이라고.

---

pull ~ out ~을 뽑다, 빼다
calm 진정시키다
relieved 안심해서
disguise 위장하다
grin 씩 웃다
envy 부러워하다
handful 손이 많이 가는
disagree 동의하지 않다

stand up 모범의, 규율을 잘 지키는
citizen 시민

OFFICER GORE   Not him, the older one.

IAN   What?

OFFICER GORE   I mean, the guy's a **screwup**. You can't say you don't agree?

On Ian inside the illusion.

IAN   (struggling) Um, I don't.

But Colt's **projected** right leg instantly **vanishes**. Ian quickly bends his leg behind the other to hide it. This isn't lost on Barley.

BARLEY   (hurt, **stunned**) What?

IAN / COLT   I mean, um, uh, okay, well, um, **I have to get going,**❶ gotta get Ian home.

Colt's other arm vanishes. Colt quickly begins to **shuffle** back to the van. But Ian is **in a spiral**. The cops watch, **baffled** by Colt's behavior.

COLT   I mean, I'm late for work.

Colt's back legs vanish.

COLT / IAN   Sorry, I mean I'm feeling a little sick. I mean, tired. Sick and tired. I gotta go! See you Monday!

With each lie, Colt loses an arm, leg, ear, or other body part. Ian and Barley are able to barely **slink** into the van before Colt's head disappears. Colt is in shadow and partially **obscured** from their view by the van, so Gore and Specter don't fully see what is happening. They just know that something isn't right.

고어 경관   그 애 말구요. 그 애 형 말이에요.

이안   뭐라고?

고어 경관   그 애 완전히 바보 같잖아요. 그렇게 생각하지 않아요?

위장을 하고 있는 이안의 모습.

이안   (말을 제대로 못하며) 음… 그렇지 않아.

하지만 콜트의 오른쪽 앞다리가 갑자기 사라진다. 이안, 그 다리를 재빨리 뒤로 숨긴다. 발리는 이 장면을 놓치지 않고 바라본다.

발리   (상처를 받고 놀라서) 뭐라고?

이안/콜트   내 말은… 음… 그러니까… 가야겠어. 이안을 집에 데려다줘야지.

멀쩡했던 콜트의 팔이 사라진다. 콜트, 서둘러 밴으로 뒷걸음친다. 이제 이안의 모습으로 다시 바뀌려고 한다. 경찰들이 콜트의 행동에 당황하며 이를 지켜본다.

콜트   나 늦었어.

콜트의 뒷다리가 사라진다.

콜트/이안   몸이 좀 안 좋다구. 아니 좀 피곤해. 아프고 피곤해. 잘 있어! 월요일에 봐!

거짓말을 할 때마다 콜트의 팔, 다리, 귀, 몸의 다른 부분이 사라진다. 콜트의 머리가 없어지기 직전에 이안과 발리는 간신히 밴으로 도망칠 수 있었다. 콜트가 어두운 곳에 있고 몸의 일부가 밴에 가려져 있어서 고어와 스펙터 경관은 이 광경을 제대로 볼 수 없다. 하지만 뭔가 이상하다는 것을 눈치챈다.

---

screwup 바보, 문제아

project 비추다, 돌출되다

vanish 사라지다

stunned 놀란

shuffle 이리저리 움직이다

in a spiral 돌면서

baffle 당황하게 하다

slink 살금살금 움직이다

obscure 보이지 않게 하다

❶ **I have to get going.**
가야겠어.

I have to get going.은 상대와의 대화를 마무리 지을 때 사용할 수 있는 표현이에요. '일이 있어서 가야겠어'라는 뜻이에요. I gotta get going. 혹은 I have to go.라고도 할 수 있습니다.

OFFICER GORE   (laughing) Oh man, Bronco is losing it.

고어 경관 (웃으며) 이런, 브론코 경관님 제정신이 아니네.

Specter suspiciously watches the van drive away.

스펙터 경관, 의심스러운 표정으로 밴이 사라지는 것을 바라본다.

OFFICER GORE   See, that's why I never got married. Yup, Old Gore can't be tied down.

고어 경관 저래서 내가 결혼을 안 한다니까. 난 속박되는 게 싫어.

Using her **flashlight**, Specter slowly follows Colt's **hoof prints** in the **dirt**, only to find them **transform** into regular shoe prints. Her eye widens. She speaks into her **radio**.

스펙터 경관, 플래시를 켜고 천천히 땅에 찍혀 있는 콜트의 말발굽 자국을 따라가다 발굽 자국이 일반 신발 자국으로 변한 것을 발견한다. 스펙터의 눈이 커진다. 즉시 무전을 한다.

OFFICER SPECTER   (into radio, confused) This is Specter. Can you **put** me **through** to Officer Colt Bronco?

스펙터 경관 (무전으로, 혼란스러운 표정으로) 스펙터 경관이다. 콜트 브론코 경관님 연결해 주기 바란다.

---

flashlight 손전등

hoof print 발굽 자국

dirt 흙, 먼지

transform 변하다

radio 무전기

put ~ through (전화 등으로) 연결하다

You're Not a Screwup

형은 바보가 아니야

🎧 21.mp3

[DANCE FIGHT]

EXT. FREEWAY – NIGHT – LATER
The boys drive down the freeway. They're silent. Dad is **flopped** down on the beanbag in the back of the van. Ian looks straight ahead, **guilty**. Every now and then, he **glances at** Barley. Barley **stares** forward as he drives. He's **stone-faced**, half **lidded**, angry.

(싸우고 춤추고)

외부, 고속도로 – 밤 – 얼마 후
아이들의 차가 고속도로를 달리고 있다. 그들은 말이 없다. 아빠가 뒤에서 빈백 의자에 탈썩 앉는다. 이안은 앞을 보고 있다. 죄책감을 느끼는 듯하다. 이따금 발리를 쳐다본다. 운전 중인 발리, 앞만 바라보고 있다. 얼굴에 표정이 없다. 눈을 반쯤 감고 있고 화가 난 얼굴이다.

IAN	Barley... I don't know what happened back there, but I don't think you're a screwup.

이안 형… 그때 어떻게 된 건지 잘 모르겠지만 난 형이 바보라고 생각하지 않아.

Barley says nothing.

발리, 아무 말이 없다.

IAN	Maybe the magic just got it wrong... you know?

이안 아마 마법이 잘못된 걸 수도 있잖아… 그렇지?

BARLEY	(covering hurt) Yeah...

발리 (마음에 상처를 입지 않은 척하며) 그래…

Barley **BLASTS** super loud fantasy metal. Ian **winces**.

발리, 판타지 헤비메탈 음악을 아주 크게 튼다. 이안이 얼굴을 찡그린다.

IAN	I DON'T KNOW WHAT HAPPENED--

이안 어떻게 된 건지 잘 모르…

Barley **turns up** the music louder.

발리, 음악을 더 크게 튼다.

IAN	BARLEY! BARLEY!

이안 형! 발리 형!

Suddenly Barley **whips off** the road at an exit and **pulls up to** a deserted **rest area**. He gets out of the van through the sliding door on Ian's side.

갑자기 발리가 출구로 방향을 틀더니 아무도 없는 휴게소에 차를 멈춰 세운다. 그리고는 이안 쪽에 있는 슬라이딩 문을 열고 밴을 빠져나간다.

EXT. REST STOP – NIGHT – CONTINUOUS

외부, 휴게소 – 밤 – 계속

---

flop 털썩 주저 앉다
guilty 죄책감을 느끼는
glance at ~를 힐끗 보다
stare 응시하다
stone-faced 무표정한
lidded 눈꺼풀의
blast 쾅쾅 울리다, 폭발시키다
wince 움찔하고 놀라다

turn up 볼륨을 올리다
whip off 갑자기 벗어나다
pull up to 차를 ~에 세우다
rest area 휴게소

The music **blares** as Barley **marches** out onto the grassy field outside the rest area. He angrily **tears** into a bag of Gorgon Zola's Cheese puffs.

음악 소리가 여전히 크게 들리는 가운데 밸리는 휴게소 밖 잔디가 있는 쪽으로 성큼성큼 걸어간다. 고르곤졸라 치즈 퍼프 과자를 화가 난 듯 과격하게 뜯는다.

IAN   (calling out) Where are you going?

이안 (큰 소리로) 어디 가?

Ian **trails after** him, calling out.

이안, 큰 소리로 부르면서 밸리를 따라간다.

IAN   Barley, come on, this is all just--

이안 형, 이봐. 이건 그냥…

Barley stops and turns to Ian.

밸리, 걸음을 멈추고 이안을 향해 돌아선다.

BARLEY   I'm not a **screwup**!

밸리 난 바보가 아니야!

IAN   I didn't say you were.

이안 형이 그렇다고 한 적 없어.

BARLEY   The magic said it for you!

밸리 마법이 그렇게 말했잖아!

IAN   Well, the magic got it wrong!

이안 그럼 마법이 잘못됐겠지!

BARLEY   Magic doesn't get it wrong! The cop asked a question, you answered, and magic revealed the truth. Right?!

밸리 마법은 절대 잘못될 리 없어! 경찰이 질문을 했고 네가 답을 한 거야. 마법이 진실을 밝혀 준 거지. 안 그래?!

Ian tries to **hold back**.

이안은 말을 아끼고 있다.

BARLEY   RIGHT?!

밸리 안 그러냐고?!

바로 이 장면!

IAN   (bursting) I don't know how any of this stuff works! All I know is that everything we've done tonight has gone wrong!

이안 (목소리를 높이고) 이게 어떻게 되는 건지 잘 모르겠어! 그냥 내가 알고 있는 건 오늘 밤 우리가 했던 모든 일들이 다 잘못됐다는 거야!

BARLEY   It's gone wrong because you won't listen to me!

밸리 네가 내 말을 안 들어서 잘못된 거잖아!

---

blare 크게 울리다
march 행진하다
tear 찢다
trail after ~의 뒤를 따라가다
screwup 바보, 문제아
hold back 참다, 말을 아끼다
burst 화를 내다

Ian stops, **stunned**.

| | | 이안, 놀란 표정으로 말을 멈춘다. |

IAN   Are you kidding? Because everything we've done has been your idea--

이안   진심으로 하는 말이야? 우리가 한 일 모두가 형의 생각이었기 때문에…

BARLEY   But you didn't do it my way! You didn't let me **handle** the Manticore. **You freaked out when I talked to the sprites.❶** Because you don't think I have good ideas.

빌리   하지만 넌 내 방식대로 하진 않았어! 내가 맨티코어를 상대하게 하지도 않았지. 내가 도깨비들과 말할 때 화들짝 놀라기나 하고, 넌 내가 좋은 아이디어가 없다고 생각하니까.

IAN   What! Of course I do!

이안   뭐라고! 말도 안 돼!

BARLEY   Great, then I think we should take the **Path** of **Peril**!

빌리   좋아, 그렇다면 난 우리가 위험의 길로 가야 된다고 생각해!

IAN   And I also think that would be good... normally--

이안   나도 그게 좋다고 생각은 하지만… 일반적으로…

BARLEY   See!

빌리   거 봐!

IAN   But I told you, this isn't a game! All that **matters** today is Dad, and right now he's sitting in that van, and he's confused--

이안   말했잖아. 이건 게임이 아니라고. 오늘 정말 중요한 건 아빠야. 지금 저 차 안에 앉아서 혼란스러워하고 계시잖아…

Barley **breaks eye contact** and looks over Ian's shoulder back toward the van.

빌리, 이안의 눈을 피한다. 이안의 어깨 너머로 밴을 향해 시선을 돌린다.

Ian stares at Barley **frustrated**.

이안, 빌리를 바라본다. 여전히 불만스러운 표정이다.

IAN   What?

이안   왜?

Ian turns to see Dad standing up in the back of the van, slowly **bending** his knees rhythmically to the music.

이안이 돌아보니 아빠는 밴 뒤에 서서 음악에 맞춰 리듬을 타면서 천천히 무릎을 움직이고 있다.

IAN   What is he doing?

이안   뭐하시는 거야?

---

stunned 놀란

handle 다루다

path 길

peril 위험

matter 중요하다

break eye contact 눈을 피하다

frustrated 좌절감을 느끼는, 불만스러워하는

bend 구부리다

❶ **You freaked out when I talked to the sprites.**
내가 도깨비들과 말할 때 화들짝 놀라기나 하고.
freak out은 '화들짝 놀라다', '질겁하다'라는 뜻으로 be surprised보다 놀람의 정도가 훨씬 강해요. 이 표현은 겁을 먹으면서 놀라게 되는 상황에서 주로 사용합니다.

The boys look on in stunned silence. Their anger gives way to **confusion**.

아이들은 깜짝 놀라 아무 말 없이 아빠를 바라본다. 짜증난 표정이 당황한 표정으로 바뀐다.

BARLEY   I think he can feel the **vibrations** of the music and he's... dancing.

빌리   음악의 진동을 느끼시나 봐… 춤을 추시네.

The boys watch as Dad slowly adds more dance moves. Then Dad really **cuts loose** and it's... not good. All knees and no hips. The boys talk to one another very matter-of-fact, half-angry.

아이들, 아빠를 바라본다. 아빠의 춤 동작이 더 격렬해진다. 아빠, 자유자재로 춤을 추는 … 막춤이다. 무릎은 자유자재로 움직이면서 엉덩이는 흔들지 않는다. 아이들은 화가 조금 누그러진 상태로 말을 한다.

IAN   Wow. He is terrible.

이안   와. 정말 못 추시네.

As Dad's dancing gets worse and worse, the boys forget they were fighting. Dad **flails** so wildly that his top half falls off.

아빠의 춤 동작이 점점 더 나빠지면서 아이들은 서로 싸우고 있다는 사실을 잊어버린다. 아빠가 너무 격렬히 몸을 흔들어서 몸통이 떨어져 나간다.

BARLEY   Yeah. He's really, really bad.

빌리   맞아. 정말 최악이야.

They watch in **embarrassment**. Dad **shimmies** his way over to the boys.

아이들, 당황스러워하며 이 광경을 지켜본다. 아빠가 춤을 추며 이들에게 다가온다.

BARLEY   Oh no, here he comes.

빌리   아, 안 돼. 이쪽으로 오시네.

Dad hooks his leg around Barley's, **cajoling** him onto the dance floor.

아빠는 자신의 다리를 빌리에게 걸고 댄스 무대로 끌어들인다.

BARLEY   No no no, thanks Dad, thank you! **I'm good!**❶ Stop!

빌리   아니, 됐어요 아빠. 전 안 할래요! 그만해요!

Barley **gives in**.

빌리, 포기한다.

BARLEY   (laugh) Okay, okay!

빌리   (웃으며) 알았어요, 알았어!

Ian watches Barley and Dad dance. Then Dad walks over to Ian.

이안, 빌리와 아빠가 춤추는 모습을 바라본다. 아빠가 이안에게 다가온다.

IAN   Oh! No, no, no. No, no, no! I'm not really a big dancer-- (laughs)

이안   아니, 안 돼요! 전 정말 춤을 못 춰요… (웃는다)

---

confusion 혼란스러움
vibration 진동
cut loose 자유로워지다, 마음껏 움직이다
flail 마구 흔들다
embarrassment 당혹감
shimmy 엉덩이와 어깨를 흔들며 춤추다
cajole 꼬드기다
give in 항복하다

❶ **I'm good!**
전 안 할래요!
I'm good.은 '내가 좋다'는 뜻이 아니라
상대의 제안이나 호의를 거절할 때
사용하는 표현이에요. '저는 괜찮아요.' 혹은
'됐어요.'라고 해석합니다.

Ian tries to **get away**, but Dad won't have it. Ian **is forced to** dance. The boys both dance with Dad.

이안은 빠지려고 하지만 아빠가 놓아주지 않는다. 이안, 강제로 춤을 춘다. 두 아이 모두 아빠와 함께 춤을 춘다.

| IAN | Just imagine what the top half of this dance looks like. | 이안 아빠의 상체는 어떤 춤을 출지 생각해 봐. |

| BARLEY | I bet it goes something like this! | 빌리 아마 이렇게 추겠지! |

Barley dances wildly behind Dad, filling out Dad's upper half for a moment. The boys laugh. The music stops. Dad sits.

빌리, 아빠 뒤에 서서 이빠의 상체 역할을 하며 격렬하게 춤을 춘다. 아이들은 크게 웃는다. 음악이 멈추고 아빠는 앉는다.

| BARLEY | Oh, you danced your **shoelaces loose** there, **Pop**. | 빌리 춤추시다가 신발끈이 풀렸어요, 아빠. |

Barley **kneels** to tie Dad's shoe.

빌리, 무릎을 꿇고 아빠의 신발끈을 묶어 준다.

| BARLEY | (sigh) You know, I want to see him, too. | 빌리 (숨을 크게 쉬며) 있잖아, 나도 아빠를 보고 싶어. |

A guilty, **pained** look **comes across** Ian's face.

이안, 죄책감과 동시에 마음 아픈 표정을 짓는다.

| IAN | Yeah... I know. | 이안 그래, 나도 알아. |

Barley stands.

빌리가 일어선다.

| BARLEY | It's not fair for you to call me a **screwup** if you don't give me a chance to get something right. Just do one thing my way. | 빌리 나에게 일을 제대로 할 기회도 안 주면서 바보라고 부르는 건 공평하지 않아. 하나라도 내 방식대로 해 봐. |

This **hits** Ian.

이안, 잠시 생각한다.

| IAN | You really think this "Path of Peril" is the best way to go to the mountain? | 이안 산으로 가기 위해서 "위험의 길"이 최선이라고 생각해? |

Barley **nods** his head yes. Ian looks **uncertain**, then thinks...

빌리, 긍정의 표현으로 고개를 끄덕인다. 이안, 확신하지 못하는 표정을 짓다가 다시 생각한다.

| IAN | Okay. | 이안 좋아. |

Barley smiles at Ian.

빌리 이안에게 미소 짓는다.

---

get away 도망가다
be forced to ~하도록 강요받다
shoelace 신발끈
loose 풀어진
Pop 아빠
kneel 무릎을 꿇다
pained 가슴 아픈
come across ~에 나타나다

screwup 바보, 문제아
hit (생각 등이 불현듯) 떠오르다
nod 고개를 끄덕이다
uncertain 불확실한

Pawn Shop
전당포

🎧 22.mp3

EXT. ROAD – NIGHT
The van drives down the road. As it reaches the on-ramp to the freeway, it instead makes a right onto a **dusty**, **unpaved** road. The **roughness** of the road causes Guinevere's back bumper to fall off, leaving behind their license plate. The van drives away **into the distance**.

[PAWN SHOP]

EXT. GRECKLIN'S PAWN SHOP – AFTERNOON
The Manticore and Laurel pull up in a parking lot and climb out of the car.

LAUREL   Uh, so where is your magic sword?

MANTICORE   It lies beyond those gates.

The MANTICORE looks toward a small building with a flashing sign that reads: PAWN SHOP. It's **unremarkable**, with bars on the window.

MANTICORE   If we don't leave here with the sword, your boys are **doomed**.

INT. GRECKLIN'S PAWN SHOP – AFTERNOON
Laurel and the Manticore stand in a dirty pawn shop filled with old **junk**, TV's, **microwaves** as well as **antiques**, fantasy **armor**, instruments, and books. The pawnshop's owner, GRECKLIN, a **grizzled**, **lanky goblin**, **slinks** up behind the counter. She lays a large **garlic press** in front of them.

외부. 도로 – 밤
밴이 도로를 달리고 있다. 고속도로 진입로에 접근하자 밴은 우측의 흙투성이 비포장 도로 방향으로 간다. 길이 험해서 귀네비어의 뒤 범퍼가 떨어지고 번호판도 땅에 떨어진다. 밴이 멀어져 간다.

(전당포)

외부. 그렉클린의 전당포 – 오후
맨티코어와 로렐은 주차장에 차를 세우고 차에서 나온다.

로렐   그래서 마법의 검은 어디에 있나요?

맨티코어   저 문 뒤에 있어요.

맨티코어, 작은 건물을 바라본다. '전당포'라고 적힌 간판이 반짝거리고 있다. 창문에는 창살이 있는데 그리 특별해 보이지 않는다.

맨티코어   그 검을 가져가지 못하면 당신 애들은 이제 끝장날 거예요.

내부. 그렉클린의 전당포 – 오후
로렐과 맨티코어는 지저분한 전당포 안에 서 있다. 전당포에는 텔레비전, 전자레인지, 골동품, 판타지에나 나올 만한 갑옷, 악기, 책 등의 오래된 물건이 가득하다. 전당포 주인 그렉클린은 머리가 희끗희끗하고 빼빼 마른 도깨비이다. 그렉클린, 카운터 뒤로 슬그머니 나타난다. 로렐과 맨티코어 앞에 커다란 마늘 분쇄기를 내려놓는다.

---

dusty 먼지 쌓인
unpaved (길이) 포장되지 않은
roughness 거침, 투박함
into the distance 멀리
pawn shop 전당포
unremarkable 평범한
doomed 끝장인, 운이 다한
junk 오래된 물건들

microwave 전자레인지
antique 골동품
armor 갑옷
grizzled 희끗희끗한
lanky 깡마른
goblin 도깨비
slink 살며시 행동하다
garlic press 마늘을 으깨는 도구

GRECKLIN	There you are, one garlic crusher.	그렉클린 여기 있어요, 마늘 분쇄기.
MANTICORE	(frustrated) No, Curse Crusher. It's a large magical sword.	맨티코어 (당황해서) 아니요, 저주 파괴자예요. 큰 마법의 검이라구요.
GRECKLIN	(**dawning**) Sword.	그렉클린 (이제야 알겠다는 듯) 검이라…

Grecklin looks through junk behind the counter.

그렉클린, 카운터 뒤에서 고철을 뒤진다.

| GRECKLIN | Sword, sword, sword... | 그렉클린 검이라… 검… |

She holds up a giant, **glorious** sword.

그렉클린, 거대하고 영롱한 검 하나를 들어올린다.

GRECKLIN	I mean, I got this thing.	그렉클린 이런 건 있네요.
MANTICORE	(laughing **triumphantly**) That's it!	맨티코어 (밝게 웃으며) 그거예요!
LAUREL	How much?	로렐 얼마예요?

Grecklin looks at the sword, **unimpressed**.

그렉클린, 흥미 없는 표정으로 검을 바라본다.

| GRECKLIN | Let's call it, uh... ten. | 그렉클린 음… 십으로 하죠. |
| LAUREL | Great! | 로렐 좋아요! |

As Laurel counts out the money, the Manticore looks lovingly at her sword. As Grecklin listens.

로렐이 돈을 세는 동안 맨티코어는 검을 사랑스럽게 바라본다. 그렉클린, 맨티코어의 말을 듣는다.

| LAUREL | (sotto) One, two, there's a five... | 로렐 (낮은 목소리로) 하나, 둘, 여기 5달러… |

바로 이 장면!*

| MANTICORE | (**lovingly** to sword) **Forged** of the **rarest** metals, the only sword of its kind in all the land. (longing sigh) Hello old friend. **We shall never part again.**❶ | 맨티코어 (사랑스럽게 검을 보고) 가장 진귀한 금속으로 만들어진, 지구상에 단 하나뿐인 검이야. (그리움의 한숨을 쉬며) 오랜만이군 친구여. 우리 다시는 헤어지지 말자. |

---

dawning 갑자기 생각난 듯
glorious 영광스러운
triumphantly 의기양양하게
unimpressed 감명받지 않은
lovingly 사랑스럽게
forge 만들다
rare 진귀한

❶ **We shall never part again.**
우리 다시는 헤어지지 말자.
We shall never는 '우린 절대 ~하지 않을 거야'라는 의미로, 말하는 사람들의 굳은 의지가 담긴 표현이에요. 사실 이 표현은 요즘 잘 사용하지 않는 옛날 표현이에요. 요즘은 We shall 대신 We will을 주로 씁니다.

Manticore reaches for her sword, but the Grecklin **slams** her hand on it.

맨티코어가 검을 집으려 하자 그렉클린이 그 위에 손을 쾅하고 내려놓는다.

GRECKLIN   (**maniacal** smile) Oops. (to Laurel) **Turns out** this sword is the only sword of its kind in all the land. (beat) So, let's call it ten... thousand. (maniacal laugh)

그렉클린 (사악하게 웃으며) 어이구. (로렐에게) 이게 지구상에 단 하나뿐인 검이라고 하네요. (말을 잠시 멈추고) 그럼 십... 만으로 하죠. (사악한 웃음 소리)

LAUREL   (gasp) You can't do that!

로렐 (허걱하며) 그러면 안 되죠!

But Grecklin just **shrugs her shoulders**.

그렉클린은 어쩔 수 없다는 듯 어깨를 들어올릴 뿐이다.

GRECKLIN   Well, I just did. (**cruel** laugh)

그렉클린 어쩔 수 없네요. (잔인하게 웃는다)

LAUREL   Well you had better--

로렐 당신 그렇게…

Laurel's phone rings. She **steps away** to answer it.

로렐의 전화기가 울린다. 로렐, 잠시 물러나 전화를 받는다.

LAUREL   Yeah.

로렐 여보세요.

COLT (ON PHONE)   Hey, I talked to some other **officers** and they said the boys were last seen going north.

콜트 (전화로) 다른 경찰에게서 들었는데 애들이 북쪽으로 가는 걸 마지막으로 봤다고 하네.

LAUREL   Are they okay?

로렐 애들은 괜찮아요?

COLT (ON PHONE)   They're fine, but the officers said, well... honey, **this night keeps getting stranger and stranger.**❶

콜트 (전화로) 괜찮아. 헌데 경찰들 말로는, 글쎄… 자기, 오늘 밤 너무 이상한 일들이 계속 일어나네.

Mom looks over to see the Manticore and Grecklin **arguing**.

엄마가 돌아보니 맨티코어와 그렉클린이 다투고 있다.

MANTICORE   Do you know who I am?

맨티코어 내가 누군지 알아요?

GRECKLIN   Some kind of winged bear-snake lady?

그렉클린 그냥 날개 달린 곰이나 뱀 같은 여자 아닌가?

---

slam 세게 놓다
maniacal 미친 듯한
turn out 밝혀지다, 드러나다
shrug one's shoulders 어깨를 으쓱 올리다
cruel 잔인한
step away 물러나다
officer 경찰
argue 말싸움하다

❶ **This night keeps getting stranger and stranger.**
오늘 밤 너무 이상한 일들이 계속 일어나네.
〈get 비교급 and 비교급〉은 '점점 더 ~하게 되다'라는 의미로 어떤 상태가 지속적으로 더 강해진다는 느낌을 표현할 때 쓰는 말이에요.

MANTICORE   (correcting) **Winged** lion-scorpion lady!

맨티코어 (그렉클린의 말을 고쳐 주며) 날개 달린 사자와 전갈이에요!

Back on Laurel.

다시 로렐이 보인다.

LAUREL   It sure does.

로렐 정말 그런 것 같아요.

Mom walks over to Grecklin and the Manticore and puts down her phone for a moment.

엄마는 그렉클린과 맨티코어에게 다가가 잠시 핸드폰을 내려놓는다.

LAUREL   (angry) Listen, I need that sword. My sons have **a once in a lifetime** chance to see their father. Now, my oldest son--

로렐 (화를 내며) 이봐요. 전 그 검이 필요해요. 우리 애들이 평생에 한 번 아빠를 만날 수 있는 기회가 있다구요. 그리고 우리 첫째가…

The Manticore's tail suddenly STRIKES Grecklin in the neck, **cutting off** LAUREL'S **emotional plea**. Grecklin's eyes POP open. Grecklin falls to the ground.

맨티코어의 꼬리가 갑자기 그렉클린의 목을 찌른다. 로렐, 감정에 호소하는 말을 멈춘다. 그렉클린의 눈이 커지더니 바닥으로 쓰러진다.

LAUREL   HOLY-SON OF-YOU KILLED HER!

로렐 세상에나… 당신이 죽인 거예요!

MANTICORE   It's okay! She's only **temporarily paralyzed.**

맨티코어 괜찮아요! 잠시 마비된 것뿐이니까.

They look on the other side of the counter. Grecklin is on the floor, **motionless**.

두 사람은 카운터 맞은편을 바라본다. 그렉클린, 움직이지 못하고 바닥에 쓰러져 있다.

GRECKLIN   HEY! You can't do this!

그렉클린 이봐요! 그러면 안 되죠!

MANTICORE   Well I just did.

맨티코어 어쩔 수 없네요.

Laurel considers this for a moment.

로렐, 잠시 생각한다.

LAUREL   **Grab** the sword!

로렐 검을 가져와요!

GRECKLIN   Don't you touch that!

그렉클린 건들지 말아요!

The Manticore grabs the Curse Crusher from the counter. Laurel **delicately** puts some **cash** on the counter.

맨티코어, 카운터에 있는 저주 파괴자를 집어 든다. 로렐, 카운터 위에 우아하게 돈을 놓아둔다.

---

correct 수정하다

winged 날개 달린

once in a lifetime 일생에 단 한 번의

cut off 잘라 버리다

emotional 감정에 호소하는

plea 간청

temporarily 일시적으로

paralyze 마비시키다

motionless 움직일 수 없는

grab 붙잡다

delicately 섬세하게

cash 현금

<u>LAUREL</u>	(**nervous/polite**) Here you go. And a little something extra for your trouble.	로렐 (초조해하며/공손하게) 여기 돈 있어요. 죄송해서 돈을 더 얹었어요.

Laurel **admires** some items on her way out.

로렐, 나가면서 물건 몇 개에 관심을 보인다.

<u>LAUREL</u>	I love your store! Oh, that's so pretty.	로렐 가게 멋지네요! 저거 정말 이뻐요.

Laurel **flips** the sign to "CLOSED."

로렐이 "영업 끝"이라는 표시로 바꿔 놓는다.

<u>GRECKLIN</u>	Hey! HEY!	**그렉클린** 이봐! 야!

Laurel and the Manticore run out the front door.

로렐과 맨티코어, 앞문으로 달려나간다.

---

nervous 긴장되는, 초조한
polite 예의 바른, 공손한
admire 감탄하다
flip 돌리다

Trust Bridge

믿음의 다리

🎧 23.mp3

EXT. **PAWN SHOP** – NIGHT
Mom and the Manticore run to the car, **cheering**, holding the sword.

MANTICORE   Ohhh, yeah!

COLT (ON PHONE)   Laurel?! What's happening?!

Back on Colt, who looks **panicked**.

COLT (ON PHONE)   Hello? Are you alright?! Laurel!

LAUREL   (remembering/putting phone to ear) Oh Colt, I can't talk! The boys need me!

Laurel has **hung up** on Colt.

INT. COLT'S CAR – NIGHT
Colt looks **frustrated**, worried.

COLT   (to himself) Wait! **Dang** those kids.

Just then Colt drives up a freeway on-ramp but sees Guinevere's **rear bumper** at the head of another, smaller road. Pulling up next to it, he **shines** his **flashlight** onto the plate reading "GWNIVER."

INT. COLT'S CAR – NIGHT
Colt's **hoof** presses on the **gas**.

EXT. COLT'S CAR – NIGHT
The police car speeds down the path into the distance, sirens **blaring**.

외부, 전당포 – 밤
엄마와 맨티코어, 환호성을 지르며 차로 달려간다. 검을 들고 있다.

맨티코어 오 예!

콜트 (전화로) 로렐?! 무슨 일이야?!

콜트, 불안한 모습이다.

콜트 (전화로) 여보세요? 자기 괜찮은 거야?! 로렐!

로렐 (전화하던 것을 기억하고/전화기를 귀에 대고) 콜트, 나 지금 전화 못 해요. 애들이 내가 필요하다구요!

로렐, 전화를 끊는다.

내부, 콜트의 차 – 밤
콜트, 당황스럽고 걱정하는 모습이다.

콜트 (혼잣말로) 잠깐만! 이 망할 놈의 아이들.

바로 그때 콜트가 고속도로 진입로로 접근하는데 좁은 도로 입구에 귀네비어의 뒤 범퍼가 떨어져 있는 것을 발견한다. 콜트, 그 옆으로 차를 댄 후 플래시로 "GWNIVER"라고 적힌 번호판을 비춘다.

내부, 콜트의 차 – 밤
콜트의 발굽이 가속 페달을 밟는다.

외부, 콜트의 차 – 밤
경찰차가 빠른 속도로 좁은 도로 쪽으로 움직인다. 사이렌이 울린다.

---

pawn shop 전당포
cheering 환호하는
panicked 겁먹은
hang up 전화를 끊다
frustrated 당황하는
dang 제기랄 (damn의 완곡한 표현)
rear bumper 뒤 범퍼
shine (램프 등의) 빛을 비추다

flashlight 손전등
hoof 말발굽
gas (보통 the gas) 액셀러레이터, 가속 페달
blare 크게 울리다

[NEW DAWN]

EXT. ANCIENT **TRAIL** – MORNING
Adventurous fantasy music **swells** as Guinevere plows along over bumps of the **uneven** trail and the sun rises.

INT. VAN – MORNING – CONTINUOUS

(새로운 새벽)

외부, 아주 오래된 길 – 아침
모험심을 불러 일으키는 판타지 음악이 크게 들린다. 귀네비어가 울퉁불퉁한 길을 달리고 있다. 해가 떠오른다.

내부, 밴 – 아침 – 계속

BARLEY (singing) We're heading on our **quest**, our father we must **retrieve**, the Lightfoot Brothers can't be stopped... something, something that rhymes with retrieved!	빌리 (노래하며) 모험의 여정을 떠나요. 아버지를 찾아서. 라이트풋 형제들은 그 누구도 막을 수 없어… 어쩌고저쩌고 찾아서!

In the back, the van hits a bump and Ian wakes up. Dad wakes up. His pants jump up in a **panic**. Dad **taps** Ian's foot and Ian pats his shoe.

밴이 도로 위에 튀어나온 부분에 부딪힌다. 뒤에 있던 이안, 잠에서 깬다. 아빠도 일어난다. 아빠의 바지가 깜짝 놀라 뛰어오른다. 아빠, 이안의 발을 톡톡 두드리자 이안도 아빠의 신발을 두드려 준다.

바로 이 장면!*

IAN (to Dad, bumping efforts) Yeah, **we're still here.**❶	이안 (아빠에게, 덜컹거리며) 네, 아직 멀었어요.

Dad finds his way to the front and taps his foot against Barley.

아빠, 앞쪽으로 가더니 발로 빌리를 톡톡 건드린다.

BARLEY (chuckles) Well, good morning to thee, dear Lightfoot men! Welcome to the Path of Peril!	빌리 (웃으며) 라이트풋 남자분들, 좋은 아침입니다! 위험의 길로 오신 것을 환영합니다!

Ian looks out the window to see an open field with nothing around.

이안, 창문 밖을 바라본다. 주변에 아무것도 없이 탁 트인 벌판만이 보인다.

IAN (bumping efforts) It's not much of a path.	이안 (덜컹거리며) 길이라고 할 수가 없는데.

BARLEY Well, you know, they never really developed around here. So **heads up,**❷ we could **run into** anything...	빌리 여기는 개발이 안 됐어. 그러니까 조심해. 무엇이든 만날 수 있으니까…

Barley turns around to face Ian.

빌리, 고개를 돌려 이안을 바라본다.

---

trail 작은 길
swell 크게 울리다
uneven 평평하지 않은
quest 여정
retrieve 회수하다, 다시 찾아오다
panic 겁을 먹은
tap 두드리다
run into 우연히 만나다

❶ **We're still here.** 아직 멀었어요.
차를 타고 이동할 때 '(목적지에) 아직 다 안 왔어.'라는 표현은 이 대사처럼 'We're still here.' 혹은 'We're not there yet.'이라고 합니다.

❷ **Heads up.** 조심해.
Heads up!은 '고개 들어!'라는 뜻이 아니라 '(앞으로 다가올 것에) 준비해', 혹은 '조심해'라는 뜻이에요.

BARLEY   A centicore, a wolf dragon, a gelatinous cube...

Ian looks at Barley **skeptically**.

IAN   Okay, what is a gelatinous cube?

BARLEY   Oh, it's a giant green cube that **instantly disintegrates** all that it touches!

Barley takes his eyes off the road and the van **veers** off the path.

IAN   We're not going to run into a-- (looking ahead) WHOA, STOP!!

Barley comes to and SLAMS on the brakes with a **scream**. The van comes to a **screeching halt** at **edge** of a wide **chasm**. The boys peel themselves off of the front windshield and take a deep breath.

[TRUST BRIDGE]

EXT. **BOTTOMLESS PIT** – DAY
Barley backs up the van a few feet to safety. The boys step out of the van at the edge of the chasm. Ian holds Dad's **leash**.

IAN   What is this?

BARLEY   Bottomless pit. Whatever falls in there, falls forever.

Ian **peer** over. He almost doesn't notice Dad **wander** right to the edge and start to step off. Ian pulls him back at the last minute. Ian sees a rock or two fall into the darkness. Silence.

IAN   (freaked out) Whoa, Dad, come here.

Ian walks Dad back to the safety of the van and places him in the front seat.

빌리 센티코어나, 늑대 용, 젤라티노스 큐브 같은...

이안, 의심하는 표정으로 빌리를 바라본다.

이안 알겠어, 근데 젤라티노스 큐브가 뭐야?

빌리 거대한 녹색 정육면체인데 거기에 닿는 물체는 즉시 산산 분해가 돼!

빌리가 한눈을 파는 사이에 밴이 길을 벗어난다.

이안 그런 건 안 만날 것... (앞을 보면서) 아, 멈춰!

빌리, 비명을 지르며 급정거한다. 밴은 끼하는 날카로운 소리를 내며 아주 넓은 협곡의 가장자리에 멈춘다. 아이들은 앞유리에서 몸을 일으키며 깊은 숨을 쉰다.

(믿음의 다리)

외부, 끝없는 구덩이 – 낮
빌리, 안전하게 밴을 후진시킨다. 아이들, 협곡의 가장자리에서 밴에서 나온다. 이안이 아빠의 줄을 붙잡고 있다.

이안 이건 뭐지?

빌리 끝없는 구덩이야. 여기에 빠지만 한없이 떨어지지.

이안, 협곡을 바라본다. 아빠가 가장자리로 다가가 발을 헛디디려고 한다. 이안이 황급히 아빠를 끌어당긴다. 이안, 돌 한두 개가 아래쪽 어두운 곳으로 떨어지는 것을 바라본다. 아무 말이 없다.

이안 (겁을 먹고) 아빠, 이쪽으로 오세요.

이안, 아빠를 안전하게 밴으로 데려가 앞좌석에 앉힌다.

---

skeptically 회의적으로

instantly 곧바로

disintegrate 분해되다

veer 방향을 홱 틀다

scream 비명

screeching 끽 소리를 내는

halt 정지

edge 가장자리, 끝

chasm 골짜기, 협곡

bottomless 끝없는

pit 구덩이

leash 줄

peer 바라보다

wander 이리저리 걷다

BARLEY	Ian, check it out. This is an ancient **drawbridge**! We lower that bad boy and we are on our way to Raven's Point. Look around for a **lever**.	밸리 이안, 이것 봐. 고대 도개교야! 저것을 내리다가 레이븐 포인트로 가는 거야. 손잡이가 있는지 찾아봐.

They both **survey** the area.

아이들, 주변을 살펴본다.

IAN	Found it! But, it's on the other side.	이안 찾았어! 하지만 건너편에 있는 걸.

He gets an idea. Ian lifts the staff.

이안에게 묘안이 떠오른다. 이안, 지팡이를 든다.

IAN	Okay, I got this. Aloft Elevar.	이안 내가 해 볼게. 알로프트 엘레바.

The magic **shoots** out of the staff, but **peters out** halfway across the **chasm**.

지팡이로부터 마법이 쏟아져 나온다. 하지만 협곡의 반 정도에서 점차 사라진다.

BARLEY	(amused) You can't cast a **levitation** spell on something that far away! It only has like a 15-meter enchanting **radius**. (**nerdy** laugh) Dad, can you believe this guy?	밸리 (재밌다는 듯) 저렇게 멀리 떨어진 것에는 공중 부양 주문을 쓸 수 없어! 마법 반경 15미터 정도밖에 안 돼. (괴짜 웃음) 아빠, 쟤 정말 대책이 없네요.

Ian's not loving this.

이안, 달갑지 않은 표정이다.

BARLEY	What we need is a Trust Bridge. It's a spell that creates a magical bridge you can walk on.	밸리 우리는 '트러스트 브리지' 주문을 써야 해. 실제로 걸을 수 있는 마법의 다리를 만드는 주문이지.

Barley **demonstrates elaborately** with his fingers.

밸리, 손가락 동작을 보여준다.

BARLEY	Just say "Bridgrigar Invisia."	밸리 "브리지거 인비지아"라고 말해 봐.

IAN	Okay... (practicing, to self) Bridgrigar Invisia.	이안 알았어… (혼자 연습하며) 브리지거 인비지아.

Ian walks up to the **lip** of the chasm, holds out his staff, and says the spell with great passion.

이안, 협곡의 입구를 향해 걸어가 지팡이를 앞으로 내민다. 그리고 열정적으로 주문을 말한다.

IAN	Bridgrigar Invisia.	이안 브리지거 인비지아.

The staff lights up, but there's no bridge to be seen. Ian looks at Barley.

지팡이가 번쩍이지만 다리가 눈에 보이지는 않는다. 이안, 밸리를 바라본다.

---

drawbridge 도개교(들어올릴 수 있는 다리)

lever 손잡이

survey 바라보다, 연구하다

shoot 쏘다, 분출하다

peter out 점차 작아지다

chasm 골짜기, 협곡

levitation 공중 부양

radius 반경

nerdy 머리만 좋은 괴짜 같은

demonstrate 보여주다

elaborately 정교하게

lip 입구

| IAN | It didn't work. | 이안 안 되는 걸. |

Barley points out that the staff is still **glowing**.

발리, 여전히 번쩍이는 지팡이를 가리킨다.

BARLEY No, the spell's still going. You won't know if your bridge worked until you **step on** it.

발리 아니야. 주문이 계속되고 있어. 네가 걸어가기 전에는 다리가 제대로 있는지 모르는 거야.

IAN Step on what?

이안 뭘 걸어가는데?

BARLEY If you believe the bridge is there, then it's there.

발리 다리가 거기에 있다고 믿으면 거기에 있는 거라구.

IAN But it's not.

이안 하지만 지금 없잖아.

BARLEY Well, not with that **attitude**.

발리 그런 태도로는 없는 거지.

Ian gestures to the empty air over the **chasm**.

이안, 협곡 위에 아무것도 없다는 제스처를 한다.

IAN I'm not going to step out onto nothing!

이안 난 절대 허공에 발을 떼진 않을 거야!

Barley considers this, then gets an idea.

발리, 잠시 생각하더니 아이디어가 떠오른다.

CUT TO:
Barley **ties** a rope to a **nearby** rock. The other end is tied around Ian's waist. Barley **gives** the rope **a tug** to test it out. Barley holds the rope in the middle and looks to Ian, who stands at the **lip** of the chasm. The staff is still glowing.

장면 전환:
발리가 근처 바위에 밧줄을 묶는다. 밧줄의 다른 끝은 이안의 허리에 묶여 있다. 발리, 로프를 당기며 테스트한다. 발리가 중간에서 밧줄을 잡고 이안을 바라본다. 이안, 협곡의 입구에 서 있다. 지팡이에 여전히 빛이 난다.

BARLEY Now we've got a rope. But you're not even going to need it because--

발리 자 밧줄을 묶었어. 하지만 필요하지도 않을 거야 왜냐하면…

IAN (nervous) I WANT THE ROPE!

이안 (초조하게) 밧줄이 꼭 있어야 해!

BARLEY Okay, I'm just saying, you're not gonna need the rope because I know you can make that bridge.

발리 내 말은, 밧줄이 필요 없어. 왜냐면 네가 끝까지 다리를 잘 만들 수 있다고 확신하거든.

Barley **motions** to the empty air in front of Ian. Ian looks freaked out. Ian takes a deep breath and **gathers himself**. He takes a big step... and FALLS over the **edge**.

발리, 이안 앞에 있는 허공을 가리킨다. 이안, 완전히 겁먹은 표정이다. 깊은 숨을 들이 쉬고 용기를 내어 이안은 크게 첫발을 내딛는다… 그러나 곧장 협곡 아래로 떨어진다.

---

glow 빛나다
step on 올라서다
attitude 태도
chasm 협곡
tie 묶다
nearby 근처의
give ~ a tug ~를 당기다
lip 입구

motion 동작을 보여주다
gather oneself 정신을 차리다
edge 가장자리, 끝

IAN	Agh!	이안	애!

Barley **tightens** the rope and stops his fall a few feet down. Ian **slams** his **back** into the edge of the **pit**.

발리, 밧줄을 꽉 당겨 이안이 떨어지지 않도록 한다. 협곡 가장자리에 이안의 등이 부딪힌다.

IAN	(improvised panic **panting**) I'm dying, I'm dying! I'm dead! I'm dead! I'm dead! Oh, my life **is over**!

이안 (겁을 먹고 숨을 헐떡이며) 나 죽어, 나 죽어! 나 죽네! 아, 내 인생 이제 끝났어!

BARLEY	I've got you!

발리 내가 널 붙잡고 있어!

Barley pulls Ian up, **scraping** him along the rocks and roots of the chasm. He pulls Ian to his feet, **dusting** him **off**.

발리, 이안을 끌어당긴다. 바위와 절벽에 박힌 뿌리에 이안의 몸이 긁힌다. 발리, 이안을 일으켜 세우고 먼지를 털어 준다.

BARLEY	Okay, you fell. But was that so bad?

발리 그래, 너 떨어졌어. 근데 그게 정말 안 좋았니?

Ian is **clearly frazzled**.

이안, 완전히 기진맥진한 상태이다.

IAN	Yes!

이안 그래!

BARLEY	Are you still alive?

발리 너 아직 살아 있지?

IAN	(thinking about this) Yes.

이안 (생각을 하더니) 그래.

BARLEY	Okay, so now you know the worst that can happen. So there's nothing to be scared of, right?

발리 그럼 이제 최악의 상황도 알잖아. 그러니까 두려워할 게 없잖아, 안 그래?

Ian thinks about this and looks across the chasm. He takes a breath and **repositions** himself at the edge of the chasm.

이안, 생각을 하더니 협곡을 바라본다. 심호흡을 하고 협곡 가장자리에 다시 다가선다.

IAN	(**confident**) Bridgrigar Invisia!

이안 (자신 있게) 브리지거 인비지아!

The staff glows again. Ian looks down at the chasm, then back at Barley.

지팡이가 다시 빛난다. 이안, 협곡 아래를 내려다보다가 발리를 바라본다.

BARLEY	Hey. You can do this.

발리 넌 할 수 있어.

---

tighten 팽팽하게 하다

slam 세게 놓다

back 등

pit 구덩이

pant 헐떡거리다

be over 끝나다

scrape 긁다, 상처 입히다

dust off 먼지를 털어내다

clearly 분명하게, 명확히

frazzled 기진맥진한

reposition ~의 위치를 바꾸다

confident 자신 있는

He STEPS off the edge. But this time his foot stops **mid-air**, planted on a glowing **platform** of light.

BARLEY   Ha-ha!

이안, 가장자리에서 발을 뗀다. 이번에는 이안의 발이 공중에 떠 있다. 발 밑에는 빛이 나는 발판이 있다.

발리 그렇지!

IAN   Yeah!

이안 그래!

BARLEY   **THERE YOU GO!**❶

발리 그거야!

Ian stands there for a moment, **one-legged**, then plants his other foot. But this foot doesn't land on anything. Barley gives a tug on the rope and pulls him back a bit.

이안, 한 발로 잠시 동안 서 있다가 다른 발을 움직인다. 이번에는 아무것도 밟고 있지 않다. 발리가 밧줄을 당기면서 이안을 뒤로 잡아당긴다.

BARLEY   Believe with every step!

발리 발을 뗄 때마다 스스로를 믿어!

Ian **probes** his leg in the air, hoping to find something solid. He closes his eyes, concentrates, then LANDS it on another platform of light.

이안, 공중에 떠 있는 그의 다리를 살펴본다. 발 밑에 단단한 무언가가 있기를 바란다. 눈을 감고 집중을 한 뒤 빛이 나는 또 다른 발판을 딛는다.

BARLEY   Oh yeah!

발리 오 예!

Ian takes another step. It lands, **solid**. He takes another few steps and calls back to Barley.

이안, 또 걸음을 내딛는다. 단단한 무언가를 딛고 있다. 또 다른 걸음을 내딛으며 발리에게 외친다.

IAN   You've got me, right?

이안 잘 잡고 있지, 그렇지?

BARLEY   I still got you! (beat) WOOHOO! Ian Lightfoot is FEARLESS!

발리 잘 잡고 있어! (잠시 정적) 우후! 이안 라이트풋은 용맹하구나!

Ian smiles. He takes one confident step after another to the middle of the chasm. As Ian takes another step, the **knot** in the rope begins to **loosen**. Barley notices immediately. He sees the dirt and **twigs** on Ian's back from the fall. Barley's eyes go wide! He doesn't know what to do. The rope slips further.

이안, 미소를 짓는다. 한 발 한 발 자신 있게 협곡의 중간까지 걸어간다. 이안이 또 다시 한 걸음 더 나아가자 밧줄의 매듭이 헐거워지기 시작한다. 발리가 그것을 빨리 알아차린다. 이안 뒤로 흙과 잔가지들이 떨어지는 광경을 바라본다. 발리의 눈이 커진다! 어떻게 할지 잘 모른다. 밧줄이 더 헐거워진다.

IAN   This is amazing!

이안 정말 멋진 걸!

---

mid-air 공중의
platform 바닥
one-legged 한 다리로
probe 살펴보다
solid 단단한
knot 매듭
loosen 풀어지다
twig 잔가지

❶ **THERE YOU GO!**
그거야!
There you go!는 '바로 그거야!'라는 뜻으로 상대방의 행동에 대해서 크게 동의하거나 칭찬할 때 사용하는 표현이에요.

Ian takes a few more steps, the rope loosening more until it comes **completely untied** and falls free, into the chasm.

이안, 몇 걸음 더 걸어간다. 밧줄이 더 헐거워지다가 완전히 풀어져 협곡으로 떨어진다.

BARLEY   (covering panic) Yeah, but just keep going! Don't look back! Just straight ahead!

빌리 (놀람을 감추며) 그래, 계속 개 뒤돌아보지 말고 직진하는 거야!

Ian **howls** with laughter.

이안, 크게 웃는다.

IAN   (laughing) You've still got the rope, right?

이안 (웃으며) 계속 줄 잡고 있지, 그렇지?

Barley looks at the **useless** rope in his hands.

빌리, 쓸모가 없어진 밧줄을 바라본다.

BARLEY   YEAH! I GOT IT!

빌리 그래! 잡고 있어!

IAN   (calling out to the world) I AM NOT AFRAID!

이안 (세상을 향해 소리지르며) 난 무섭지 않아!

It's a **cathartic** moment for Ian as he **marches** forward.

앞으로 전진하면서 이안은 카타르시스를 느낀다.

IAN   Oh man, I could stay out here all day!

이안 와, 여기에 하루 종일 있을 수도 있어!

Ian **playfully** steps from side to side.

이안, 장난치듯 좌우로 발을 옮긴다.

BARLEY   (trying not to sound nervous) OKAY, BUT KEEP MOVING! WE'VE GOTTA SEE DAD, REMEMBER?!

빌리 (불안하게 말하지 않으려고 노력하며) 자, 계속 개 아빠를 만나야 하잖아! 알지?

Ian **approaches** the other side of the chasm.

이안, 협곡 반대쪽에 거의 다 도착한다.

IAN   (called back to Dad) HEY DAD, THIS LAST STEP IS FOR YOU!

이안 (뒤돌아 아빠를 향해서) 아빠, 마지막 발은 아빠를 위한 거예요!

Ian turns and calls back to Barley and Dad. When he does, he notices the rope isn't **attached** to him anymore. As soon as he sees this, he FALLS. Barley is **horrified**. But Ian is close enough to the edge to catch himself on the lip of the chasm. He struggles to pull himself up. When he finally gets to his feet, **terrified** and **exhausted**, he **leans against** the **lever**. The bridge **lowers**, loud and **creaky**.

이안, 뒤돌아 빌리와 아빠에게 크게 외친다. 그 순간 밧줄이 더 이상 연결되어 있지 않다는 사실을 알게 된다. 이 광경을 보자 마자 이안, 떨어진다. 빌리, 완전히 겁에 질린다. 그러나 이안은 협곡 끝을 붙잡을 수 있을 정도로 가장자리에 가깝게 접근해 있다. 이안, 가까스로 몸을 끌어올린다. 겁에 질리고 지쳤지만 이안은 가까스로 일어서며 손잡이를 밀어낸다. 크게 삐그덕거리는 소리를 내며 다리가 내려간다.

---

completely 완전히

untie 풀다

howl 울부짖다

useless 쓸모 없는

cathartic 카타르시스가 느껴지는

march 행진하다

playfully 쾌활하게

approach 접근하다

attach 붙이다

horrified 겁이 난

terrified 두려워하는

exhausted 지친

lean against ~에 기대다

lever 손잡이

lower 내려오다

creaky 삐그덕거리는

| BARLEY | Ha-ha! He did it, Dad! | 빌리 | 하해! 이안이 해냈어요, 아빠! |

Ian looks at Barley, **disbelieving**. They wait for the bridge to lower **all the way**.

이안, 믿지 못하겠다는 표정으로 빌리를 바라본다. 다리가 완전히 내려갈 때까지 기다린다.

Barley drives across the bridge and gets out to hug Ian.

빌리는 차로 다리를 건넌다. 차에서 뛰어나와 이안을 끌어안는다.

| BARLEY | That was **amazing**! | 빌리 | 정말 멋졌어! |

| IAN | (**freaked out**, **panting**) How long was the rope gone? | 이안 | (겁에 질려 숨을 헐떡이며) 언제 밧줄이 없어진 거야? |

| BARLEY | Oh, just like the **second half** of it. | 빌리 | 한… 반쯤 갔을 때부터. |

| IAN | (freaked out) I needed that rope! | 이안 | (놀라며) 난 그 밧줄이 필요했다고! |

| BARLEY | (smiling) Oh, but did you? | 빌리 | (웃으며) 정말로? |

---

disbelieving 믿을 수 없는
all the way 처음부터 끝까지
amazing 놀라운, 멋진
freak out 겁을 주다
pant 헐떡거리다
second half 나머지 절반, 하반기, 후반전

Raven's Point
레이븐 포인트

🎧 24.mp3

[CHANGE OF PLANS]

EXT. **DRAWBRIDGE** – DAY
Ian thinks about this. He looks back at the **chasm** and smiles **faintly** at his **success**.

BARLEY (O.S.)   Ian!

Barley **examines** the top of the drawbridge.

BARLEY   Look.

Barley points to a **raven sculpture** that was revealed when the bridge lowered.

BARLEY   It's a raven.

Barley **takes out** the **wrinkled** children's menu and **hands** it to Ian and points to the words: RAVEN'S POINT.

BARLEY   The **clue** on the menu said Raven's Point...

Ian points to the mountains **in the distance**.

IAN   Yeah. In the mountains.

BARLEY   But maybe the puzzle didn't mean the mountain. Maybe it means "follow where the raven is pointing!"

(변경된 계획)

외부. 도개교 – 낮
이안, 자신이 한 일에 대해서 생각한다. 뒤를 돌아 협곡을 바라본다. 자신의 성공에 살짝 미소를 짓는다.

빌리 (화면 밖) 이안!

빌리, 다리의 윗부분을 관찰한다.

빌리 저기 봐.

빌리, 다리가 내려왔을 때 나타난 까마귀 조각상을 가리킨다.

빌리 까마귀야.

빌리는 구겨진 어린이 메뉴를 꺼내 이안에게 건네 준다. 빌리, 손가락으로 '레이븐 포인트'라고 적힌 부분을 가리킨다.

빌리 메뉴에 있는 단서에 따르면 레이븐 포인트는…

이안, 저 멀리 있는 산을 가리킨다.

이안 그래. 산에 있지.

빌리 하지만 퍼즐에서는 산을 의미하는 것 같지는 않아. 아마도 '레이븐 즉 까마귀가 가리키는 곳을 따라가라!'고 하는 건지도 몰라.

---

drawbridge 도개교(들어올릴 수 있는 다리)
chasm 협곡
faintly 희미하게, 힘없이
success 성공
examine 자세히 보다
raven 까마귀
sculpture 조각상
take out 꺼내다

wrinkled 구겨진
hand 건네다
clue 단서
in the distance 멀리서

Barley looks up and follows the line of the raven's beak into the distance. Barley points.

BARLEY   Ha! It's another raven!

Ian looks where Barley is pointing. There's another stone structure in the distance. It's also a raven and it's pointing in a different direction.

BARLEY   That one could be pointing to another raven, all the way to the gem!

빌리, 위를 올려다본다. 저 멀리 까마귀의 부리가 가리키는 곳으로 시선을 따라간다. 빌리, 손가락으로 무언가를 가리킨다.

빌리 해! 저기 또 까마귀가 있어!

이안, 빌리가 가리키는 곳을 바라본다. 먼 곳에 또 다른 석상이 있다. 까마귀 모양인데 다른 방향을 가리키고 있다.

빌리 저것도 다른 까마귀 석상을 가리키고 있을 거야. 그렇게 해서 보석까지 가는 거지!

바로 이 장면!*

Ian is horrified.

IAN   I had us going the wrong way.

BARLEY   Well, I told ya. My gut knows where to go. (to his gut) Don't ya, boy? Yes you do!

Barley pats his **gut** and laughs proudly. Ian looks at Barley, **impressed**.

IAN   (well I'll be **damned**) Huh.

Barley happily **grabs** Dad and starts to head to the van.

BARLEY   (shaking his keys) Come on, Dad! **Guinevere will get us to that raven in no time.**❶

Suddenly, the **squawk** of a POLICE SIREN **pierces** the air. The boys look and see a police car crossing the bridge. The police car **screeches** to a **halt** in front of them.

IAN   (gasp)

이안, 충격을 받은 표정이다.

이안 나 때문에 우리가 틀린 길로 가고 있었던 거야.

빌리 내가 그랬었잖아. 난 직감적으로 방향을 안다니까. (자신의 뱃살에게) 그렇지 않니, 뱃살아? 그래, 그렇지!

빌리가 뱃살을 두드리며 자랑스럽게 웃는다. 이안, 빌리를 바라보는데 감탄한 표정이다.

이안 (큰일 날 뻔했다는 얼굴로) 허.

빌리, 기뻐하며 아빠를 데리고 밴으로 걸어간다.

빌리 (열쇠를 흔들면서) 자, 아빠! 귀네비어가 우리를 그 까마귀가 있는 곳으로 당장 데려다줄 거예요.

갑자기 경찰차 사이렌이 크게 울린다. 아이들은 경찰차가 다리를 건너는 것을 바라본다. 경찰차가 그들 앞에 끽하며 멈춰 선다.

이안 (허걱한다)

---

gut 배, 뱃살

impressed 감명받은

damn (사람, 앞날 등을) 망치다

grab 붙잡다

squawk 꽥꽥거리는 소리

pierce 찌르다

screech 끽하는 소리를 내다

halt 정지

❶ **Guinevere will get us to that raven in no time.**
귀네비어가 우리를 그 까마귀가 있는 곳으로 당장 데려다줄 거예요.
in no time은 '시간이 없다'라는 뜻이 아니라 '당장에', '곧'이란 뜻이에요. 뒤에 at all을 붙여서 in no time at all이라고 해도 같은 뜻이 됩니다.

Colt gets out of his car, struggling to pull his **rear end** out the door.

COLT   (straining, getting out of car) **You guys are in trouble, big time!**[1]

콜트, 그의 하반신을 힘겹게 끌어내며 차에서 내린다.

콜트 (끙끙대며 차에서 나오면서) 너희들 정말 말썽이구나. 큰 말썽이야!

BARLEY   No, no, no, Colt, we found a spell. If we finish it before sunset, we'll get to see our father.

발리 아니에요, 콜트, 우리가 마법을 찾아냈어요. 해가 지기 전에 그걸 끝내면 우리 아빠를 만날 수 있다구요.

Barley removes Dad's torso. Colt looks confused. Ian watches, uncertain what to do.

발리가 아빠의 몸통을 빼낸다. 콜트, 혼란스러운 표정이다. 이안, 어떻게 할지 몰라 이들을 바라본다.

COLT   (reaction, fearful surprise) Well, uh, your mom told me there was some kind of strange... (**throat** clear)

콜트 (화들짝 놀라) 너희 엄마 말씀으로는 좀 이상한… (목청을 가다듬고)

COLT (CONT'D)   ...family issue going on and this is...

콜트 (계속) … 가족 문제가 있다고 그리고 이게…

Colt looks at Dad's legs.

콜트, 아빠의 다리를 바라본다.

COLT   ...**definitely** strange.

콜트 … 정말 이상하네.

He **collects himself**, remembering why he's there.

콜트, 자신이 이곳까지 온 이유를 생각하며 정신을 차린다.

COLT   But no, **dang** it. I'm not letting you **upset** your mother anymore! Now, you get in the vehicle, I'm **escorting** you home.

콜트 젠장. 너희 때문에 엄마가 속상해하는 걸 두고 볼 순 없어! 차에 타래. 내가 집까지 같이 가마.

BARLEY   No, no way!

발리 절대 안 돼요!

COLT   I'm giving you to the count of three.

콜트 셋을 세겠다.

Colt stops his hoof once...then twice... then...

콜트, 자신의 발굽으로 하나… 둘… 세기 시작한다.

IAN   Okay. We'll go.

이안 알았어요. 갈게요.

Ian thinks. He's **conflicted**. Ian grabs the van keys from Barley.

이안, 생각에 잠긴 표정이다. 갈등을 하는 듯하다. 이안은 발리 손에 있던 밴 열쇠를 낚아챈다.

---

rear end 엉덩이
throat 목구멍
definitely 확실히
collect oneself 마음을 추스르다
dang 제기랄(damn의 완곡한 표현)
upset 화나게 하다
escort 데려가다
conflicted 갈등을 겪는

❶ **You guys are in trouble, big time!**
너희들 정말 말썽이구나. 큰 말썽이야!
big time은 '대단히, 크게'라는 뜻이에요. 문장 맨 뒤에 big time을 붙이면 그 일의 중요도나 의미가 매우 크다는 것을 강조하게 됩니다.

BARLEY	Ian--	발리	이안…

IAN	He's a police officer.	이안	경찰이잖아.

Ian turns and heads toward the driver's side of the van. Colt watches. **Nods** to Ian as if to say "Thank you."

이안, 운전석으로 걸어간다. 콜트가 이를 보며 "고맙다"는 의미로 이안에게 고개를 끄덕인다.

INT. VAN – DAY
Barley climbs in the van and looks at Ian behind the wheel **disappointed** in him.

내부. 밴 – 낮
발리, 밴에 올라타며 운전석에 앉아 있는 이안을 바라본다. 그에게 실망한 표정이다.

BARLEY	What are you doing?	발리	지금 뭐하는 거야?

Ian turns to Barley.

이안, 발리를 바라본다.

IAN	(nervous) I don't know.	이안	(불안한 듯) 나도 몰라.

ON Ian's foot **hitting the gas**.

이안, 가속 페달을 밟는다.

EXT. DRAWBRIDGE – DAY
The van **takes off**. Colt **runs after** it.

외부. 다리 – 낮
밴이 갑자기 출발한다. 콜트가 그 뒤를 따라간다.

COLT	(**grumbling**) Son of a--	콜트	(투덜대며) 이 자식들…

Colt runs after the van.

콜트가 밴을 추격한다.

COLT	(panting, running)	콜트	(숨을 헐떡이면서 달리며)

Exhausted, he talks into his **radio**.

콜트, 무전을 한다. 숨이 매우 차다.

COLT	(winded) I need **backup**. **Runaway** van!	콜트	(숨이 차오르며) 지원이 필요하다. 도주 차량이다!

[**SACRIFICE**]

(희생)

INT. VAN – DAY
Ian and Barley speed down a rocky path. Barley looks behind them, **celebrating**.

내부. 밴 – 낮
이안과 발리, 울퉁불퉁한 돌길을 전속력으로 달린다. 발리, 뒤를 돌아본다. 기뻐한다.

---

nod 고개를 끄덕이다
disappointed 실망한
hit the gas 가속 페달을 밟다
take off 빨리 출발하다
run after 쫓아가다
grumble 불평하다
exhausted 지친
radio 무전기

backup 지원, 예비, 백업
runaway 도망자, 달아난
sacrifice 희생
celebrate 즐거워하다, 축하하다

BARLEY Ha-ha! YEAH! Iandore Lightfoot, breaking the rules!

He **pats** Ian's shoulder and even the small gesture **startles** Ian, who is freaked out. Ian **keeps his eyes locked on** the road, focused and **frazzled**.

IAN I can't believe I'm running from the cops!

BARLEY You're not running from the cops. You're running from our mom's boyfriend.

Sirens **blare**.

Ian looks in his rearview mirror and sees Colt's car on their **tail**. Suddenly, they see a **squadron** of police cars coming straight at them.

BARLEY Okay, now you're running from the cops.

The cops are approaching from both directions. Guinevere **fishtails** as Ian **whips** around a tight turn to get off of the path. Ian drops the hammer and puts a little more distance between them and police. Ian glances out the window and **spots** a raven statue in the distance. He **cranks** the wheel toward it, down a narrow unpaved road.

IAN Hold on!

Barley laughs wildly. Dad slides all over the back of the van. Guinevere **skids** around an unbelievably tight turn at the edge of a cliff. Ian pats Guinevere's **dashboard**, **encouragingly**.

IAN Yeah! Nice going, Guinevere! Woohoo!

Suddenly, the road comes to a **dead end**. Behind the guardrail, off the edge of a cliff, is **nothing but** tall grass and rocks. He can still see the raven off in the distance.

빌리 하해! 그래! 이안도어 라이트풋, 규율을 어기다!

빌리, 이안의 어깨를 토닥이는데 이런 작은 동작에도 이안은 흠칫 놀란다. 완전히 겁먹은 표정이다. 이안, 길에서 눈을 떼지 않는다. 매우 집중하고 있다. 신경이 곤두서 있다.

이안 내가 경찰한테서 도망치다니!

빌리 경찰한테서 도망치는 게 아냐. 엄마의 남자친구한테서 도망치는 거지.

사이렌이 크게 울린다.

이안, 백미러를 보는데 콜트의 차가 뒤를 쫓고 있다. 갑자기 그들을 향해 경찰차 중대가 다가오고 있다.

빌리 이제는 정말 경찰한테서 도망치는 거네.

경찰들이 양쪽에서 접근한다. 이안이 급회전하며 길을 벗어나자 귀네비어가 옆으로 미끄러진다. 이안, 기어로 사용하는 망치를 아래로 내린다. 경찰과의 간격이 약간 더 벌어진다. 이안, 창문 밖으로 먼 곳에 있는 까마귀 석상을 발견한다. 석상 쪽으로 핸들을 급하게 돌린다. 좁은 비포장 도로를 달린다.

이안 꽉 잡아!

빌리, 미친듯이 웃는다. 아빠는 밴 뒤로 미끄러진다. 귀네비어, 절벽 끝에서 미끄러지듯 급회전을 한다. 이안, 귀네비어의 계기판을 칭찬하듯 토닥인다.

이안 그래! 잘했어, 귀네비어! 우후!

갑자기 막다른 길이 나온다. 가드레일 뒤, 절벽 끝에는 무성한 풀과 돌밖에 없다. 이안은 저 멀리 까마귀 석상을 발견한다.

---

pat 두드리다

startle 깜짝 놀라게 하다

keep one's eyes locked on ~에 눈을 고정하다

frazzle 지치게 하다

blare 크게 울리다

tail 뒤, 꼬리

squadron 중대, 소함대

fishtail (차량) 뒷부분이 좌우로 미끄러지다

whip 갑자기 방향을 바꾸다

spot 발견하다

crank 돌리다

skid 미끄러지다

dashboard 계기판

encouragingly 격려하듯이

dead end 막다른 곳

nothing but 단지, ~뿐인

Ian turns the van around, but they see the cop cars coming up through the narrow mountain pass. Ian gets out of the van.

이안, 밴을 돌린다. 경찰차들이 좁은 산길을 헤치고 달려온다. 이안, 차에서 내린다.

IAN   Oh, what did I do?! **I shouldn't have driven away--**[1]

이안 아, 내가 뭘 한 거지?! 도망치지 말았어야 했는데…

BARLEY   No, it was great!

발리 아니야. 잘한 거야!

Barley points to **boulders** at the top of the **narrow** pass.

발리, 좁은 길 위에 있는 바위를 가리킨다.

BARLEY   Hey! **Block** the road with those boulders!

발리 저 바위로 도로를 막아 버려!

IAN   What?! How?!

이안 뭐라고?! 어떻게?!

BARLEY   (**dawning**) **Arcane** Lightning.

발리 (갑자기 생각난 듯) 불가사의한 번개.

IAN   You said that's the hardest spell.

이안 그게 가장 어려운 주문이라고 했잖아.

BARLEY   You are ready.

발리 넌 이제 준비가 됐어.

Barley hands Ian the book and points to the spell.

발리, 이안에게 책을 주며 주문이 있는 부분을 가리킨다.

BARLEY   "To make lightning strike with ease, one must follow all **decrees**."

발리 "번개를 쉽게 만들기 위해서는 모든 법령을 지켜야 한다."

Barley looks Ian in the eye.

발리, 이안의 눈을 바라본다.

BARLEY   You have to do everything. Speak from your heart's fire, trust yourself, focus, all of it!

발리 넌 모든 걸 빠짐없이 지켜야 해. 마음의 불로 말을 하고, 스스로를 믿으며, 집중도 하는 거야!

Ian picks up the staff and points it at the boulders.

이안, 지팡이를 집어 든다. 그리고 지팡이를 바위 쪽으로 향한다.

IAN   (unsure) Voltar Thundasir.

이안 (자신 없이) 볼터 썬더시어.

A tiny bit of **electricity** glows in his staff, but quickly **peters out**.

아주 작은 전기가 지팡이에서 번쩍이더니 이내 사라진다.

He tries again.

이안, 다시 시도해 본다.

---

boulder 바위

narrow 좁은

block 막다

dawning 갑자기 생각난 듯

arcane 신비로운

decree 법령, 규칙

electricity 전기

peter out 점차 작아지다

❶ **I shouldn't have driven away--**
도망치지 말았어야 했는데…
shouldn't have p.p.는 '~하지 말았어야
했는데'라는 뜻으로 과거의 행동에 대한
후회를 말할 때 사용하는 표현이에요.
반대로 should have p.p.는 '~했어야
했는데'라는 뜻으로 하지 않은 일에 대한
후회를 나타냅니다.

IAN	Voltar Thundasir.	이안	볼타 썬더시어.

The staff **glows** again, but quickly **fades**. Ian points the staff at the boulders again.

다시 지팡이가 반짝이다가 이내 희미해진다. 이안, 다시 지팡이를 바위 쪽으로 향한다.

IAN	(even more **unsure**) Voltar Thundasir.	이안	(더 자신 없는 모습으로) 볼타 썬더시어.

The spell still won't fully **ignite**.

아직도 주문은 걸리지 않는다.

The cops are drawing closer. The magic **gives out**.

경찰들이 더 가까이 다가온다. 마법은 제대로 걸리지 않는다.

IAN	I can't, I can't do it!	이안	안 돼! 난 못 하겠어!

Ian sighs and turns to Barley and Dad.

이안, 한숨을 쉬며 발리와 아빠를 바라본다.

IAN	We're not gonna see you, Dad. And it's all my fault.	이안	아빠, 우리 못 만나겠어요. 다 제 잘못이에요.

Barley sees how upset Ian is, how this is going to stay with him forever. Barley thinks. He looks pained, then **resolved**. He starts up Guinevere. He puts in a tape labelled RISE TO VQLHALLA. Sad, but heroic music blares. Ian looks behind him.

발리는 이안이 얼마나 속상한지, 그리고 이런 마음이 이안의 인생에 어떤 영향을 줄지도 알고 있다. 발리, 마음이 아픈 표정이다. 그리고 이내 비장한 표정을 짓는다. 발리, 귀네비어의 시동을 건다. 그리고 '브클할라로 가자'라고 적힌 카세트 테이프를 집어넣는다. 슬프면서도 영웅적인 음악이 크게 울린다. 이안, 뒤를 돌아본다.

IAN	What are you doing?	이안	뭐하는 거야?

Barley aims her like he's lining up a **pool** shot. He puts a rock on the gas pedal and knocks the gear shift down to "O" for **onward**. And watches her go. She hits a bump immediately, causing her turn signal light to **pop out** and fall to the ground. She heads off toward the mountain, then slowly veers to the right. The **glove compartment** flies open and parking violations flow out of the windows into the wind. Barley **salutes** her. Ian watches Barley. He can't believe Barley is doing this. She rides up the edge of the narrow pass, SLAMS into the rocks, flips onto her back in the middle of the road, and is covered by boulders... completely blocking the road. Colt can't **get through**.

발리는 마치 당구에서 공을 조절하듯이 귀네비어의 방향을 조절한다. 가속 페달에 큰 돌을 올리고 기어를 전진 "O"에 맞춘다. 그리고는 귀네비어가 출발하는 모습을 바라본다. 귀네비어가 길 위에 튀어나온 부분을 지나가자 방향 지시등이 땅에 떨어진다. 차는 산을 향해 가다가 천천히 오른쪽으로 방향을 바꾼다. 차의 수납함이 열리자 주차 딱지가 바람을 타고 창밖으로 쏟아져 나온다. 발리, 귀네비어에게 경례를 한다. 이안은 발리를 바라본다. 이렇게 하는 발리가 믿어지지 않는다. 길의 끝에서 날아오르더니 바위와 충돌한다. 그리고 길 가운데로 떨어진다. 바위들이 떨어져 귀네비어를 덮어 버린다. 길이 완전히 막혔다. 콜트가 지나갈 수 없다.

COLT	What the--	콜트	이게 도대체…

---

glow 빛나다

fade 희미해지다

unsure 확실하지 않은

ignite 점화되다

give out 바닥이 나다

resolved 굳게 결심한, 단호한

pool 당구

onward 전진

pop out 빠지다

glove compartment 보조석에 있는 사물함

salute 경례를 하다

get through 통과하다

Ian is shocked.

이안, 놀란 표정이다.

Barley picks up Guinevere's turn signal light, gives it a loving **rub**, and puts it in his pocket.

발리, 귀네비어의 방향 지시등을 집어 든다. 사랑 스럽게 닦은 후 주머니에 넣는다.

IAN   Barley…

이안   형…

BARLEY   (covering his feelings) She was just a **beat up** old van. Come on, we gotta go.

발리 (감정을 숨기면서) 깡통차였잖아. 자, 이제 가야지.

Barley **ducks** under the guardrail and walks straight ahead through the bush with Dad. Ian looks back at the rocks covering Guinevere, then at Barley walking ahead. Ian climbs the guard rail and follows. We see the boys walk off toward the **lowering** sun. Colt climbs up over the rocks, **panting heavily**. He **spots** them too.

발리, 가드레일 밑으로 아빠와 함께 수풀을 헤치 며 걸어간다. 이안, 귀네비어 위에 떨어져 있는 바 위들을 바라본다. 그리고 앞서 걸어가는 발리를 바 라본다. 이안, 가드레일을 넘어서 발리를 뒤따라간 다. 아이들은 해가 지고 있는 방향으로 걸어간다. 콜트, 숨을 헐떡이며 바위 위로 올라온다. 그리고 아이들을 발견한다.

(FOLLOWING RAVENS)

(까마귀를 따라서)

EXT. FANTASY WILDERNESS – DAY
The boys and Dad walk silently through grassy fields, mountains in the distance. Barley looks **somber**, Ian feels guilty.

외부. 판타지 황야 – 낮
아이들과 아빠는 말없이 들판을 걸어간다. 멀리 산 이 보인다. 발리의 표정은 어둡고 이안은 죄책감을 느끼는 표정이다.

CUT TO:
They reach the raven **structure**. Its **beak** points to another raven structure in the distance.

장면 전환:
아이들, 까마귀 석상에 접근한다. 부리가 먼 곳에 있는 다른 까마귀 석상을 가리킨다.

CUT TO:
They walk toward that raven. It starts to rain. They reach the raven. Its beak points to yet another raven structure in the distance.

장면 전환:
아이들, 또 다른 까마귀 석상을 향해 걸어간다. 비 가 내린다. 까마귀 석상에 접근하니 부리로 멀리 있는 다른 석상을 가리키고 있다.

EXT. RIVER – DAY
The rain clears and Ian looks up at the sun as it **sinks** lower in the sky. They reach the next raven structure near a river that flows into a tunnel. The raven's beak points straight down at the ground. Barley examines the ground, sees a manhole cover-like **disk**, and begins to **pry** it **up**. Ian notices a **glint** from the disk.

외부. 강 – 낮
비가 멈췄다. 이안이 해를 바라보는데 점점 지고 있다. 아이들이 강 옆에 있는 또 다른 까마귀 석상 으로 다가간다. 강은 터널로 흘러간다. 까마귀의 부리가 땅바닥을 향하고 있다. 발리가 바닥을 살펴 보는데 맨홀 뚜껑처럼 생긴 원판이 있다. 발리, 그 것을 들어올리려고 한다. 이안, 원판이 반짝이는 것을 발견한다.

---

rub 문지르다

beat up 낡은

duck 몸을 숙이다

lowering 저물고 있는

pant heavily 가쁘게 숨을 쉬다

spot 발견하다

somber 어둠침침한, 침울한

structure 구조물

beak 부리

sink 가라앉다

disk 원판

pry ~ up ~을 들어올리다

glint 반짝이는 빛

IAN   Wait.

Ian uses his hand to **wipe** dirt from the disk. When he does, they can see the **reflection** of the raven. The raven's reflection is pointing at the **chest** of the raven **statue**. Ian goes to the statue, examines the chest, and pulls out a loose tile with a **distinctive** shape.

BARLEY   (impressed to Dad) You see that Dad? The **apprentice** has become the master.

Barley takes a closer look at the tile. There's a **hieroglyphic engraved** in it: some **wavy** lines that lead to an "X."

BARLEY   It looks like… water.

They look around and sees water flowing into a tunnel. They give each other an excited **glance**.

EXT. TUNNEL ENTRANCE – DAY – MOMENTS LATER

IAN   So what's the X mean?

BARLEY   On a quest, an X only means one thing.

Barley smiles as he **peers** through vines to get a look into the tunnel.

BARLEY   We go to the end of the water. We'll find that Phoenix Gem.

이안　잠깐만.

이안, 손으로 원판에 묻은 흙을 닦아 낸다. 까마귀 석상이 원판에 비친다. 원판에 있는 까마귀는 부리로 자신의 가슴 쪽을 가리키고 있다. 이안, 석상으로 다가가 가슴 부위를 살펴본다. 독특한 형태의 돌조각을 빼낸다.

발리　(놀라서 아빠에게) 보셨죠 아빠? 마법 수련생이 이제 마스터가 되었네요.

발리, 돌조각을 유심히 살펴본다. 상형 문자가 새겨져 있다. 물결 모양의 선들이 "X"를 향하는 모습이다.

발리　물… 같은데.

주위를 보니 물이 터널로 흘러 들어가고 있다. 아이들, 서로를 바라보며 흥분한다.

외부. 터널 입구 – 낮 – 잠시 후

이안　X는 뭘까?

발리　모험의 여정에서 X는 단 한 가지만을 의미해.

발리, 미소를 짓는다. 덩굴을 헤치고 터널 안을 바라본다.

발리　물이 끝나는 곳으로 가면 피닉스의 보석이 있다는 거지.

---

wipe 닦다
reflection 반사된 모습
chest 가슴
statue 조각상
distinctive 독특한
apprentice 수련생
hieroglyphic 상형 문자의
engrave 새기다

wavy 물결 모양의
glance 흘깃 봄
peer 보다

![Disney·Pixar ONWARD]

Into the Tunnel
터널 안으로

🎧 25.mp3

[UNDERGROUND]

INT. TUNNEL – DAY – CONTINUOUS
Ian creates a **flame** with magic, which Barley use to light a **torch**. They turn to see **glowing** eyes. Ian turns the light toward them, revealing **horrific**, rat-like unicorns that **hiss** at the boys **on sight**.

IAN	AH! Ugh!

BARLEY	Ugh!

They **flap** their **horrible** wing, and **flutter** out of the tunnel.

IAN	(shivering) Unicorns! Ugh!

The boys and Dad climb deeper into the tunnel. Barley **snacks** on Gorgon-Zola's Cheese Puffs. They are walking along the bank of a **shallow** river. Ian looks up to see ancient paintings **adorning** the walls. He pauses, to take a good look at them.

BARLEY	(in awe) Cool...

Ian holds up the torch to try to see the end of the tunnel. It just disappears into endless darkness.

바로 이 장면!*

IAN	This water could go on for miles. We don't have that kind of time.

(지하 세계)

내부, 터널 – 낮 – 계속
이안이 마법으로 불꽃을 만들고 발리가 그 불꽃으로 햇불을 밝힌다. 이아들, 뒤를 돌아본다. 눈알들이 빛나고 있다. 이안이 불을 비추자 끔찍하게 생긴 유니콘들이 아이들에게 위협적인 소리를 낸다.

이안 애 으액!

발리 으액!

유니콘들이 끔찍하게 생긴 날개를 퍼덕이며 터널을 빠져나간다.

이안 (몸을 떨면서) 유니콘이야 으액!

아이들과 아빠는 터널 깊이 들어간다. 발리는 고르곤졸라 치즈 과자를 먹는다. 아이들은 얕은 강둑을 따라 걸어가고 있다. 이안, 벽에 그려져 있는 고대 그림들을 올려다본다. 잠시 멈춰서 그림들을 관찰한다.

발리 (감탄하며) 멋진 걸…

이안, 햇불을 위로 들고 터널의 끝을 확인하려고 한다. 끝없이 어둠이 펼쳐져 있다.

이안 이 물이 수 마일을 흘러가는 것 같아. 우린 그럴 시간이 없잖아.

---

flame 불꽃
torch 햇불
glowing 빛이 나는
horrific 무서운, 끔찍한
hiss 쉿하는 소리를 내며 위협하다
on sight 눈에 보이는
flap 파닥거리다
horrible 무서운, 끔찍한

flutter (날개를) 파닥이다
snack (과자 등을) 먹다
shallow 얕은
adorn 장식하다
in awe 감탄하며

BARLEY   If we had something to **float** on we could cast a **velocity** spell on it. Fly down the tunnel like a magic jet ski.

Ian looks around. There's nothing but water.

IAN   There's not much to float on.

BARLEY   Remember, on a **quest** you have to use what you've got.

Barley looks around then looks at the Gorgon-Zola's Cheese Puff that he's about to **pop** in his mouth. He smiles.

TIME CUT TO:

IAN   Magnora Gantuan!

A flash **illuminates** the tunnel. Then Ian, Barley, and Dad float into frame riding on a GIANT Gorgon-Zola's Cheese Puff with the **torch** in the front of the boat. Ian **wields** the staff.

IAN   Accelior!

Magic **enchants** the cheese doodle boat and away they go into the darkness of the tunnel.

BARLEY/IAN   WHOA!

As they **speed away** we hear their voices **echoing** in the tunnel.

IAN   (laugh) This is actually kinda cool! So, what other spells do you know?

BARLEY   Oh, **brace yourself**, young **mage**! I can show you all there is to know of magic!

빌리 타고 갈 게 있으면 속도 주문을 쓸 수 있을 텐데. 마법의 제트 스키처럼 날아서 터널을 내려갈 수 있지

이안, 주변을 살펴본다. 물밖에 없다.

이안 탈 수 있는 게 많이 없잖아.

빌리 기억하라구. 모험의 여정에서는 네가 가지고 있는 것을 이용해야 해.

빌리, 주변을 살펴보다가 입에 넣으려고 하던 고르곤졸라 치즈 과자 조각을 바라본다. 그리고 미소를 짓는다.

장면 전환:

이안 마그노라 간투안!

불빛이 터널을 환하게 밝힌다. 이안과 빌리, 그리고 아빠가 횃불을 앞에 꽂은 채 거대한 고르곤졸라 치즈 과자를 보트처럼 타고 있다. 이안, 지팡이를 휘두른다.

이안 악셀리어!

치즈 과자 보트에 마법을 걸고 아이들은 어두운 터널로 들어간다.

빌리/이안 우왜!

빠르게 내려가면서 아이들의 목소리가 동굴에서 울려 퍼진다.

이안 (웃으며) 이거 좀 멋진 걸! 어떤 마법을 또 알고 있어?

빌리 오, 각오 단단히 하세요. 초보 마법사님! 마법에 관한 모든 것을 알려 드릴 테니깐!

---

float 뜨다, 떠다니다

velocity 속도

quest 여정

pop 던져 넣다

illuminate 밝히다

torch 횃불

wield 휘두르다

enchant 마법을 걸다

speed away 빠르게 움직이다

echo 메아리로 울리다

brace oneself 마음을 다잡다

mage 마법사

[TO THE SKIES]

(하늘을 날다)

INT. LAUREL'S CAR – DAY
The Manticore sits in the passenger seat, holding the Curse Crusher **sword** and **downing** an energy drink, while Laurel drives, dialing Colt.

내부, 로렐의 차 – 낮
맨티코어, 조수석에 앉아 있다. 저주 파괴자 검을 들고 에너지 드링크를 벌컥벌컥 들이켠다. 로렐, 운전을 하며 콜트와 통화하고 있다.

LAUREL   Colt, we know where the boys are going, we just have to get to them before they **unleash** the curse!

로렐 콜트, 애들이 어디로 가고 있는지 알아요. 저주가 소환되기 전에 아이들에게 가야 해요!

Mom looks over at the Manticore who **cradles** the Curse Crusher like a baby.

엄마가 맨티코어를 바라본다. 맨티코어는 저주 파괴자를 아기처럼 안고 있다.

COLT (ON PHONE)   The what?

콜트 (전화로) 뭐라고?

MANTICORE   (manic) Let's **CRUSH** some curses!

맨티코어 (정신 나간 것처럼) 저주를 없애 버리자고!

She finishes the energy drink and **tosses** it over her shoulder.

맨티코어, 에너지 드링크를 다 마시고 어깨 뒤로 던진다.

LAUREL   The curse! The curse that **protects** the **gem** by turning into a rock dragon or something--

로렐 저주요! 보석을 지켜 주는 저주가 바위 드래곤 비슷한 걸로 변하는데…

COLT (ON PHONE)   A what dragon?!

콜트 (전화로) 드래곤이 어쨌다고?!

LAUREL   I can't explain it. I just know we have to get to the boys, fast!

로렐 지금 설명할 수가 없어요. 아이들에게 가야 해요. 아주 빨리요!

The Manticore starts to **crack open** another energy drink.

맨티코어, 에너지 드링크를 하나 더 따려고 한다.

MANTICORE   Oh, we'll get them FAST, we'll get to them so FAST!

맨티코어 애들을 빨리 만나야 해, 빨리 만나야 한다고!

Laurel takes the energy drink from the Manticore just as she takes her first **sip**. Laurel shakes her head as if to say "no more for you" and **pours** the rest out the window. The Manticore looks confused.

맨티코어가 에너지 드링크를 한 모금 마시자 로렐은 음료를 빼앗아 버린다. "더 이상 마시면 안 돼"라고 말하는 것처럼 로렐은 고개를 절레절레 흔든다. 그리고 나머지 음료를 창밖으로 쏟아 버린다. 맨티코어는 혼란스러운 표정이다.

---

sword 칼, 검
down 마시다
unleash 놓아주다
curse 저주
cradle 부드럽게 안다
crush 파괴하다
toss 던지다
protect 보호하다

gem 보석
crack open (깡통 등을) 따서 열다
sip 한 모금
pour 따르다, 붓다

COLT (ON PHONE)	Well, I almost had them, but Ian, he just... drove off.	콜트 (전화로) 내가 애들을 거의 다 잡았는데, 이 안이… 차를 몰고 가버렸다고.
LAUREL	(surprised) Huh? **Good for him.**❶	로렐 (놀라서) 네? 걔한테는 잘됐네요.
COLT (O.S.)	(**offended**) What?	콜트 (화면 밖) (약간 기분 나빠하며) 뭐라고?
LAUREL	(**catching herself**) No, I just mean... he's scared to drive. (chuckling) Thinks something's gonna come at him out of the--	로렐 (정신을 차리고) 아니, 내 말은… 걔가 운전을 무서워했잖아요. (웃으며) 운전을 하면 뭐가 나타난다고…

A flying SPRITE hits the windshield.

도깨비가 날아와 앞유리에 부딪힌다.

| LAUREL/**MANTICORE** | Ahhh! | 로렐/맨티코어 아아아! |
| COLT (O.S.)/**WINDSHIELD SPRITE** | Ahhh! | 콜트 (화면 밖)/앞유리에 부딪힌 도깨비 아아아! |

Laurel can't see. She turns on the windshield wipers in the **chaos**. She **steers** the car off the road, into a **ditch**.

로렐은 앞을 볼 수 없다. 당황해서 앞유리 와이퍼를 켠다. 차가 도로를 벗어나 도랑으로 빠진다.

| LAUREL | (out of control) Whoa! | 로렐 (운전을 제대로 못하고) 아! |

She and the Manticore get out of the car, **dazed**. We can hear Colt's **muffled voice** inside.

로렐과 맨티코어는 충격을 받은 표정으로 차에서 나온다. 차 안에서 콜트의 목소리가 희미하게 들린다.

| MANTICORE | (effort, kicking door open) I think I **stung** my legs. | 맨티코어 (문을 박차고 열면서) 내 다리에 독침을 쏜 것 같아. |
| COLT (ON PHONE) | Laurel, what happened?! What's going on? | 콜트 (전화로) 로렐, 무슨 일이야?! 왜 그래? |

The sprite peels herself off the windshield.

도깨비가 앞유리에서 빠져나오려고 한다.

| WINDSHIELD SPRITE | You almost killed me, lady! | 앞유리 도깨비 나를 거의 죽일 뻔 했다구요, 아줌마! |
| LAUREL | Are you okay? Where did you come from? | 로렐 괜찮아요? 갑자기 어디서 나타난 거예요? |

---

offend 기분 상하게 하다

catch oneself 정신을 차리다

chaos 혼란

steer 조종하다

ditch 도랑

dazed 멍한

muffled voice 잘 알아들을 수 없는 목소리

stung sting (쏘다)의 과거형

❶ **Good for him.**
개한테는 잘됐네요.
Good for ~는 '(~에게는) 잘됐네!',
'잘했어!'라는 뜻으로 그 사람을 기특하며
칭찬할 때 쓸 수 있는 표현이에요. 대상에 따라
Good for you. / Good for her. / Good for
them. 등으로 쓸 수 있습니다.

Suddenly, a **swarm of sprites** flies in.	갑자기 도깨비 떼가 날아온다.	

DEWDROP　You were in our **flight** path!

듀드롭　당신이 우리 비행 궤도를 방해했잖아!

FLYING SPRITES　Yeah! Come on! / Watch where you're going! / Are you alright?

날아오는 도깨비들　그래! / 눈 똑바로 뜨고 다니라고! / 괜찮아?

WINDSHIELD SPRITE　I'm fine.

앞유리 도깨비　난 괜찮아.

The sprites fly away, **grumbling** to themselves. The Manticore looks at the car. Smoke rises from its **smashed** front end.

도깨비들, 투덜거리며 날아간다. 맨티코어가 차를 바라본다. 차 앞 찌그러진 부분에서 연기가 나온다.

MANTICORE　Oh, no! Our **transport**! How are we going to get to your sons now?

맨티코어　안 돼! 우리의 이동 수단인데! 이제 애들한테 어떻게 가죠?

Laurel looks around for any sign of hope. She watches the sprites fly away.

로렐은 희망을 찾으려고 주변을 살펴본다. 도깨비들이 날아간다.

DEWDROP　Come on Pixie Dusters, let's take to the skies!

듀드롭　가자 픽시 더스터들아, 하늘 위로 날아가는 거야!

FLYING SPRITES　Yeah! / To the skies! / Woohoo! / I was born to fly!

날아가는 도깨비들　그래! / 하늘로! / 우후! / 천성적으로 우리는 날 수밖에 없다구!

Laurel gets an idea.

로렐에게 좋은 생각이 났다.

LAUREL　**How do you feel about exercising those wings?**❶

로렐　날개 운동을 해 볼까요?

The Manticore gives her wings a nervous **flutter**.

맨티코어, 불안한 표정으로 날개를 파닥인다.

---

a swarm of 떼, 무리
sprite 도깨비, 요정
flight 비행
grumble 투덜거리다
smash 때리다
transport 수송차량
flutter 펄럭거림

❶ **How do you feel about exercising those wings?**
날개 운동을 해 볼까요?
How do you feel about~?은 '~에 대해 어떻게 생각해?'라는 뜻으로 상대방에게 어떤 것에 대한 느낌이나 의견을 물어 볼 때 사용하는 표현이에요. How do you feel about 뒤에는 명사나 동명사를 써 주세요.

The Gem Awaits Behind the Door
보석이 문 뒤에 있어

🎧 26.mp3

[REWARD]

INT. TUNNEL – DAY
The boys speed along the **underground** river. Ian stands in the boat, holding the staff.

IAN   Boombastia!

Just a small spark. Barley **adjusts** Ian's shoulder like he did with the **growth** spell. This time Ian happily **complies**.

BARLEY   (correcting) Remember...

IAN   Ah, right.

Ian tries again.

IAN   Boombastia!

Beautiful, colorful **fireworks** shoot out of the staff and **explode**.

IAN   Whoa!

바로 이 장면!*

BARLEY   Yeah! **You're a natural!**❶

Barley **tears** a **chunk** off of the cheese doodle.

(보상)

내부. 터널 – 낮
아이들, 지하의 강을 빠른 속도로 내려간다. 이안, 지팡이를 들고 보트 위에 서 있다.

이안   붐바스티아!

작은 불꽃만 나올 뿐이다. 발리, 성장의 주문을 할 때처럼 이안의 어깨를 바로잡아 준다. 이번에는 이안이 즐겁게 받아들인다.

발리   (자세를 수정해 주며) 명심해…

이안   아, 그래.

이안, 다시 주문을 걸어 본다.

이안   붐바스티아!

지팡이에서 멋지고 화려한 불꽃이 솟아 나와 공중에서 터진다.

이안   우왜

발리   그래! 너 타고 났구나!

발리가 치즈 과자 조각을 떼어 낸다.

---

underground 지하의
adjust 조절하다
growth 성장
comply 응하다
firework 불꽃
explode 폭발하다
tear 찢다
chunk 덩어리

❶ **You're a natural!**
너 타고 났구나!
무언가를 매우 잘하는 사람에게 '너 정말 타고 났구나!'라고 하잖아요. natural은 '자연스러운'이란 형용사로 주로 쓰이지만 a natural이라고 하면 '타고난 사람', '정말 소질이 있는 사람'이라는 표현이 됩니다.

BARLEY	Think fast!	발리 빨리 생각해!

He throws it at Ian.

발리, 과자 조각을 이안에게 던진다.

IAN	Aloft Elevar!	이안 알로프트 엘레바!

Ian magically catches it.

이안, 마법으로 과자를 잡는다.

BARLEY	Ha-ha! Yeah!	발리 하하! 그래!

He **tosses** it back to Barley.

이안, 발리에게 다시 과자를 토스한다.

BARLEY	(efforts, catching)	발리 (과자를 잡는다)

Barley **pops** it in his mouth.

발리, 과자를 입으로 던져서 먹는다.

BARLEY	Nice!	발리 좋았어!

Barley pulls a fist-sized chunk from the giant cheese doodle and eats it like an apple.

발리가 치즈 과자를 주먹 크기만큼 떼어 사과처럼 베어 문다.

IAN	(to Barley) Careful how much boat you're eating there, man, we still gotta make it to the end of the tunnel.	이안 (발리를 향해) 보트 많이 먹지 마. 터널 끝까지 가야 하니까.

BARLEY	(laughing, with a full mouth) **Good point.** [1]	발리 (입안에 과자를 잔뜩 물고 웃으며) 그렇지.

Barley looks **sheepish** as he takes another bite. Ian looks **longingly** at Dad.

또 다시 과자를 한 입 먹으면서 발리는 멋쩍어한다. 이안, 아빠를 간절하게 바라본다.

IAN	I can't believe I'm this close to actually talking to Dad.	이안 아빠와 실제로 이야기할 시간이 다가온다는 게 믿기지 않아.

BARLEY	You know what I'm gonna ask him? If he ever gave himself a wizard name.	발리 내가 아빠에게 물어볼 게 뭔지 아니? 마법사 이름이 있었는지 하는 거야.

---

toss 던지다
pop 던져 넣다
sheepish 당황하는
longingly 간절하게

❶ Good point.
그렇지.
Good point.는 That's a good point.를
줄인 표현으로 '맞아', '좋은 지적이야.'라는
뜻이에요. 상대방의 말에 동조할 때 사용하는
표현입니다.

IAN	What?	이안	뭐라고?

BARLEY   Well, 'cause he was into magic. Lots of wizards have cool names: Alora the Majestic, Birdar the Fanciful. (beat) Anyway, it'll just be nice to have more than four memories of him.

빌리   마법에 관심이 많으셨으니까. 많은 마법사들이 멋진 이름을 가지고 있다고. '위풍당당한 알로라', '공상의 버드'처럼 말이지. (잠시 쉬고) 어쨌든 아빠에 대한 기억이 네 가지 이상 생긴다는 게 좋아.

Ian turns to Barley, surprised.

이안, 놀란 표정으로 빌리를 바라본다.

IAN   (playfully correcting) Three.

이안   (장난스럽게) 세 개잖아.

BARLEY   Hmm?

빌리   응?

IAN   You only have three memories.

이안   아빠에 대한 기억이 세 가지밖에 없잖아.

BARLEY   (covering) Oh. Yeah.

빌리   (그냥 넘어가려고) 아, 그래.

IAN   Barley, do you have another memory of Dad you haven't told me?

이안   형, 나한테 말하지 않은 아빠의 기억이 또 있는 거야?

Barley pauses, a little **pained**.

빌리, 말이 없다. 마음이 아픈 것 같다.

BARLEY   It's just not my favorite.

빌리   별로 좋은 건 아니야.

IAN   What do you mean?

이안   무슨 말이야?

Barley gives Ian a **side glance**, **hesitant** to start.

빌리, 이안을 슬쩍 바라본다. 말을 꺼내기를 주저한다.

BARLEY   When Dad was sick... (beat) **I was supposed to go in and say goodbye to him.**[1] But he was **hooked up** to all these **tubes** and... he just didn't look like himself. I got scared.

빌리   아빠가 편찮으셨을 때… (잠시 말을 쉬고) 내가 병실에 들어가서 작별인사를 해야 했어. 하지만 아빠 몸에 선들이 너무 많이 꽂혀 있었고… 우리 아빠처럼 안 보였다구. 난 너무 무서웠어.

BARLEY (CONT'D)   (beat) And I didn't go in.

빌리 (계속)   (잠시 말을 쉬고) 그래서 내가 안 들어간 거야.

Ian lets this **sink in**. Sees his brother in a new light.

이안은 그 말을 진심으로 이해한다. 그리고 형의 새로운 모습을 본다.

---

pained 마음이 아픈
side glance 곁눈질
hesitant 주저하는
hook up 연결하다
tube 관, 튜브
sink in 충분히 이해되다, 가라앉다

> ❶ **I was supposed to go in and say goodbye to him.**
> 내가 병실에 들어가서 작별인사를 해야 했어.
> I was supposed to ~는 '내가 ~했어야 했어'라는 뜻으로 과거에 내가 무언가를 했어야 했는데 결국 하지 못한 것을 나타낼 때 사용하는 표현이에요.

BARLEY   But that's when I decided, I was never gonna be scared ever again.

Ian smiles **bittersweetly**. Barley looks ahead and points.

BARLEY   Ah, looks like we're coming up on something.

Ian looks up and sees they're quickly headed toward a **cul-de-sac** at the end of the river. The walls of the **cavern** become **ornate – grand** wizard statues guard the tunnel. The boat slows down and stops at the edge of a landing.

INT. **GAUNTLET** ENTRANCE – DAY

BARLEY   **(in awe)** The final gauntlet.

The boys and Dad climb the stairs and approach an ancient, ornate **archway**.

BARLEY   (to Dad) The Phoenix Gem is just on the other side.

Ian enters the tunnel. Dad walks just ahead of him on the leash. Barley notices **skeletons** up ahead. Ian glances at his watch.

BARLEY   Careful, there could be **booby traps**.

IAN   This place is, like, a thousand years old. There's no way there could be--

At that moment, a **blade swings** from a hole in the wall, cutting off Dad's torso and **flinging** it behind them. Barley and Ian gasp in horror. Suddenly, a wind picks up in the tunnel and **blows out** Barley's torch. Behind them, a trap door in the ceiling slowly begins to open, casting a **sickly** green light into the tunnel.

BARLEY   Oh no, it can't be…

발리 그때 난 결심한 거야. 다시는 두려워하지 말자고.

이안은 쓸쓸한 미소를 짓는다. 발리가 앞을 가리킨다.

발리 이제 거의 다 온 것 같아.

이안, 위를 바라본다. 그들은 강 끝의 막다른 지점에 도착한다. 동굴 벽이 화려하게 장식되어 있다. 거대한 마법사의 석상들이 터널을 지키고 있다. 보트가 속도를 낮추면서 육지 가장자리에 멈춰 선다.

내부. 최후의 시련 입구 – 낮

발리 (감탄하며) 최후의 시련이야.

아이들과 아빠가 계단을 올라가 오래된 화려한 장식의 아치형 입구에 도착한다.

발리 (아빠에게) 피닉스의 보석은 맞은편에 있어요.

이안이 터널로 들어간다. 아빠, 이안 바로 앞에서 걸어간다. 여전히 줄에 묶여 있다. 발리는 앞에 있는 해골들을 바라본다. 이안은 시계를 본다.

발리 조심해. 함정이 있을 수 있으니까.

이안 이곳이 천년 정도 된 거잖아. 그런 게 있을 리가 없지…

그 순간 벽에 있는 구멍에서 날카로운 칼이 날아와 아빠의 몸통을 잘라 버린다. 아빠의 몸통이 아이들 뒤로 날아간다. 발리와 이안, 무서워 숨을 헐떡인다. 갑자기, 터널에 바람이 불어 발리의 횃불을 꺼뜨린다. 아이들 뒤로 천장 위에서 함정의 문이 서서히 열린다. 닫히지 않은 녹색 불빛이 터널 전체에 비친다.

발리 안 돼. 아닐 거야…

---

bittersweetly 쓸쓸하게
cul-de-sac 막다른 골목
cavern 큰 동굴
ornate 화려하게 장식된
grand 웅장한
gauntlet 시련, 갑옷용 장갑
in awe 감탄하며
archway 아치형 입구

skeleton 해골
booby trap 함정
blade 칼날
swing 휘두르다
fling 내팽개치다
blow out ~을 불어 끄다
sickly 역겨운, 아파 보이는

A giant **GELATINOUS CUBE** filled with skeletons drops from a hole in the ceiling, closing them off from the way they came.

<u>BARLEY</u>　A GELATINOUS CUBE!

The cube moves toward them. As it does, it runs over Dad's **dismembered** torso. The torso immediately **dissolves**. They look to the other end of the tunnel and see a door slowly lowering from above, about to close them off inside the **chamber** with the gelatinous cube.

<u>BARLEY</u>　Run!

Ian looks ahead and sees there are **countless** shapes and symbols on the stones on the ground. And hundreds of holes in the walls.

<u>IAN</u>　Whoa, wait! It's some kind of puzzle. We gotta **figure** it **out** before--

<u>BARLEY</u>　No time. **Grab a shield.**

Barley and Ian frantically pry shields from the hands of nearby skeletons. Barley stands on one side of Dad, Ian on the other. They hold shields all around them, **crouch** down, and RUN. As they step on the **marked** stones, arrows and swords and battle **axes** release from all the holes in the wall and stick in the shields. The cube **advances** toward them, weapons dissolving in its **slimy** interior. They make it to the other side, but stop suddenly in front of a wide chasm with **spikes** at the bottom. The cube is gaining on them. Ian turns to Barley.

<u>IAN</u>　Jump!

<u>BARLEY</u>　What?

<u>IAN</u>　Trust me.

해골들이 박혀 있는 거대한 젤라티노스 큐브가 천장에서 떨어져 아이들이 들어왔던 길을 막아 버린다.

발리 젤라티노스 큐브야!

큐브가 그들을 향해 다가온다. 아빠의 잘린 몸통을 건드리는데 그 순간 몸통이 녹아 버린다. 아이들은 터널 반대쪽을 바라본다. 문이 아래로 서서히 내려오며 닫히려고 한다. 아이들이 젤라티노스 큐브와 함께 그 방 안에 갇혀 버릴지도 모른다.

발리 뛰어!

이안, 앞을 바라본다. 수많은 무늬와 상징들이 돌바닥에 그려져 있다. 그리고 벽에는 수백 개의 구멍이 있다.

이안 잠깐! 이거 마치 퍼즐 같아. 한번 찾아봐야 할 것 같아…

발리 시간 없어. 방패를 잡아.

발리와 이안, 황급히 옆에 있는 해골의 손에서 방패를 뽑아 든다. 아빠의 양옆에 서서 방패를 들고 몸을 숙인 채 뛰어간다. 아이들이 표시가 있는 돌을 밟자 벽에 있는 구멍에서 화살과 칼, 도끼가 날아와 방패에 꽂힌다. 큐브가 그들을 향해 다가오는데 바닥에 있던 무기들이 큐브의 미끌거리는 몸 안에서 녹아 버린다. 아이들, 터널 반대쪽에 거의 도착했지만 앞에 대못들이 박힌 넓은 구덩이가 있어 멈출 수밖에 없다. 큐브는 여전히 그들을 향해 다가온다. 이안, 발리를 돌아본다.

이안 뛰어!

발리 뭐라고?

이안 날 믿어.

---

gelatinous 젤리 비슷한

cube 정육면체

dismember 절단하다

dissolve 녹다

chamber 방

countless 수많은

figure ~ out ~를 생각해 내다, 알아내다

grab 붙잡다

shield 방패

crouch 숙이고 앉다

marked 표시된

ax 도끼

advance 나아가다

slimy 미끌거리는

spike 뾰족한 것, 못

Barley jumps and begins to fall toward the spikes.

IAN   Aloft Elevar!

Ian catches Barley in mid-air with a **levitation** spell.

BARLEY   Ha-ha!

Ian and Dad leap off the edge, using Barley as a **stepping stone** to **bound** to the other side.

BARLEY   Ow! Hey!

Ian lands on the other side and looks back.

BARLEY   Ian...

The cube is closing in on Barley, who **floats** over the chasm. Ian uses magic to lift Barley to safety, just **barely** sliding him up between the gelatinous cube and the **ledge**. Ian and Barley slide under the closing door, into the **shaft** of light. The door has almost shut when they notice Dad is still on the other side. Ian grabs his **leash** and **tugs** him under the door just **in time**. The door shuts behind them. Ian stands up and starts to move **forward**, but Barley stops him.

BARLEY   Whoa whoa whoa!

Barley points at the floor. There's a star-shaped tile on the floor, similar to the ones in the gauntlet.

BARLEY   Don't step on that.

The boys **catch their breath**, relieved. There's a **clanging** noise, slow and deep, like gears turning and doors opening behind the walls. Suddenly water **RUSHES** into the **silo** from holes at the bottom. It quickly lifts them off their feet, toward the ceiling.

IAN   I didn't touch it!

발리, 점프한다. 그러나 대못들 쪽으로 떨어진다.

이안   알로프트 엘레바!

이안, 공중 부양 주문으로 발리를 공중에서 붙잡는다.

발리   하해!

이안과 아빠가 뛰어내린다. 발리를 징검다리 삼아 밟고 반대쪽으로 건너간다.

발리   아야! 야!

이안, 건너편에 도착한 후 뒤를 바라본다.

발리   이안...

큐브가 발리에게 아주 가까이 다가간다. 여전히 발리는 대못 구덩이 공중에 떠 있다. 이안, 마법을 사용해서 발리를 들어올려 큐브와 구덩이 사이로 미끄러지듯 미신시킨다. 이안과 발리, 거의 닫힐 듯한 문 아래를 간신히 통과해서 빛이 있는 통로로 나온다. 문이 닫히려고 하는 순간, 아빠가 여전히 반대쪽에 있다는 것을 알게 된다. 이안, 문이 닫히기 직전에 아빠의 줄을 잡아당긴다. 아이들 뒤로 문이 닫힌다. 이안, 일어서서 앞으로 걸어가려는데 발리가 이안을 멈춰 세운다.

발리   어, 어.

발리가 바닥을 가리킨다. 별 모양의 돌이 바닥에 있다. 입구에 있던 것과 비슷하다.

발리   밟지 마.

아이들, 숨을 고르며 안도한다. 철커덩거리는 소리가 서서히 그리고 깊숙하게 들린다. 벽 뒤에서 기어가 돌아가고 문이 열리는 것 같다. 갑자기 바닥에 있는 구멍에서 아이들이 있는 창고로 물이 빠르게 들어온다. 물이 빨리 차오르며 아이들이 천장 위로 떠오른다.

이안   내가 안 밟았어!

---

levitation 공중 부양

stepping stone 징검다리, 디딤돌

bound 껑충껑충 뛰어가다

float 떠오르다

barely 간신히

ledge 절벽에서 튀어나온 부분

shaft 수직 통로

leash 줄

tug 잡아당기다

in time 제때

forward 앞으로

catch one's breath 숨을 돌리다

clanging 철커덩하는 소리

rush 몰려들다

silo (곡식 등의 저장용) 창고

The water starts rising. Barley holds onto Dad, trying to keep him above water with them. Ian **wields** the staff trying a hole at the top of the **silo**.

물이 불어난다. 빌리, 아빠를 붙잡고 물 위로 올리려고 애를 쓴다. 이안, 창고 천장에 구멍을 내려고 지팡이를 휘두른다.

IAN   Voltar Thundasir!

이안 볼터 썬더시어!

A **lightning bolt** shoots from the staff, but **bounces** off the door. As they get closer to the door at the top, they can see that the hole the light is coming through is star-shaped. Ian **sticks his head** underwater and looks at the **bottom** of the silo. He sees the star-shaped stone on the floor. Ian comes to the **surface**.

지팡이에서 번개가 나오지만 문에 튕겨져 나간다. 아이들이 천장에 있는 문 가까이까지 올라가자 빛이 들어오는 구멍이 별 모양이라는 것을 발견한다. 이안, 물 아래로 머리를 숙이고 창고 바닥을 살펴본다. 바닥에 있는 돌과 같은 별 모양이다. 이안, 물 위로 올라온다.

IAN   The tile down there has the same shape as the opening!

이안 아래에 있는 돌이 천장 구멍에 있는 거하고 같은 모양이야!

Ian points to the star-shaped hole in the ceiling above them.

이안, 머리 위에 있는 별 모양의 구멍을 가리킨다.

BARLEY Maybe we were supposed to **step on** it?

빌리 그럼 그 돌을 밟아야 했던 거야?

IAN   What?!

이안 뭐라고?!

BARLEY I got it!

빌리 내가 해결할게!

IAN   No, Barley!

이안 안 돼, 형!

Barley swims to the bottom of the silo. He STANDS on the stone. Back on Ian, with Dad on his shoulders, as the door above them begins to open.

빌리, 창고 바닥으로 헤엄친다. 그리고 바닥에 있는 돌 위에 올라선다. 아빠가 이안의 어깨 위에 앉아 있는데 그들 머리 위에 있는 문이 열리기 시작한다.

IAN   It's working!

이안 열린다!

But Barley can't **hold his breath** long enough to lock it into place. He swims back to the surface and the door quickly closes.

하지만 빌리는 문을 계속 열어 둘만큼 오랫동안 숨을 참을 수 없다. 빌리가 다시 물 위로 올라오자 문이 빨리 닫힌다.

BARLEY It's impossible! (**gasping for air**) No one can hold their breath that long!

빌리 불가능해! (거칠게 숨을 쉬며) 그렇게 오랫동안 숨을 참을 수 있는 사람은 없다고!

---

wield 휘두르다
silo (곡식 등의 저장용) 지하실
lightning bolt 번개
bounce 튀다, 튀기다
stick one's head 머리를 내밀다
bottom 바닥
surface 수면 위, 물 표면
step on ~를 밟다

hold one's breath 숨을 참다
gasp for air 거칠게 숨을 쉬다

Ian and Barley look at each other, then look at Dad. The idea **strikes** them both. Ian lets go of Dad, allowing him to sink to the bottom. Ian guides Dad with his leash, trying to get him to walk onto the stone. But Dad keeps missing. And the water keeps rising. The water fills to the top. The boys, their faces just above the water, take a deep breath, then are fully **submerged**. They take a final breath before they go under. At that moment, Ian guides Dad to the stone. It slowly sinks. The door slowly opens, **casting** sunlight on the boys' faces underwater.

The stone **locks into place**. The boys GASP to the surface. They PANT, catching their breath. The boys climb out of the water and **reel** in Dad with the leash.

BARLEY   Ha-ha!

Dad reaches the top and joins them in the safe chamber.

BARLEY   (out of breath) **We made it!**❶

Just above them is another **circular portal**. A short wall ladder leads right to it.

BARLEY   (out of breath) The Phoenix Gem awaits beyond this door! Shall we?

Ian smiles, pure and overwhelming.

IAN   We certainly shall!

They climb the ladder, laughing as they clumsily help Dad.

IAN   Dad, we have followed the quest and it has led us to our victory!

Ian slides the portal aside and sunlight **seeps** in.

이안과 밸리, 서로를 바라보다 아빠를 쳐다본다. 똑같은 묘안이 떠오른 것이다. 이안이 아빠를 내려 주자 아빠가 바닥으로 내려간다. 아빠를 묶고 있는 줄로 이안이 방향을 지시한다. 아빠가 돌을 밟을 수 있도록 유도하고 있지만 아빠는 계속 헛발 중이다. 물이 계속 오른다. 물이 꼭대기까지 차오른다. 아이들, 물 위에 얼굴만 나와 있다. 숨을 깊이 들이마신 뒤 물 아래로 완전히 들어간다. 물 속으로 들어가기 전에 또 한 번 마지막으로 숨을 들이쉰다. 그 순간 이안, 아빠를 돌 쪽으로 옮긴다. 돌이 천천히 가라앉으면서 문이 열린다. 물 속에 있는 아이들의 얼굴에 빛이 비친다.

돌이 완전히 고정된다. 아이들은 물 위에서 숨을 크게 쉰다. 숨을 헐떡이는 아이들, 물에서 나와 줄을 당겨 아빠를 끌어올린다.

밸리 하하!

아빠가 위로 올라와 안전한 곳에서 아이들을 다시 만난다.

밸리 (숨차하며) 우리가 해냈어!

그들 위에 또 하나의 원형 입구가 있다. 짧은 벽 사다리가 입구와 연결되어 있다.

밸리 (숨차하며) 피닉스의 보석이 이 문 뒤에서 우리를 기다리고 있어! 가 볼까?

이안, 미소를 짓는다. 진정으로 감격스러운 얼굴이다.

이안 물론이지!

아이들, 웃으면서 사다리를 올라간다. 아빠를 도와 준다.

이안 아빠, 우리가 모험의 여정을 떠나서 드디어 승리하게 되었어요!

이안이 문을 옆으로 밀어내자 햇빛이 들어온다.

---

strike (생각이) 갑자기 떠오르다
submerge 잠수하다
cast 드리우다
lock into place 고정되다
reel 감다
circular 원형의
portal 대문, 정문, 통로
seep 스미다, 베다

❶ **We made it!**
우리가 해냈어!
We made it!은 '해냈어!'라는 뜻으로 마침내 어떤 일을 성공하여 기쁨을 나타낼 때 사용하는 표현이에요.

Mom Is a Mighty Warrior!

엄마는 강한 전사야!

🎧 27.mp3

[LOWEST LOW]

EXT. NEW MUSHROOMTON DOWNTOWN – EVENING
Ian climbs out of the gauntlet and **squints** into the sunlight.
His smile slowly **dissolves** as they realize they're in the middle
of downtown New Mushroomton. Ian sees **landmarks** of New
Mushroomton, ending with his **dreaded** High School.

They're right back where they started. Ian's eyes **widen** and his
heart sinks. Barley climbs up next to him and is shocked. People
walk around the **square**, bored, **oblivious**, just another Sunday. The
boys stand in **stark contrast**: wet, **disheveled**, exhausted.

A bus **HONKS** at the boys and Dad, who are still standing in the
middle of the street. Barley pulls Ian toward the park.

IAN   (in shock) We're back home.

(최악의 상황)

외부. 뉴 머쉬룸톤 시내 – 저녁
이안, 올라 나온다. 햇빛에 눈을 찡그린다. 그들이
뉴 머쉬룸톤 시내 한가운데 있다는 것을 알게 되
자 그의 미소가 차츰 사라진다. 이안, 뉴 머쉬룸톤
의 건물들을 바라본다. 그의 시선은 그가 싫어하는
고등학교 건물에 머무른다.

아이들이 출발점으로 다시 돌아온 것이다. 이안의
눈이 커지고 심장이 덜컹 내려앉는다. 발리, 이안
다음으로 올라오는데 충격을 받는다. 광장 주변으
로 사람들이 걸어간다. 여타 일요일처럼 지루하고
평범한 모습이다. 아이들은 이들과 완전히 다른 모
습을 하고 있다. 온몸이 젖었고, 행색이 엉망이고,
지쳐 있다.

아이들과 아빠가 도로 한가운데 멍하게 서 있다.
이때 버스가 경적을 크게 울린다. 발리가 이안을
공원 쪽으로 재빨리 끌어당긴다.

이안 (충격을 받은 표정으로) 다시 집으로 왔어.

바로 이 장면!*

BARLEY   How did we--? No, that doesn't **make sense**!
           We took the Path of Peril.

He begins pacing.

BARLEY   We followed the ravens, we went to the end of
           the water...

Barley looks more closely at the tile.

발리 어떻게 우리가…? 아냐. 그건 말이 안 되지!
우리는 위험의 길로 갔다고.

발리, 왔다갔다 걸어 다닌다.

발리 까마귀들을 따라서, 물 끝까지 갔잖아…

발리는 돌 조각을 좀 더 자세히 바라본다.

---

squint 눈을 가늘게 뜨고 보다
dissolve 사라지다, 녹다
landmark 주요 지형지물
dreaded 끔찍한
widen 넓어지다
square 광장
oblivious 의식하지 못하는
stark 삭막한, 냉혹한

contrast 대조
disheveled (머리가) 헝클어진
honk 경적을 울리다
make sense 이치에 맞다, 뜻이 통하다

BARLEY	(sotto) Unless the X meant stay away from the water.	발리 (낮은 목소리로) X 표시가 강으로 가지 말라는 의미가 아니었다면.
	He turns the tile so the X is on the bottom.	발리, 다른 방향으로 돌려 본다. X 표시가 아래에 있다.
BARLEY	Or it could be, like, a campfire...	발리 아니면 그게 캠프파이어였을지도…
	Ian looks **devastated** and **disillusioned**.	이안, 황당하고 실망한 표정이다.
BARLEY	It's okay. **We can figure this out.**❶	발리 괜찮아. 우리가 다시 알아낼 수 있을 거니까.
IAN	Figure out what? We're back where we started!	이안 뭘 알아낸다는 거야? 출발점으로 다시 돌아온 거잖아!
BARLEY	I mean, it has to be here, there was a gauntlet. I mean, unless, that gauntlet was for, **coincidentally**, some different quest. (sotto) That's a possibility.	발리 내 말은, 여기가 맞아. 최후의 시련이 있었잖아. 내 말은, 그곳이 우연히 다른 여정을 위한 것이 아니었다면… (작은 목소리로) 그럴 가능성도 있지.
IAN	What?!	이안 뭐라고?!
	Barley stays **committed** to the idea.	발리는 자신의 생각을 확신한다.
BARLEY	No, no, no, this has to be where the Phoenix Gem is. (beat) I followed my **gut**.	발리 아니야. 여기에 피닉스의 보석이 있어야 한다고. (잠시 말을 쉬고) 나의 직감을 따른 거잖아.
IAN	(dawning) ...Oh no.	이안 (갑자기 어떤 생각이 떠오르는 듯) 아… 안 돼.
	It dawns on Ian what trusting Barley has **cost** him. He hides his **frustration**.	이안, 발리를 믿었던 것이 실수였다는 생각이 든다. 이안, 당혹감을 숨기려 한다.
BARLEY	What?	발리 왜 그래?

| IAN | The gem is in the mountain. The mountain we could have been to hours ago if we'd just... (**catching himself**) If we'd just stayed on the expressway. | 이안 보석은 산에 있어. 그냥 우리가 (정신을 차리고) 우리가 고속도로로 계속 갔더라면 몇 시간 전에 그 산에 도착했겠지. |

---

devastated 큰 타격을 받은
disillusioned 환상이 깨진
coincidentally 우연히
commit 전념하다. 헌신하다
gut 뱃살. 직감
cost 겪게 만들다. 희생시키다
frustration 당혹감
catch oneself 정신을 차리다

❶ **We can figure this out.**
우리가 다시 알아낼 수 있을 거니까.
figure out은 '생각이나 분석'을 통해서 어떤 정보를 알아낸다는 뜻이에요. 이와 비슷한 find out은 논리적인 분석보다는 정보를 '단순하게' 찾거나 '우연하게' 해결책을 알아낸다는 의미예요.

BARLEY   No, the **expressway**'s too **obvious**, remember?! You can never take the--

IAN   If I hadn't listened to you! Okay? **I can't believe this.❶** You act like you know what you're doing, but you don't have a **clue**... and that's because you are a screwup! And now you have **screwed up** my chance to have the one thing I never had!

Barley looks at Ian, hurt. Ian looks at Dad. A sad beat. Ian turns to leave. He takes Dad by the leash, and starts walking deeper into the park.

BARLEY   Where are you going?

IAN   To spend what little time we have left with Dad!

Ian looks at the staff in **disgust**. He **hands** it to Barley.

BARLEY   Ian, wait!

Barley gestures with the staff in his hands.

BARLEY   We can still find the Phoenix Gem! We just have to keep looking!

But Ian just keeps walking with Dad **further** into the park. Barley calls after him.

BARLEY   Ian! IAN!

[FATHER **FIGURE**]

EXT. OCEANSIDE CLIFF – PARK – EVENING

발리 아니야. 고속도로는 너무 뻔하잖아. 기억 안 나?! 우리는 절대로…

이안 형 말을 듣지 말았어야 했어! 알겠어? 이게 믿기지가 않는다고. 형은 다 아는 것처럼 행동하지만 쥐뿔도 몰라… 형이 정말 바보라서 그런 거지! 그리고 나의 일생일대의 기회도 날려 버렸다고!

발리, 이안을 바라본다. 상처를 받은 표정이다. 이안, 아빠를 바라본다. 슬픈 정적이 흐른다. 이안이 돌아서서 걸어간다. 줄을 잡고 아빠를 데리고 공원 안으로 들어간다.

발리 어디 가는 거야?

이안 얼마 남지 않은 시간을 아빠와 보내려고!

이안, 혐오스러운 눈으로 지팡이를 바라본다. 지팡이를 발리에게 준다.

발리 이안, 기다려!

발리, 손에 지팡이를 들고 말한다.

발리 피닉스의 보석을 아직 찾을 수 있어! 계속 찾아야 한다고!

그러나 이안은 아빠와 함께 공원 쪽으로 계속 걸어간다. 발리, 이안을 크게 부른다.

발리 이안! 이안!

(아빠와 같은 사람)

외부. 해변이 보이는 절벽 – 공원 – 저녁

---

expressway 고속도로
obvious 명백한
clue 단서, 실마리
screw up 망치다
disgust 혐오, 넌더리
hand 건네다
further 더 멀리
figure 형체

❶ **I can't believe this.**
이게 믿기지가 않는다고.
I can't believe ~는 '~하다니 믿을 수 없어'라는 뜻으로 어떤 일에 대한 놀람이나 또는 감탄을 나타내고 싶을 때 사용하는 표현이에요.

Ian **passes through** the park and reaches a cliff. He looks sadly out at the ocean, at the sun starting to set on the **horizon**. Dad **searches** around with his foot.

이안, 공원을 가로질러 절벽에 도착한다. 슬픈 표정으로 해변을 바라본다. 수평선 너머로 해가 지고 있다. 아빠가 발로 주변을 더듬는다.

IAN   No, Dad. He's not here.

이안 아니에요, 아빠. 형은 여기 없어요.

Ian and Dad sit down on the ground, facing the **setting sun**.

이안과 아빠는 바닥에 앉는다. 해가 지는 모습을 바라본다.

EXT. DOWNTOWN – CONTINUOUS
Meanwhile, Barley **frantically** searches the park.

외부. 시내 – 계속
한편, 발리는 미친듯이 공원을 뒤지고 있다.

BARLEY   (sotto) Come on, where is it?

발리 (혼잣말로) 참, 어디에 있는 거야?

Barley looks at the **fountain**.

발리, 분수대를 바라본다.

BARLEY   (sotto) Follow the water!

발리 (작은 목소리로) 물을 따라가라!

Barley races to the fountain and **sloshes** around in the dirty water looking for a **clue**. Two nearby **construction workers** notice him and make their way over.

발리, 분수대로 달려간다. 더러운 물 안에서 실마리를 찾아 철벅거린다. 근처에 있던 공사현장 인부 두 명이 그를 발견하고 다가온다.

CONSTRUCTION WORKER #2   Alright, come on, out of the fountain.

인부 #2 이봐, 분수대에서 나와.

BARLEY   (**desperate**) No! I'm looking for an **ancient** gem!

발리 (간절하게) 안 돼요! 고대 보석을 찾고 있다구요!

FENNWICK   Yeah, we know the old days.

펜윅 그래, 우리도 역사를 안다고.

BARLEY   (desperate) Stop! Please! No!

발리 (간절하게) 그만해요! 제발 안 돼요!

The construction workers try to **pull** him **away** from the fountain. People in town watch, shaking their heads.

인부들이 발리를 분수대에서 끌어내리려고 한다. 사람들이 이 광경을 보고 있다. 고개를 절레절레 흔든다.

BARLEY   (**surrendering**) Okay! Okay! OW! Okay, I'm leaving!

발리 (항복하며) 알았어요! 알았다구요! 아얏! 가잖아요!

Barley breaks free from them and races back into the fountain.

발리, 그들에게서 벗어나 다시 분수대로 달려든다.

---

pass through 꿰뚫다

horizon 수평선

search 찾다

setting sun 지고 있는 해

meanwhile 한편

frantically 미친듯이

fountain 분수

slosh 철벅거리다

clue 실마리

construction worker 건설 용역

desperate 필사적인

ancient 고대의

pull ~ away ~를 당기다

surrender 항복하다

FENNWICK   Hey!

CONSTRUCTION WORKER #2   Hey! Oh, come on.

They try to grab him again, but he awkwardly **shimmies** to the top, arms wrapped around the **spire**, wet and **pathetic**.

CONSTRUCTION WORKER #2   Can someone call the cops?! We got the history **buff** again!

On Barley's face, he looks **desperate** and confused. He is the **screwup** everyone has always believed him to be.

EXT. OCEANSIDE CLIFF – PARK – EVENING
Back in the pack Ian sits with Dad as the sun continues to set. Ian pulls out the list of things to do with Dad. His heart breaks. He begins to **cross off one** item **after another**. Ian is about to cross off DRIVING LESSON when suddenly, he stops.

IN **FLASHBACK**:

EXT. FREEWAY – NIGHT

IAN   I can't do this!

BARLEY   Yes, you can!

IAN   I'm not ready!

BARLEY   You'll never be ready! **MERGE**!!

IAN   AHHH!!!

Suddenly Ian **floors it** and drives onto the freeway in front of the truck. He's safely in the speeding traffic.

BARLEY   Ha-ha! Nice job!

펜윅 이봐!

인부 #2 야! 그러지 마.

그들은 다시 빌리를 붙잡으려고 한다. 빌리, 분수대 위로 서투르게 올라간다. 분수대 꼭대기를 팔로 감싸고 있다. 몸은 다 젖었고 애처로운 모습이다.

인부 #2 경찰 좀 불러 줘요! 역사 미치광이가 또 나타났어요!

빌리, 절박하고 혼란스러운 표정이다. 지금 빌리는 모든 사람들이 항상 생각하는 바보의 모습이다.

외부. 해변 절벽 – 공원 – 저녁
화면, 다시 공원으로 돌아온다. 이안은 아빠와 함께 앉아 있다. 해가 지고 있다. 이안은 아빠와 함께할 일을 적은 목록을 꺼낸다. 마음이 아프다. 이안, 목록에 적힌 것들을 하나씩 지운다. '운전 연습'을 지우려고 할 때 이안, 갑자기 행동을 멈춘다.

회상 장면:

외부. 고속도로 – 밤

이안 못 하겠어!

빌리 할 수 있어!

이안 아직 준비가 안 됐어!

빌리 평생 준비가 안 될 거야! 진입해!!

이안 아아아아!!!

갑자기 이안이 가속 페달을 밟고 트럭 앞에서 고속도로로 진입한다. 속도를 내며 달리는 차들 속으로 안전하게 진입한다.

빌리 하하! 잘했어!

---

shimmy 엉덩이와 허리를 흔들다
spire 첨탑
pathetic 측은한
buff 광적으로 좋아하는 사람
desperate 필사적인, 절실한
screwup 바보, 문제아
cross off 지우다
one ~ after another 하나씩

flashback 회상 장면
merge 합병하다, 합치다
floor it 가속 페달을 힘껏 밟다

END FLASHBACK.

Ian thinks about this, then places a **checkmark** next to DRIVING LESSON. He **goes back to** the top of the list to: **PLAY CATCH**.

IN FLASHBACK:

INT. TUNNEL – DAY
Barley throws a cheese doodle chunk to Ian, Ian catches it with magic.

BARLEY THINK FAST!

IAN Aloft Elevar!

END FLASHBACK.

Ian checks off PLAY CATCH. His eye stops at another item on the page: LAUGH TOGETHER.

IN FLASHBACK:

EXT. **REST AREA** – NIGHT
The boys dance with Dad at the rest area.

END FLASHBACK.

Ian checks off LAUGH TOGETHER. Ian looks at another item on the list: **SHARE** MY LIFE WITH HIM.

IN FLASHBACK:

EXT. SWIMMING POOL – DAY
Young Ian stands nervously at the **edge** of a diving board. Young Barley **gently** pushes him in. Ian **surfaces** and they both play in the pool, happy.

CUT TO:

회상 장면 끝.

생각에 잠긴 이안. '운전 연습' 옆에 체크 표시를 한다. 목록의 맨 위로 거슬러 올라간다. '공놀이'가 있다.

회상 장면:

내부. 터널 – 낮
발리가 치즈 과자 조각을 이안에게 던진다. 이안이 마법으로 그것을 붙잡는다.

발리 빨리 생각해!

이안 알로프트 엘리바!

회상 장면 끝.

이안, '공놀이'에 체크 표시한다. 그의 시선이 '함께 웃기' 항목에 머무른다.

회상 장면:

외부. 휴게소 – 밤
아이들이 아빠와 함께 휴게소에서 춤을 춘다.

회상 장면 끝.

이안, '함께 웃기'에 체크 표시한다. 이안, '그와 함께 일상 보내기'를 바라본다.

회상 장면:

외부. 수영장 – 낮
꼬마 이안, 겁먹은 표정으로 다이빙 보드 끝에 서 있다. 어린 모습의 발리가 이안을 살짝 밀어준다. 이안이 물 위로 올라오고 그들은 수영장에서 재미있게 논다. 행복해 보인다.

장면 전환:

---

checkmark 체크 부호
go back to ~로 거슬러 올라가다
play catch 공놀이
rest area 휴게소
share 나누다
edge 끝. 가장자리
gently 부드럽게
surface 떠오르다

INT. BEDROOM – DAY

The boys are having a **pillow fight**. Young Ian **hits** Young Barley. Barley falls over, **pretending** Ian hit him with a lot of **strength**.

CUT TO:

EXT. LIGHTFOOT HOUSE – DAY
Young Barley pushes young Ian on a bike and lets him go. Ian rides himself.

<u>YOUNG BARLEY</u>   Woohoo!

On Ian's face as Barley's **encouraging** words **swirl around** in his head.

<u>BARLEY</u>   I know you're stronger than that!

CUT TO:

<u>BARLEY</u>   My little brother has the magic gift!

CUT TO:

<u>BARLEY</u>   **DON'T HOLD BACK!❶**

CUT TO:

<u>BARLEY</u>   Hey, you can do this.

CUT TO:

Ian stays focused on the list, his eyes open wide as he sees he's crossed off everything on the list. Ian smiles. **Tears well up** in his eyes. He puts the checklist back in his pocket, gets up and takes Dad's leash. They race off into the park, toward Barley.

내부. 침실 – 낮

아이들이 베개싸움을 하고 있다. 꼬마 이안, 어린 발리를 때린다. 발리, 이안이 너무 세게 때린 것처럼 과장해서 쓰러진다.

장면 전환:

외부. 라이트풋 가족의 집 – 낮
어린 발리가 꼬마 이안의 자전거를 밀어 준다. 이안, 혼자서 자전거를 타고 간다.

어린 발리 우후!

이안의 얼굴. 발리의 용기를 북돋워 주는 말이 이안의 머리를 스치고 지나간다.

발리 난 네가 이보다 더 강하다고 생각해!

장면 전환:

발리 내 동생에게 마법의 재능이 있네!

장면 전환:

발리 주저하지 마!

장면 전환:

발리 이봐, 할 수 있어.

장면 전환:

이안, 계속 목록에 집중하고 있다. 목록에 있는 모든 항목이 다 지워지자 이안의 눈이 커진다. 이안, 미소 짓는다. 눈에 눈물이 고인다. 목록을 주머니에 넣고 일어나 아빠의 줄을 잡는다. 발리를 향해 공원을 뛰어간다.

---

pillow fight 베개 싸움
hit 치다, 때리다
pretend ~인 척하다
strength 힘
encouraging 격려하는
swirl around 맴돌다
tears well up 눈물이 고이다

❶ **DON'T HOLD BACK!**
주저하지 마!
hold back은 자신이 할 수 있는 최대한의 능력 등을 다하지 않고 망설인다는 의미예요. 따라서 Don't hold back.은 '망설이지 마', '(봐주지 말고) 제대로 해' 정도로 해석할 수 있어요.

[DRAGON HIGH]

EXT. FOUNTAIN – CONTINUOUS
Barley sits on the top of the **fountain, evading** the cops who call to him from **below**. He's disappointed and desperately hoping to see something he **originally** missed.

OFFICER SPECTER   Okay, come on. Get down right now.

Barley is **heartbroken. On his knees**, he searches the fountain one last time. As he does he notices a shape on the fountain that matches the tile from the **entrance** to the tunnel.

OFFICER GORE   I don't know, we've tried his phone, radio, we even called down to the station. He's not answering.

OFFICER SPECTER   Then let's just take him in.

His eyes **light up**. He slowly pushes the tile into the matching shape in the fountain. The tile slides in with a **CLACK**! It's a perfect **fit**.

EXT. PARK – CONTINUOUS
Ian and Dad run down a path, heading back toward Barley.

EXT. FOUNTAIN – CONTINUOUS
Slowly a rock **eyelid** at the top of the **statue** opens to reveal the golden PHOENIX GEM. Barley lights up with joy.

BARLEY   (**disbelieving** laugh) YEAH! YEAH!

He pulls out the golden gem, but he doesn't notice a red smoky mist pouring out of the fountain. Ian clears the woods just in time to see Barley on the fountain, holding the gem **triumphantly**.

IAN   BARLEY!

Barley looks at Ian.

[용이 날아오르다]

외부. 분수대 – 계속
발리, 분수대 맨 위에 앉아 있다. 밑에서 그에게 소리치는 경찰들을 피해 있다. 실망한 표정이다. 자신이 놓친 것이 무엇인지 간절히 찾고 싶어한다.

스펙터 경관   이봐. 당장 내려와.

발리는 가슴이 아프다. 무릎을 꿇고 분수대를 마지막으로 한 번 더 찾아본다. 그러다가 터널 입구에 있던 돌 조각과 닮은 문양을 분수대에서 찾아낸다.

고어 경관   잘 모르겠네요. 전화도 하고, 무전도 치고, 경찰서로 전화도 했는데 안 받으시네요.

스펙터 경관   그럼 그냥 연행하자고.

발리의 눈이 빛난다. 천천히 돌 조각을 분수대의 문양에 집어넣는다. 돌 조각이 '딸깍' 소리와 함께 미끄러지듯 들어간다. 아주 꼭 맞다.

외부. 공원 – 계속
이안과 아빠, 공원을 달리고 있다. 발리에게 돌아가려고 한다.

외부. 분수대 – 계속
분수대 위에 있던 석상 눈꺼풀이 천천히 열리면서 황금색 피닉스의 보석이 나타난다. 발리, 매우 기뻐하며 얼굴이 환해진다.

발리   (믿을 수 없다는 듯 웃으며) 그래! 좋아!

발리, 황금색 보석을 꺼낸다. 그러나 붉은 연기가 분수대에서 나오는 것은 보지 못한다. 바로 그때, 이안이 수풀에서 나온다. 분수대에서 발리가 의기양양하게 보석을 들고 있는 광경을 본다.

이안   형!

발리, 이안을 바라본다.

---

fountain 분수
evade 피하다
below 아래에
originally 원래
heartbroken 마음이 아픈
on one's knees 무릎을 꿇고
entrance 입구
light up 밝아지다

clack 탁 소리
fit 꼭 맞음
eyelid 눈꺼풀
statue 조각상
disbelieving 믿을 수 없는
triumphantly 의기양양하게

BARLEY (calling out) Ian, look!	발리 (큰 소리로) 이안, 이거 봐!
Ian smiles, **impressed** that Barley found a way. But then Ian sees the **ominous** red smoke.	이안, 미소를 짓는다. 발리가 해낸 것이 감격스럽다. 하지만 곧바로 불길한 붉은 연기를 바라본다.
IAN (calling out) Behind you!	이안 (큰 소리로) 뒤를 봐!
Barley turns to see the red smoke go past the police officers. They slowly back into the **crowd**.	발리, 뒤를 돌아본다. 붉은 연기가 경찰들을 지나간다. 경찰들은 천천히 사람들이 있는 쪽으로 뒷걸음질 친다.
BARLEY (sotto) It's a **curse**!	발리 (작은 목소리로) 저주야!
The smoke quickly begins to pull apart the high school with its **coils** of red mist. Officer Specter and Officer Gore help children out of the path of the beast.	연기는 아주 빠른 속도로 붉은색 갈고리 발을 만들어 학교를 부숴 버린다. 스펙터 경관과 고어 경관은 괴물이 지나가는 길에 있던 아이들을 황급히 내피시킨다.
OFFICER SPECTER Whoa!	스펙터 경관 어어!
Ian nearly **trips** as the ground shakes beneath him. Barley watches the **destruction** the beast is already causing. Ian is nearly hit by **debris** being **sucked** into the curse as he runs. The high school comes to life in the shape of a **massive** DRAGON. It turns around sharply to reveal its face: the **eerily** smiling face of the dragon mascot from the wall of the school. The dragon sees the gem in Barley's hand and ROARS a **terrifying**, **garbled** version of the school bell.	땅이 흔들리면서 이안은 거의 넘어질 뻔한다. 발리는 괴물이 주변을 파괴하고 있는 장면을 바라보고 있다. 자주 안으로 빨려 들어가는 파편 조각에 이안이 맞을 뻔한다. 고등학교 건물은 거대한 용으로 재탄생한다. 용이 몸을 돌려 얼굴을 보여주는데 학교 건물 벽에 그려져 있던 섬뜩하게 웃고 있는 마스코트 용의 얼굴이다. 용이 발리의 손에 있는 보석을 발견하고 끔찍한 울음 소리를 내는데, 울음 소리는 아주 시끄러운 학교 종소리이다.
IAN Barley, RUN!	이안 형, 도망가!
The dragon runs toward Barley. Barley jumps down from the fountain, grabs the staff, and takes off running. He calls out to the dragon.	용이 발리를 향해 뛰어간다. 발리, 분수대에서 뛰어내려와 지팡이를 들고 도망간다. 발리가 용을 향해 외친다.
BARLEY What do you want?! The gem?!	발리 원하는 게 뭐야?! 이 보석?!
Barley thinks for a minute.	발리, 잠시 생각한다.

---

impress 감동을 주다
ominous 불길한
crowd 대중, 사람들
curse 저주
coil 휘감기
trip 걸려서 넘어지다
destruction 파괴
debris 파편

suck 빨아들이다
massive 거대한
eerily 무시무시하게
terrifying 무서운
garbled 왜곡된

BARLEY   (to dragon) Fine. Take it!

He THROWS the gem as far as he can in the other direction. The dragon turns to **chase** the gem. Ian is stunned as he runs down from the **hillside**, toward Barley. But when it **lands**, we see it isn't the gem at all. It's Guinevere's turn signal. Barley and Ian race toward each other. Barley holds up his hand to reveal he still has the real gem. The dragon turns and sees the Barley with the gem. The top of its dragon face **breaks into pieces**, which look like **scowling**, angry eyebrows.

Before Barley and Ian can reach each other the dragon breathes fire leaving a burning **patch** of land between the boys. Ian and Barley are thrown to the ground. They can't get to each other. The dragon **flaps** its wings and **takes a** flying **leap** toward the boys and Dad. They're **trapped**. Suddenly, a dark shape **sweeps** down from the sky. It's the Manticore, holding the Curse Crusher sword! She attacks the dragon, causing it to CRASH to the ground.

BARLEY   The Manticore!

Ian **squints** and sees someone riding **atop** the Manticore...

IAN   Mom?!

Laurel stands atop the Manticore heroically.

LAUREL   (calling out) It's okay, boys! We'll take care of--

The Manticore begins to **trip** to one side. She's flying, but it ain't pretty.

LAUREL   (losing balance) Whoa, you're **tilting**, you're tilting!

The Manticore **straightens**. Ian **hesitates**. He's worried for Mom.

빌리 (용에게) 좋아. 가져가!

빌리, 보석을 반대 방향으로 최대한 멀리 던진다. 용은 보석을 쫓아간다. 이안, 놀라서 빌리를 향해 언덕을 황급히 내려간다. 보석이 바닥에 떨어지는데 진짜 보석이 아니라 귀네비어의 방향 지시등이다. 빌리와 이안은 서로를 향해 달려간다. 빌리, 손을 들어 진짜 보석을 보여준다. 용이 고개를 돌린다. 빌리가 보석을 가지고 있다는 것을 알게 된다. 용 얼굴 윗부분이 조각조각 부서지면서 화가 난 눈썹을 만든다.

빌리와 이안이 만나려고 할 때 용이 불을 뿜어 아이들 사이의 땅을 다 태워 버린다. 이안과 빌리가 쓰러진다. 서로 만날 수가 없다. 용이 날개를 퍼덕이며 아빠와 아이들을 향해 날아온다. 아이들이 갇혀 있는 절박한 상황이다. 이때 어두운 형상의 무언가가 하늘에서 내려온다. 저주 파괴자 검을 들고 있는 맨티코어이다! 맨티코어가 용을 공격하자 용이 바닥에 쿵하고 쓰러진다.

빌리 맨티코어야!

이안, 눈을 가늘게 뜨고 맨티코어 위에 있는 누군가를 바라본다.

이안 엄마?!

로렐이 맨티코어 위에 용맹스럽게 서 있다.

로렐 (큰 소리로) 괜찮아, 얘들아! 우리가 다 해결할...

맨티코어가 옆으로 살짝 흔들린다. 부드럽게 날지 못한다.

로렐 (균형을 잃고서) 어, 기울었어요. 기울었다구요!

맨티코어, 다시 자세를 바로잡는다. 이안, 머뭇거린다. 엄마가 걱정스럽다.

---

chase 쫓다

hillside 언덕

land 떨어지다, 착륙하다

break into pieces 산산조각이 나다

scowl 노려보다

patch 조각, 부분

flap 파닥거리다

take a leap 뛰어들다

trap 가두다

sweep 휩쓸고 가다

squint 눈을 가늘게 뜨고 보다

atop 맨 위에

trip 쏠리다

tilt 기울다

straighten 똑바르게 하다

hesitate 주저하다

IAN	(calling out) Mom!	이안 (큰 소리로) 엄마!
LAUREL	Go see your father!	로렐 아빠를 만나러 가!
BARLEY	(calling out, to Ian) It's okay! If they **stab** the beast's core with that sword, the curse will be broken! Come on!	발리 (큰 소리로 이안에게) 괜찮아! 괴물의 코어를 저 검으로 찌르면 저주가 사라질 거야! 자, 어서!

Ian and Barley run away from the dragon. The dragon gets back up from the ground. The Manticore flies toward the dragon, hitting it with her sword to get it to chase her. The dragon follows after the Manticore, **distracted** for the moment. Getting her confidence back, she flies in an **inverted loop** and attacks it from the top, slicing off both its wings. The boys climb the hill to **get around** the dragon's firewall: Ian up one side with Dad, Barley up the other with the staff and gem.

이안과 발리가 용을 피해 달린다. 용이 다시 일어난다. 맨티코어가 용을 향해 날아간다. 검으로 용을 때리며 자신을 쫓아오도록 유도한다. 용이 맨티코어를 따라간다. 용의 주의를 분산시키는 데 성공한 것이다. 자신감을 회복한 맨티코어, 크게 원을 그리며 뒤로 날아가 위에서 용을 공격한다. 용의 양 날개를 잘라 버린다. 아이들은 용의 불을 피해 언덕으로 올라간다. 이안이 한쪽에서 아빠와 함께 올라가고, 발리는 다른 쪽에서 보석과 지팡이를 들고 올라간다.

Ian and Dad meet Barley at the top of the hill. Barley hands Ian the staff and puts the gem inside.

언덕 위에서 이안과 아빠, 발리가 함께 있다. 발리, 지팡이를 이안에게 건네고 보석을 그 안에 넣는다.

IAN	Barley, what I said before-- I am so sorry--	이안 형, 내가 했던 말… 정말 미안해…
BARLEY	There's no time! **The sun is about to set!**❶	발리 그럴 시간 없어! 해가 곧 질 거야!

They both look to the sinking sun. Ian wants to say more, but realizes Barley is right. Ian holds out the staff with the gem inside.

두 사람, 지고 있는 해를 바라본다. 이안은 더 할 말이 있지만 발리의 말이 맞다고 생각한다. 이안, 보석이 들어 있는 지팡이를 위로 올린다.

IAN	Only once is all we get, Grant me this rebirth, 'Til tomorrow's sun has set, One day to walk the earth!	이안 일생에 한 번, 다시 태어날 지어다. 내일의 태양이 지기 전, 하루 동안 이 세상을 걸을 지어다!

A **beam** of light shoots from the staff. Ian holds on with all his **might**. The Manticore flies back toward the dragon, fast and **fierce**.

밝은 빛이 지팡이로부터 나온다. 이안, 온 힘을 다해 지팡이를 붙잡고 있다. 맨티코어가 용을 향해 다시 날아간다. 아주 재빠르고 용맹스럽다.

MANTICORE	(calling out) Time to crush a curse!	맨티코어 (큰 소리로) 저주를 파괴할 시간이군!

---

stab 찌르다
distract 주의를 빼앗다
inverted 반대의
loop 고리, 원
get around (장애물을 피하여) 우회하다
beam 광선
might 힘
fierce 맹렬한

❶ **The sun is about to set!**
해가 곧 질 거야!
be about to는 '막 ~하려고 하다'라는 뜻으로 임박하게 일어나려는 일을 말할 때 사용하는 표현이에요.

But the dragon rises up and **swats** the Manticore and Laurel out of the sky with its tail. They **CRASH** to the ground. Laurel gets up and turns to the Manticore. The Manticore tries to move, but can't.

MANTICORE   (pain) Ooh, my back!

하지만 용이 일어나 꼬리로 맨티코어와 로렐을 가 격한다. 맨티코어와 로렐, 바닥으로 쿵하고 떨어진 다. 로렐, 일어나 맨티코어를 바라본다. 맨티코어, 움직이려고 하지만 그럴 수 없다.

맨티코어 (통증을 느끼며) 아, 내 허리가!

Laurel pulls herself up to stand and looks toward the boys. A shadow passes over them as the dragon approaches, turning its attention back to the boys who are climbing up the rocks. Laurel lifts the heavy Curse Crusher and **wields** it.

LAUREL   (determined) I am a **mighty warrior**...

로렐, 일어나 아이들을 바라본다. 아이들이 바위 언덕으로 올라가는 것을 보고 용이 그들에게 접근 한다. 어두운 그림자가 아이들에게 드리워진다. 로 렐, 무거운 저주 파괴자를 들고 크게 휘두른다.

로렐 (단호하게) 나는 강한 전사다…

Laurel **clambers** up the tail of the dragon with the sword. The music from Laurel's warrior workout video plays as she climbs and **dodges** things using her workout moves. Laurel runs to the curse's **core**. It glows deep beneath the **armor** of objects. Laurel holds the sword above her head with both hands and **STABS** the sword into the core.

LAUREL   I AM A MIGHTY WARRIOR!

로렐, 검을 들고 용의 꼬리 위로 올라간다. 로렐의 피트니스 비디오에서 나오던 음악이 나온다. 로렐, 용에 올라타 피트니스에서 배웠던 동작을 이용하 여 용의 공격을 피한다. 로렐, 저주의 코어까지 단 숨에 달려간다. 여러 물건으로 만들어진 갑옷 깊숙 한 곳에서 코어가 빛나고 있다. 로렐은 두 손으로 검을 머리 위까지 들어올려 코어를 찌른다.

로렐 나는 강한 전사다!

---

swat 찰싹 때리다

crash 추락하다

wield 휘두르다

determined 단호하게

mighty 힘이 센, 강한

warrior 전사

clamber 기어오르다

dodge 피하다

core 핵심, 코어

armor 갑옷

stab 찌르다

Say Hi to Dad for Me

아빠에게 안부 전해 줘

🎧 28.mp3

The dragon slows to a stop. The boys watch the red of the curse turn blue. The dragon turns its head **in pain**, showing Laurel holding the sword with great effort. Meanwhile, Dad's top half is beginning to **form**.

용이 천천히 멈춰 선다. 아이들은 붉은색 저주가 푸르게 바뀌는 것을 바라본다. 용이 고통스러워하며 머리를 흔든다. 로렐, 힘겹게 검을 부여잡고 있다. 아빠의 몸통이 나타나기 시작한다.

LAUREL   Hurry, I can't **hold** this for long!

로렐 서둘러, 더 이상 버틸 수가 없어!

Laurel stays on the beast's back, holding the glowing sword in place. The sword is up to the **hilt** in the armor, but just **barely piercing** the red core. The gem slowly lifts out of the staff and **spins**. Red, ominous light grows around it, the staff begins to shake.

로렐, 괴물의 등에 올라타 빛이 나는 검을 붙잡고 있다. 검이 용의 갑옷 안으로 들어가 있지만 붉은색의 코어를 간신히 찌르고 있는 상태이다. 보석이 천천히 지팡이에서 올라가 회전한다. 신비한 붉은 빛이 주변에 생겨난다. 지팡이가 흔들린다.

IAN   No, no, no, no, no--

이안 안 돼, 안 돼, 아니야…

The red magic **swells** and is about to **explode**...

붉은 마법이 부풀어올라 폭발하려고 한다.

IAN   Barley!

이안 형!

Barley runs and braces his back against Ian's. There's a huge explosion of energy, then suddenly the gem floats over Dad and begins raining magic down upon him, slowly building the rest of him. The boys watch with joy and emotion. Meanwhile, Laurel feels the beast beginning to **stir**. Her eyes **widen**. The pieces of the dragon's armor begin to **shift** and push, slowly working the sword out of the core. The beast begins to move again, **knocking** Laurel off its back. The sword falls into a pile of **debris**, **irretrievable**.

발리가 달려와 자신의 등으로 이안이 버틸 수 있도록 도와준다. 에너지가 크게 폭발하더니 갑자기 보석이 아빠의 몸 위로 떠올라 마법의 비를 내리기 시작한다. 아빠의 몸이 천천히 완성된다. 아이들은 기뻐하며 이 광경을 바라본다. 그러는 동안, 로렐은 괴물이 다시 움직이기 시작했다는 것을 알게 된다. 로렐의 눈이 커진다. 용의 갑옷 조각들이 움직이더니 서서히 코어에서 검을 빼 버린다. 괴물이 다시 움직이자 로렐은 괴물의 등에서 떨어진다. 검이 파편들이 쌓인 곳으로 떨어지는데, 도저히 꺼낼 수 없는 위치에 있다.

LAUREL   Boys! It's coming back!

로렐 얘들아! 저게 다시 살아났어!

---

in pain 고통스러워

form 만들다

hold 붙잡다

hilt (칼) 자루

barely 간신히

pierce 찌르다

spin 회전하다

swell 부풀어오르다

explode 폭발하다

stir 몸을 약간 움직이다

widen 넓어지다

shift 움직이다, 바꾸다

knock 넘어뜨리다

debris 파편

irretrievable 회수할 수 없는

The dragon's eyes turn **immediately** to the gem.

(I GOT THIS)

Ian and Barley, high up the mountain, turn and look at the beast as Dad continues to **generate**. The sun is so close to setting. Ian doesn't know what to do. Barley sees that a choice has to be made fast.

BARLEY I'll go **distract** it!

IAN What? No! If you do that, you'll miss Dad.

BARLEY It's okay. **Say hi to Dad for me.**❶

Ian takes this in and suddenly realizes what he has to do.

IAN No. You go and say goodbye.

BARLEY What?

IAN I had someone who **looked out for** me, someone who pushed me to be more than I ever thought I could be. I never had a dad... but I always had you.

Barley opens his mouth to **respond**, but before he can say anything, Ian takes the staff and races off. Barley looks up at Dad: he's almost fully formed.

(MASTER WIZARD)

EXT. NEW MUSHROOMTON PEAKS – CONTINUOUS
Ian runs down the **peak**, off the mountain. He leaps off the mountain's **edge**, calling out the trust bridge spell...

용의 눈이 즉시 보석을 향한다.

(내가 해결할게)

언덕 위에 있는 이안과 발리, 고개를 놀려 괴물을 바라본다. 아빠의 몸은 계속 만들어진다. 해가 곧 질 것 같다. 이안은 어떻게 해야 할지 확신이 서지 않는다. 발리는 빨리 선택을 해야 한다고 생각한다.

발리 내가 주의를 돌려 볼게!

이안 뭐라고? 아니야! 그렇게 하면 형이 아빠를 못 만날 거야.

발리 괜찮아. 아빠에게 안부 전해 줘.

이안, 잠시 생각한다. 이제 자신이 무엇을 해야 할지 알게 되었다.

이안 안 돼. 형이 가서 직접 아빠와 이야기해.

발리 뭐라고?

이안 내게는 날 항상 챙겨 주는 사람이 있었어. 내가 생각하는 그 이상으로 나를 격려해 주는 사람이었지. 난 아빠가 없었지만… 항상 형이 내 옆에 있었잖아.

발리가 말을 하려고 하지만 이안이 지팡이를 가지고 서둘러 달려간다. 발리, 아빠를 바라본다. 아빠는 거의 완성된 모습이다.

(마스터 마법사)

외부. 뉴 머쉬룸톤 언덕 – 계속
이안, 언덕을 달려 내려온다. 언덕에서 뛰어내리면서 믿음의 다리 주문을 외친다.

---

immediately 곧, 즉시
generate 만들다
distract 주의를 빼앗다
look out for 돌보다
respond 대답하다
peak 꼭대기
edge 끝, 가장자리

❶ **Say hi to Dad for me.**
아빠에게 안부 전해 줘.
'~에게 안부 전해 줘'라고 할 때는 Say hi to ~ for me라고 하세요. to 뒤에 안부를 전하고 싶은 사람을 써 주세요. hi 대신 hello를 넣을 수도 있어요.

IAN   Bridrigar Invisia!

...and lands on the bridge **midair**. He runs through the air toward the dragon.

이안   브리지거 인비지아!

이안, 공중에 떠 있는 다리에 착륙한다. 그리고 용을 향해 뛰어간다.

IAN   Boombastia!

Fireworks shoot from his staff, **blinding** the dragon. The dragon **whips** its tail toward Ian. It misses the first time, but then the dragon lifts its tail to **strike** Ian again.

이안   붐바스티아!

불꽃이 지팡이에서 나와서 용의 눈을 잠시 멀게 한다. 용이 이안을 향해 꼬리를 휘두르지만 놓친다. 다시 꼬리를 들어 이안을 치려고 한다.

IAN   Aloft Elevar!

Ian stops the tail by causing it to **levitate** in the air. He strains to hold it up.

이안   알로프트 엘레바!

이안, 꼬리를 공중에 멈춰 세운다. 꼬리가 움직이지 못하도록 안간힘을 쓰고 있다.

IAN   (straining)

Meanwhile, Laurel tries **desperately** to reach the **hilt** of the Curse Crusher in the **crevasse**.

이안   (안간힘을 쓰며)

그 사이, 로렐은 틈 사이로 저주 파괴자 검의 칼자루를 잡으려고 애를 쓰고 있다.

LAUREL   (efforts, frustrated)

The dragon whips its tail around, bouncing Ian around in mid-air. He struggles to hold onto the staff.

로렐   (안간힘을 쓰며, 당혹스러운 모습이다)

용이 꼬리를 휘두르자 이안이 공중으로 이리저리 움직인다. 이안, 지팡이에 간신히 매달려 있다.

IAN   (efforts, struggling)

The dragon releases with **fury**, sending Ian and the staff **soaring**. Ian crashes to the ground with a **sickening crack** of his ankle.

이안   (안간힘을 쓴다)

용이 분노하더니 이안과 지팡이를 날려 버린다. 이안은 바닥으로 추락한다. 발목이 고통스럽게 부서지는 소리가 난다.

IAN   (reaction, pained)

He watches **helplessly** as the staff flies off into **oblivion**. His eyes **bulge** in shock.

이안   (아파한다)

이안, 지팡이가 멀리 날아가는 것을 무기력하게 바라본다. 충격을 받아 이안의 눈이 커진다.

IAN   NO!

이안   안 돼!

---

midair 공중	fury 화, 격노
blind 눈을 멀게 하다	soar 솟아오르다
whip 휘두르다	sickening (소리 등이) 싫은 느낌이 드는
strike 때리다	crack 갈라지는 소리
levitate 공중에 띄우다	helplessly 무기력하게
desperately 간절히	oblivion 흔적없이 사라짐
hilt (칼) 자루	bulge 커지다
crevasse 틈	

The beast passes over Ian and marches straight towards Barley and Dad.

IAN	(reaction, **cowering**)

IAN	No. No. No-- No!

Laurel gets her fingertips on the sword.

LAUREL	(efforts, reaching)

It's **precariously perched**, just **out of reach** and slipping toward a deeper **crevice**.

LAUREL	(gasp)

Ian panics.

IAN	(panicked) Use what I have. Uh, what do I have? I have nothing!

Ian looks at his empty hands...

IAN	**Splinter**...

A splinter of wood from the staff has **lodged** itself into Ian's hand.

IAN	(biting out splinter) Magic in every **fiber**.

Ian **bites out** the splinter and holds it out in his hand.

IAN	Magnora Gantuan!

The splinter grows **instantly** into a full-size staff. Ian sees the beast closing in on Barley and Dad.

IAN	(called out) NO!

괴물은 이안을 지나 아빠와 발리가 있는 곳으로 전진한다.

이안 (몸을 숙인다)

이안 안 돼, 안 돼, 안 돼!

로렐의 손끝이 검에 닿는다.

로렐 (검을 잡으려고 노력한다)

검이 매우 불안한 위치에 있다. 손에 닿을락 말락 한데 점점 깊은 곳으로 미끄러진다.

로렐 (숨을 꾹 참는다)

이안, 당황한다.

이안 (당황하며) 내가 가지고 있는 것을 써야 해. 어, 내가 뭘 가지고 있지? 아무것도 없잖아!

이안, 자신의 빈손을 바라본다.

이안 가시야…

지팡이 가시가 이안의 손에 박혀 있다.

이안 (가시를 입으로 뽑아내며) 모든 섬유질에 마법이 들어가 있어.

이안, 가시를 뱉어 내고 손에 집어 든다.

이안 매그노라 간투안!

가시가 곧바로 큰 지팡이로 커진다. 괴물이 발리와 아빠에게 매우 근접했다.

이안 (큰 소리로) 안 돼!

---

cower 몸을 숙이다
precariously 불안정하게, 위태롭게
perch 자리 잡다
out of reach 잡을 수 없는
crevice 틈
splinter 가시
lodge 꽂히다
fiber 섬유

bite out 물어서 빼다
instantly 즉시, 곧바로

Ian points the staff and yells...

이안, 지팡이를 뻗으며 소리친다…

IAN   Voltar Thundasir!

이안 볼타 썬더시어!

BA-BAM!

빠밤!

A **colossal** bolt of white lightning shoots from his staff and **blasts** most of the **armor** off the dragon. Only the red mist remains and a small amount of armor remains. It keeps **advancing**, still dragon-shaped, but with its core clearly **exposed**. The **residual** movement causes the Curse Crusher to fall and Laurel is able to grab it by the tip of its **blade**.

엄청난 흰색 번개가 지팡이로부터 뻗어 나와 용의 갑옷 대부분을 날려 버린다. 붉은 연기와 갑옷의 일부만 남아 있을 뿐이다. 그럼에도 괴물은 여전히 용의 모습을 하고 계속 전진한다. 하지만 코어가 완전히 노출되어 있다. 충격의 여파로 저주 파괴자 검이 떨어지려는 순간, 로렐이 검의 날 끝부분을 간신히 붙잡는다.

LAUREL   Ian!

로렐 이안!

Laurel **hurls** the sword toward Ian with all her might.

로렐, 있는 힘을 다해 이안에게 검을 던진다.

IAN   Accelior!

이안 액셀리어!

He catches the sword mid-air with the **velocity** spell and redirects it toward the dragon. Just as the dragon prepares to strike at Barley and Dad, he drives the sword down into the core of the curse. The curse **billows** into the air as a red cloud, just like it started. Then the cloud **dissipates** into nothing. The last of the gem disappears. Ian falls to the ground, spent, and the **makeshift** staff **clatters** away from him, blocked from his reach by the **rubble** that was once the dragon's armor.

이안은 속도 주문을 사용해 검을 공중에서 붙잡는다. 그리고 방향을 바꿔 용을 향해 던진다. 용이 아빠와 발리를 덮치려고 할 때 검이 저주의 코어를 찌른다. 처음 그랬던 것과 같이 저주가 붉은 연기처럼 피어오르다가 점차 사라진다. 보석의 마지막 부분도 사라진다. 이안, 바닥에 쓰러진다. 기진맥진한 모습이다. 임시적으로 만든 지팡이는 이안 멀리 떨어진다. 용의 갑옷이었던 돌무더기에 막혀서 이안은 지팡이에 다가갈 수 없다.

IAN   (exhausted **groan**)

이안 (기진맥진하며 신음한다)

The beast is **gone**. All is silent.

괴물은 사라졌다. 주변이 조용하다.

---

colossal 거대한, 엄청난

velocity 속도

blast 폭발시키다

billow 부풀어오르다

armor 갑옷

dissipate 사라지다

advance 앞으로 나아가다

makeshift 임시적인

exposed 노출된

clatter 달그락거리며 움직이다

residual 나머지의

rubble 돌무더기

blade 칼날

groan 신음하다

hurl 던지다

gone 사라진

Meeting Dad
아빠와의 만남

🎧 29.mp3

[MEETING DAD]

(아빠를 만나다)

EXT. NEW MUSHROOMTON SQUARE – CONTINUOUS
Ian comes to, **surrounded** on all sides by **debris**. Ian gets up but is stopped by a sharp pain in his ankle.

외부. 뉴 머쉬룸톤 광장 – 계속
이안의 모습이 보인다. 파편이 이안을 둘러싸고 있다. 일어나려고 하지만 발목에 강한 통증을 느껴 일어나지 못한다.

<u>IAN</u>   (pained) Ah!

<u>이안</u> (고통스럽게) 애!

He **manages to** stand.

이안, 간신히 일어난다.

<u>LAUREL</u>   Ian!?

로렐 이안!?

Ian turns to see Laurel through a **crack** in the debris. Colt runs up **alongside** her. She's okay. Suddenly there's a warm burst of light from atop the peak. Laurel and Colt look toward the light, **stunned**.

이안, 파편 틈 사이로 로렐을 본다. 콜트가 그녀 옆으로 달려온다. 로렐은 무사하다. 갑자기 언덕 위에서 따사로운 불빛이 생겨난다. 로렐과 콜트는 빛을 향해 돌아선다. 놀란 표정이다.

Ian turns toward the light, but he's **blocked** in by cars and rubble from the high school. He tries to climb up the rubble and look between a **gap**. It's too small. He can **hardly** see anything. He climbs up to another piece of rubble to get a better view. Standing at the very top of the peak is Barley, **face to face** with a glowing **figure**. The glowing **subsides** to reveal... Dad. All of Dad.

이안 역시 빛을 향해 돌아서지만 차들과 고등학교 건물 파편이 그의 시야를 가리고 있다. 돌무더기 위에 올라가 틈 사이로 보려고 하지만 틈이 너무 작아 거의 아무것도 볼 수 없다. 더 잘 보기 위해서 다른 쪽 돌무더기 위로 올라간다. 언덕 위에 발리가 서 있다. 빛나는 형상과 얼굴을 마주하고 있다. 빛이 줄어들더니 아빠의 모습이 보인다. 아빠의 완전체 모습이다.

Barley and Dad look uncomfortable at first; two strangers getting to know each other. From where Ian is, he can only see Dad's back and the side of his face. And he can't hear Dad at all.

발리와 아빠는 처음 만나 서로를 알아가는 사람들처럼 어색해 보인다. 이안이 있는 곳에서는 아빠의 등과 얼굴 옆모습만 보일 뿐이다. 아빠의 목소리는 전혀 들리지 않는다.

Ian slips from his position and loses sight of Barley and Dad. He turns to see the sun is disappearing. He climbs back up and continues to watch.

이안이 미끄러지면서 발리와 아빠의 모습을 놓친다. 해가 사라지기 시작한다. 이안, 다시 올라가 계속 이 광경을 바라본다.

---

surround 둘러싸다
debris 파편
manage to 간신히 ~하다
crack 균열, 금
alongside 옆에서
stunned 놀란
block 막다
gap 틈

hardly 거의 ~아니다
face to face 마주 보고
figure 형체
subside 줄어들다

Dad and Barley talk and laugh together. Dad reaches out and gives his big son a hug. The sun sets. And Dad **vanishes** in Barley's arms. Everyone stands **utterly still**, speechless. Barley collects himself, then climbs down the peak to Ian. Tears fill Laurel's eyes, and she leans on Colt. Barley climbs up the rubble. He reaches down to help up an **injured** Ian. The boys stand atop the rubble face to face.

아빠와 발리가 대화하면서 함께 웃는다. 아빠가 다가가 덩치가 큰 아들을 껴안는다. 해가 지면서 아빠가 발리의 팔 안에서 사라진다. 모든 사람들이 말없이 가만히 서 있다. 발리, 정신을 차리고 언덕을 내려와 이안에게 다가온다. 로렐의 눈에 눈물이 고인다. 로렐, 콜트에게 몸을 기댄다. 발리가 돌무더기 위를 올라간다. 그리고 다시 내려가 다친 이안을 일으켜 준다. 아이들, 돌무더기 위에서 서로의 얼굴을 바라보며 서 있다.

바로 이 장면!*

IAN	(hopeful) What did he say?	이안 (기대에 부풀어) 뭐라고 하셨어?
BARLEY	He said he always thought his wizard name would be Wilden the **Whimsical**.	발리 마법사 이름을 '괴짜 윌든'으로 지으려고 하셨대.
IAN	Wow, that's really terrible.	이안 와, 정말 끔찍한 이름이네.
BARLEY	(small laugh) I know.	발리 (약간 웃으며) 그러게.

Ian laugh, he's so happy for Barley. Ian looks at Barley, **touched**.

이안도 웃는다. 이안은 형이 아빠를 만나서 너무 기쁘다. 이안, 발리를 바라본다. 감동한 표정이다.

BARLEY	He also said he's very proud of the person you grew up to be.	발리 그리고 또 네가 참 잘 자라줘서 자랑스럽다고 하셨어.
IAN	Well, **I owe an awful lot of that to you.**❶	이안 그건 모두 다 형 덕분이지.
BARLEY	He kinda said that too.	발리 그 말도 하시긴 했어.

A moment then:

잠시 정적이 흐른다.

| BARLEY | Oh, and he told me to give you this. | 발리 아, 그리고 이걸 너에게 주라고 하셨어. |

Barley leans down and gives Ian a big, loving hug. Ian smiles, and hugs him back.

발리, 다가가더니 이안을 사랑스럽게 꼭 껴안는다. 이안, 웃으며 발리와 포옹한다.

FADE TO BLACK.

화면, 점점 어두워진다.

---

vanish 사라지다
utterly 완전히
still 가만히 있는
injured 다친
whimsical 괴짜
touched 감동받은

❶ **I owe an awful lot of that to you.**
그건 모두 다 형 덕분이지.
'끔찍한'이란 뜻의 awful이 들어 있다고 해서 an awful lot of에 부정적인 의미가 있는 것은 아니에요. an awful lot of는 '정말로 많은'이란 뜻으로 사용하는 표현이에요.

{EPILOGUE}

EXT. MODERN WORLD – MONTHS LATER
Over black.

IAN (V.O.)   Long ago, the world was full of wonder!

Fanciful music plays. The camera flies over the **rolling** hills and grass, into **suburban** neighborhoods.

IAN (V.O.)   It was adventurous, exciting, and best of all, there was magic.

It approaches a **familiar** building at the top of a hill – the Manticore's **Tavern** with a sign that reads "GRAND RE-OPENING."

INT. MANTICORE'S TAVERN – DAY
The tavern looks more like it did in its **glory** days. No more salad bar, no more game area. We follow a sprite flying with a **stein** toward a group of sprites playing darts. A sprite **tosses** a dart and it **smacks** into the center of the board. The sprites celebrate.

BULLSEYE SPRITE   Ha-ha! **Bullseye!**

We find the Manticore **riled up**, her wings **outstretched**, tail **gesticulating** as she talks.

MANTICORE   And then with a **slash** of my mighty sword, I **severed** the beast's wings from its **wretched** body!

She blows a flame revealing she's lit the candles on a birthday cake. Kids watch. Their birthday hats **scorched**.

MANTICORE   Okay, who wants cake?

(에필로그)

외부, 현재 – 몇 달 후
검은 화면.

이안 (목소리) 오래전, 세상은 놀라운 일로 가득 했다!

활기찬 음악이 나온다. 카메라가 완만한 언덕과 들판 위를 날아가 교외의 작은 마을로 들어간다.

이안 (목소리) 모험을 즐길 수 있었고, 흥미로웠고, 그리고 무엇보다 마법이 있었다.

언덕 위에는 낯설지 않은 건물 하나가 있다. 맨티 코어의 선술집이다. "다시 엽니다"라는 간판이 보인다.

내부, 맨티코어의 선술집 – 낮
선술집은 전성기 시절과 비슷한 모습이다. 샐러드 바와 아이들의 놀이터가 없어졌다. 도깨비 한 마리 가 큰 맥주잔을 들고 다트 놀이를 하고 있는 도깨 비들에게 날아간다. 도깨비가 다트를 던지는데 판 한가운데 꽂힌다. 도깨비들, 환호한다.

정중앙 도깨비 하해! 한가운데야!

맨티코어가 보인다. 약간 인상을 쓰고 있는데 날개 를 펴고, 꼬리를 움직이면서 이야기하고 있다.

맨티코어 내가 검을 힘차게 휘둘러서 괴물의 날 개를 잘라 버렸지!

맨티코어, 불을 내뿜어 생일 케이크 양초를 켠다. 이 광경을 바라보던 아이들의 모자가 불에 그을린 다.

맨티코어 자, 케이크 먹을 사람?

---

rolling 완만한
suburban 교외의
familiar 익숙한
tavern 선술집
glory 영광
stein 큰 맥주잔
toss 던지다
smack 세게 부딪히다

bullseye 과녁의 한복판
riled up 인상을 쓰는, 화를 내는
outstretch 뻗다
gesticulate 몸짓을 하다
slash 베기, 긋기
sever 절단하다
wretched 비참한
scorch 불로 태우다

She proudly lifts the **glorious** Curse Crusher to the skies, then brings it down **hard** and slices the cake. **Frosting splatters** on the kids' faces. There's a beat, then...

<u>**BIRTHDAY KIDS**</u>   (joyful) YEAH!!!

The kids' parents watch uncomfortably. Cake on their faces **as well**.

맨티코어는 영광스러운 저주 파괴자 검을 하늘 위로 치켜들고 힘차게 내려쳐 케이크를 자른다. 아이들의 얼굴에 크림이 튄다. 다들 잠시 조용히 있다가…

생일 아이들 (기쁘게) 왜!!

아이들의 부모들은 불편한 듯 바라본다. 그들의 얼굴에도 케이크가 묻었다.

---

glorious 영광스러운

hard 세게

frosting 케이크의 달콤한 크림

splatter 튀다

as well 또한, 역시

Back to Normal but "New" Life

새로운 일상으로

🎧 30.mp3

INT. CLASSROOM – DAY
Ian stands in front of a classroom of students, giving a **presentation**. He's holding the new staff he made from the **splinter**.

내부, 교실 – 낮
이안이 발표를 하며 학생들 앞에 서 있다. 작은 가시로 만들었던 새로운 지팡이를 들고 있다.

IAN	And I think with a little bit of magic in your life… you can do almost anything.

이안 여러분의 생활에 약간의 마법이 있으면 무엇이든 할 수 있습니다.

A student, YELDEAH, raises her hand.

옐디아가 손을 든다.

YELDEAH Is that how you put the school back together?

옐디아 그 마법으로 학교를 다시 고친 거니?

IAN Uh, yes!

이안 음. 그래!

Another student, THEYUS, **interrupts**.

다른 학생, 테유스가 말을 끊는다.

THEYUS Is that also how you **destroyed** the school **in the first place**?

테유스 그 이전에 네가 그걸로 학교를 박살낸 거지?

IAN Uh… also yes?

이안 음… 그것도 맞아.

The bell RINGS. The students leave. Sadalia and her group of friends walk up to Ian.

종이 울린다. 학생들이 밖으로 나간다. 새달리아와 친구들이 이안에게 다가온다.

SADALIA Hey, that was great.

새달리아 발표 좋았어.

IAN Thanks!

이안 고마워!

GURGE You going to the park later?

걸지 나중에 공원에 갈 거니?

IAN Yeah! See you there!

이안 응! 거기서 봬!

They all **wave goodbye** to Ian as they leave.

친구들, 작별 인사로 이안에게 손을 흔든다.

---

presentation 발표
splinter 가시
interrupt 방해하다, 중단하다
destroy 파괴하다
in the first place 처음에
wave goodbye 작별 인사로 손을 흔든다

201

INT. LIVING ROOM – DAY
Blazey **perks up** in her dog bed. Ian walks in the front door, smiling.

내부, 거실 – 낮
애완 용 블레이지가 자신의 침대에서 벌떡 일어난다. 이안이 앞문을 열고 들어온다. 웃고 있다.

IAN   Mom!

이안 엄마!

Blazey **barrels** around the corner and jumps on Ian, **knocking** him to the ground. But Ian stays on the ground and wrestles **playfully** with her. Laurel **hustles** around the corner with the spray bottle.

블레이지가 달려와 이안에게 뛰어든다. 이안, 바닥에 쓰러진다. 이안은 바닥에서 블레이지와 재미있게 몸싸움한다. 로렐이 분무기를 들고 용을 진정시키려고 한다.

LAUREL   Blazey! Down!

로렐 블레이지! 그만해!

IAN   (playfully to Blazey) **Who's a good dragon?**❶ Who's a good dragon?

이안 (블레이지에게 즐겁게) 착하지! 그럼 착한 용이고 말고!

LAUREL   So, how was school?

로렐 학교는 어땠어?

IAN   It was... really good.

이안 음… 정말 좋았어요.

LAUREL   (smiling, proud) Well alright.

로렐 (웃으면서 그리고 자랑스럽게) 잘됐다.

Colt **sidles** up to Mom.

콜트가 엄마 옆으로 다가온다.

COLT   Hey! There he is. You working hard?

콜트 왔구나. 열심히 하지?

IAN   Nope, hardly workin'.

이안 아뇨, 열심히 놀아요.

Colt **throws** his head **back** and laughs.

콜트, 머리를 뒤로 제치며 크게 웃는다.

Laurel gets a text.

로렐, 문자 메시지를 확인한다.

바로 이 장면! *

LAUREL   Oh, I gotta go. I'm meeting the Manticore for a night out.

로렐 아, 가야겠어요. 맨티코어를 만나 같이 밤 파티를 가기로 했거든요.

Laurel picks up a battle axe. Just then, a call comes through on Colt's radio.

로렐이 전투에나 사용할 것 같은 도끼를 집어 든다. 바로 그때 콜트의 무전기에서 소리가 들린다.

---

perk up (귀, 꼬리 등이) 쫑긋 서다
barrel 쏜살같이 질주하다
knock 넘어뜨리다
playfully 즐겁게
hustle 황급히 나오다
sidle 옆걸음 치다
throw ~ back ~를 뒤로 젖히다

❶ **Who's a good dragon?**
착하지!
Who's a good ~?은 애완동물을 칭찬할 때 사용하는 표현이에요. 암컷이면 Who's a good girl?이라고 하고 수컷이면 Who's a good boy?라고도 합니다.

OFFICER GORE (O.S.)	(on radio) We have a "113" **in progress**. All units report.	고어 경관 (화면 밖) (무전으로) "113" 사건 진행 중. 모든 부대원은 연락 바란다.

Colt kisses Mom, then he leaves. — 콜트, 엄마에게 키스하고 밖으로 나간다.

COLT	Duty calls. Time to **hit the trail**!	콜트 일이야. 가야겠어!
LAUREL	You forgot your keys!	로렐 열쇠 가져가죠!
COLT	Don't need 'em! I was born to run. H'yah!	콜트 필요 없어! 난 천성적으로 달려야 하거든. 이라!

Colt runs full-speed down the road, his hair flowing. — 콜트, 전속력으로 도로 위를 달린다. 머리가 바람에 날린다.

INT. LIGHTFOOT HOME – DAY
Ian watches from the living room and smiles. Suddenly he's attacked from behind. It's Barley, he has Ian in a **chokehold**.

내부. 라이트풋 가족의 집 – 낮
이안, 거실에서 웃으며 이 장면을 보고 있다. 갑자기 뒤에서 누군가가 이안을 공격한다. 발리, 이안에게 목 조르기를 한다.

IAN	(startled yelp)	이안 (놀라서 비명을 지른다)

Ian gets out of the headlock and **slams** Barley to the ground. Barley smiles, impressed. Ian helps him up. Ian and Barley head out together.

이안, 헤드락에서 빠져나와 발리를 바닥에 내리꽂는다. 발리, 웃는다. 이안에게 감탄한 표정이다. 이안, 발리를 일으켜 준다. 이안과 발리, 함께 밖으로 나간다.

IAN	So, how's the new van?	이안 새로운 밴은 어때?
BARLEY	Oh, Guinevere the Second is great. I've almost got enough saved up for a sweet paint job.	발리 귀네비어 2세는 정말 좋아. 새로 칠을 하려고 돈도 거의 모았어.
IAN	No... please don't.	이안 그러지 않아도 돼.
BARLEY	Why not?	발리 왜?
IAN	(wielding his staff) **Because I already took care of it.**❶	이안 (지팡이를 휘두르며) 내가 이미 해결했거든.

Ian has used magic to paint the new van with a Pegasus, but this one **features** Barley riding on her back, with Ian behind him. Barley is a warrior and Ian is a wizard. Barley cheers.

이안이 마법을 사용해서 새 밴에 페가수스를 그려 놓았다. 이번에는 페가수스 위에 발리가 앉아 있고 바로 뒤에 이안이 타고 있다. 발리는 전사, 이안은 마법사의 모습을 하고 있다. 발리가 환호한다.

---

in progress 진행 중
hit the trail 길을 떠나다, 출발하다
chokehold 한 팔로 목 조르기
startle 놀라게 하다
yelp 깍하고 비명 지르다
slam 세게 놓다
feature 등장시키다, 나오다

❶ **Because I already took care of it.**
내가 이미 해결했거든.
take care of ~는 주로 '~를 돌보다'라는 뜻으로 쓰지만 '(일을) 해결하다, 처리하다'라는 의미로도 자주 사용합니다.

<u>**BARLEY**</u>   YEAH!

EXT. ROAD – DAY
The van drives down the road. Close on **license plate** that reads "GWNIVER2."

발리 왜!

외부, 도로 – 낮
밴이 도로를 달린다. 번호판에는 "귀네비어 2"라고 적혀 있다.

<u>**BARLEY**</u>   Okay, best way to the park is to take a little something called the Road of **Ruin**.

발리 공원으로 가는 최적의 코스는 '폐허의 길'을 따라가는 거야.

Ian looks **uncertain**.

이안, 의심스러운 표정이다.

<u>**IAN**</u>   Mmm… too **obvious**.

이안 음… 너무 뻔하네.

<u>**BARLEY**</u>   Wait, what?

발리 잠깐, 뭐라고?

Ian turns to Barley, **confident**.

이안, 발리를 바라본다. 자신감이 넘치는 표정이다.

<u>**IAN**</u>   On a **quest**, the clear **path** is never the right one.

이안 모험의 여정에서 너무 분명한 길은 올바른 길이 아니야.

The van lifts into the air and flies into the **horizon**.

밴이 공중으로 올라가더니 지평선을 향해 날아간다.

<u>**BARLEY**</u>   YEAH!!

발리 왜!

FADE TO:

화면 점차 어두워진다:

INT. IAN'S ROOM
On photos of Dad and the family in Ian's room. **Pan** past photos of Dad, then of him with Laurel and Barley, happy. Finally, we land on a photo of Ian **leaning** on Barley.

내부, 이안의 방
아빠와 가족의 사진이 보인다. 카메라가 아빠의 사진을 보여주고 아빠와 로렐, 발리의 사진으로 이동한다. 모두 행복해 보인다. 그리고 마지막으로 발리에게 몸을 기대고 있는 이안의 사진이 보인다.

Cut to Black.

화면 어두워진다.

---

license plate 차량 번호판
ruin 폐허
uncertain 불확실한
obvious 뻔한, 분명한
confident 자신감 있는
quest 여정
path 길
horizon 지평선

pan 카메라를 좌우로 움직여 촬영하다
lean 기대다

Disney · PIXAR

ONWARD